Vandana Shiva
Wahre Wirtschaft

Vandana Shiva

Wahre Wirtschaft

Von der Geldgier zu einer Ökonomie der Fürsorge

Die Wirtschaftsrevolution zur Regeneration des Planeten, unseres Lebens und unserer gemeinsamen Zukunft

Bücher haben feste Preise.
1. Auflage 2022

Vandana Shiva
Wahre Wirtschaft

Der Titel des englischen Originals lautet »From Greed to Care«.
Erschienen bei: Editrice Missionaria Italiana srl, Verona

Übersetzt aus dem Englischen von Andreas Lentz

Umschlag:
Fotos: Romolo Tavani (Hintergrund), kram-9,
Roman Samborskyi, alejandro piorun, alle shutterstock.com
Gestaltung: Dragon Design, GB

Lektorat: Laura Spies

Satz und Gestaltung:
Dragon Design, GB
Gesetzt aus der Palatino

Gesamtherstellung: Appel & Klinger, Schneckenlohe
Printed in Germany

ISBN 978-3-89060-820-4

Neue Erde GmbH
Cecilienstr. 29 · 66111 Saarbrücken
Deutschland · Planet Erde
www.neue-erde.de

Vandana Shiva in einem Vortrag an der Uni Hamburg am 20. Februar 2022:

Wie misst man das BIP (Bruttoinlandsprodukt)? Die Definition des UN-Rechnungslegungssystems lautet: »Wenn man das, was man produziert, verbraucht, produziert man nicht.« Mit dieser einen Definition wurden alle Kreislaufwirtschaften auf Null reduziert. Mit dieser einen Definition wurde die gesamte Arbeit der Frauen auf Null reduziert. Alle Arbeit der Bauern wurde auf Null reduziert. Die Selbstversorgung wurde ausradiert. Für das BIP musste man also verkaufen, was man produzierte, und kaufen, was man brauchte, erst dann spiegelte es sich im BIP wider. Und an beiden Enden des Systems werden Profite gemacht.

Inhalt

Vorbemerkung des Übersetzers und Herausgebers

Es ist manchmal ein schmaler Grat zwischen allgemeiner Verständlichkeit und dem, was eine Autorin meint und sagen will. Dies betrifft hier besonders bestimmte Begrifflichkeiten, die Vandana Shiva benutzt und die im englischen Sprachgebrauch durchaus eingeführt und in ihrer Bedeutung fest umrissen sind.

Im Sinne der Übersetzungstreue haben wir uns entschieden, die Begriffe so zu verwenden, wie sie im Original vorkommen, werden sie jedoch bei ihrem ersten Vorkommen stets in einer Fußnote erklären. Weitere Vorkommen wenig geläufiger Begriffe werden durch **eine andere Schriftart** hervorgehoben. Sie alle sind im Glossar ab Seite 285 genau erklärt.

Vorweg möchte ich auf einige Schlüsselbegriffe eingehen, die häufig vorkommen. So spricht die Autorin mehrfach von der »enclosure of the commons«. Im Englischen ist es bekannt als die Aneignung des Gemeindelandes durch die Großgrundherren, was zur Vertreibung der Landbevölkerung (konkret zuerst in Schottland) führte. Die fachlich richtige Übersetzung ist »Einhegung der Allmende«. Allmende ist Gemeingut im Sinne von »gehört keinem«, ist also auch nicht Besitz der Gemeinschaft, sondern gehört sich selbst; es ist ein Lehen, ist »Gottes Erde«.

So war es die längste Zeit der Menschheitsgeschichte: Die Erde konnte nicht Besitz sein, genauso wenig wie das Wasser oder die Luft. Erst im (noch sehr jungen) Zeitalter des Patriarchats kam es zur »Einhegung«, zur Inbesitznahme, Aneignung, Privatisierung, also zu einem Alleinverfügungsrecht.

Ein weiterer, häufig vorkommender Begriff ist »extractivism«, den wir mit Extraktivismus übersetzt haben. Hier hätten sich auch Begriffe wie Ausbeutung oder Ausplünderung angeboten, die uns im Zusammenhang dieses Buches jedoch als viel zu schwach erschienen: Extraktivismus ist eine Einstellung, mit der alles bis auf den letzten

Rest extrahiert, bis zum Letzten ausgesaugt wird – zurück bleibt eine leere Hülle.

Weitere – auch mir bis anhin unbekannte – Begriffe werden im Textzusammenhang erklärt. Sie werden von der Autorin ganz bewusst eingeführt, weil andere Bezeichnungen nicht genau treffen, was sie sagen will. In diesem Sinne hoffe ich auf Verständnis der Leserschaft und die Bereitschaft, sich diese Begrifflichkeiten anzueignen. Es lohnt sich!

Andreas Lentz

Kapitel 1

Das Virus der Gier hat mehrere Notlagen geschaffen: Ein Paradigmenwechsel ist zu einem Gebot des Lebens geworden

Wir befinden uns in einer existenziellen Krise mit mehreren Notlagen: der Krankheitspandemie, der Hungerpandemie, der Armutspandemie, der Pandemie der Angst und Hoffnungslosigkeit, dem Klimanotstand, dem Notstand durch Artensterben und der Notlage durch Ungerechtigkeit, Ausgrenzung und Ungleichheit sowie durch Enteignung großer Teile der Menschheit, die damit »überflüssig« gemacht werden.

Die Notlagen sind miteinander verknüpft und haben gemeinsame Wurzeln in einem Wirtschaftsparadigma, das auf **Extraktivismus*** (Ausplünderung, extreme Ausbeutung) und grenzenlosem Wachstum beruht. Es wird von grenzenloser Gier angetrieben und kennt keine ökologischen und ethischen Grenzen. Die Integrität und die Rechte der Erde und der Menschheit werden mit Füßen getreten.

* **Durch diese andere Schriftart** hervorgehobene Begriffe werden im Glossar ab Seite 285 ausführlich erklärt. Hier die Kurzfassung: **Extraktivismus** ist ein Vorgang, bei dem Rohstoffe für den Weltmarkt ausgebeutet werden, in der Regel durch transnationale Konzerne und ohne dass die einheimische Bevölkerung davon einen Nutzen hat. Vielmehr bleiben oft nur verwüstete Landstriche zurück. In weiterem Sinn ist hier jedwede Form der Ausbeutung gemeint, die nur »totes Gerippe« hinterlässt, Land, das sich kaum oder gar nicht mehr regenerieren lässt.

Dieses **Paradigma*** der Wirtschaft beruht auf Gefühllosigkeit und Verantwortungslosigkeit. Es übernimmt keine Verantwortung für die Schäden und die Zerstörung, die durch Extraktivismus und Gier verursacht werden, und verlagert (**externalisiert**) die ökologischen und sozialen Kosten auf die Natur und die menschliche Gesellschaft.

Gier und Extraktivismus wurden »naturalisiert«:** durch die Errichtung von Illusionen der Trennung und Überlegenheit, welche die Verbundenheit und Einheit allen Lebens leugnen. Es ist ein militaristisches, mechanistisches, **reduktionistisches***** Wissensparadigma, denn es leugnet, dass die Erde, ihre biologische Vielfalt, ihr Land und ihr Wasser lebendig sind.

Die Schädigung der Erde und ihrer ökologischen Prozesse bedeutet auch eine Schädigung der Menschen, insbesondere der schwächsten Mitglieder der menschlichen Gemeinschaft.

Wir sind Teil der Natur, nicht getrennt von ihr. Wir sind eine Erdenfamilie auf einem Planeten, gesund in unserer Vielfalt und Verbundenheit. Die Gesundheit des Planeten und unsere Gesundheit sind untrennbar verbunden. Das Wohlergehen der anderen Weltgegenden, der anderen Menschen und aller anderen Arten beeinflusst unser eigenes Wohlergehen. Es gibt kein abgetrenntes, unverbundenes »Anderes« in einer vernetzten Welt.

* Paradigma ist eine grundsätzliche Denkweise, die Gesamtheit von Grundauffassungen, die in einer bestimmten Epoche eine wissenschaftliche Disziplin oder eine grundlegende Weltsicht ausmachen; ließe sich auch mit »Denkungsart« übersetzen.

** Naturalisiert heißt hier, dass Gier und Extraktivismus eingebürgert wurden, sie wurden als »ganz natürlich«, als etwas Selbstverständliches hingestellt.

*** Reduktionismus ist eine Wissenschaftsauffassung, nach der sich das Ganze aus der Kenntnis seiner Teile erschließen lässt.

COVID und der Krankheitsnotstand

Die Jahre 2020 und 2021 waren geprägt von COVID-19. Weder die Pandemie noch der Lockdown sind vorbei. COVID-19 ist das Symptom einer lebensfeindlichen, naturfeindlichen Weltanschauung, die auf Trennung, Ausbeutung, Unterdrückung, Gewalt gegen die Natur und die Frauen sowie auf der Missachtung ihres Lebens, ihrer Integrität, ihrer Freiheit und ihrer Souveränität beruht. Das kartesianische (von Descartes eingeführte) Weltbild, das unser Denken beherrscht, leugnet, dass die Natur lebendig ist. Es spaltet und trennt, was miteinander verbunden ist. Es ist blind für Zusammenhänge und tiefere Ursachen.

Neue Krankheiten entstehen, weil das globalisierte, industrialisierte, ineffiziente Nahrungsmittel- und Landwirtschaftsmodell in den ökologischen Lebensraum anderer Arten eindringt und Tiere und Pflanzen ohne Rücksicht auf ihre Integrität und Gesundheit manipuliert werden. Die Illusion, dass die Erde und ihre Lebewesen ein Rohstoff sind, der für Profite ausgebeutet werden kann, schafft eine durch Krankheit verbundene Welt.

In dem Maße, in dem Wälder abgeholzt und zerstört werden, in dem unsere landwirtschaftlichen Betriebe zu industriellen Monokulturen werden, um giftige, nährstoffarme Waren zu produzieren, und in dem unsere Ernährung durch die industrielle Verarbeitung mit synthetischen Chemikalien und Gentechnik in Labors entwertet wird, sind wir durch Krankheiten miteinander verbunden.

In den letzten 30 Jahren sind 300 neue Krankheitserreger aufgetaucht, weil die Agrarindustrie aufgrund von Gier und Globalisierung in die Wälder, die Heimat unterschiedlichster Arten und Kulturen, eingedrungen ist, den Lebensraum von Arten zerstört und sie manipuliert hat.

Ebola, die Vogelgrippe, das H1N1-Grippevirus (oder Schweinegrippe), das Nahost-Atemwegssyndrom (MERS), das Rifttalfieber, das schwere akute Atemwegssyndrom (SARS), das West-Nil-Virus, HIV, das Zika-Virus und jetzt das neuartige Coronavirus COVID-19 wurden alle durch das Eindringen in Waldökosysteme verursacht und haben die Integrität von Arten und Ökosystemen verletzt. Millionen von Menschen sind gestorben und sterben noch immer. Milliarden von Menschen haben ihre Lebensgrundlage und ihren Anspruch auf Nahrung verloren. Die gleichen Invasionen verletzen die Rechte der indigenen Völker, die die Wälder und ihre biologische Vielfalt über Jahrtausende hinweg bewahrt und die kulturelle Vielfalt der indigenen Kulturen entwickelt haben.

Ein UNEP*-Bericht hat festgestellt, dass die Welt nur die Symptome behandelt, nicht die Ursache der Pandemie. Prof. Delia Grace, Hauptautorin des UNEP-Berichts, sagte: »Es gab viele Reaktionen auf COVID-19, aber die meisten haben es als medizinische Herausforderung oder wirtschaftlichen Schock angesehen. Die Ursachen liegen jedoch in der Umwelt, den Nahrungsmittelsystemen und der Tiergesundheit. Es ist so, als würde man jemanden krank machen und nur die Symptome behandeln, nicht aber die eigentliche Ursache angehen. *Die Regierungen müssen sich mit der Zerstörung der natürlichen Umwelt befassen, um künftige Pandemien zu verhindern.«*[1]

Die Arbeit von Navdanya** zum Thema Ernährung und Gesundheit zeigt, dass wir mehr Nahrungsmittel anbauen können, wenn wir die biologische Vielfalt schützen und regenerieren. Wir müssen aufhören, in die Wälder einzudringen.[2]

Wir sind gesünder, wenn wir uns um den Boden kümmern und für biologische Vielfalt sorgen, wenn wir Gifte und Chemikalien vermeiden.[3]

Wir können durch die Ausbreitung von Krankheiten wie dem Corona-Virus weltweit miteinander verbunden sein, wenn wir in die Lebensräume anderer Arten eindringen, Pflanzen und Tiere aus Profitgier manipulieren und Monokulturen und Gifte verbreiten.

* United Nations Environment Programme, Umweltprogramm der Vereinten Nationen

** Navdanya bedeutet »neun Samen« und ist die von Vandana Shiva begründete Saatgutbank und eine Farm mit angeschlossener Ausbildungsstätte für biologischen Landbau.

Oder wir können durch Gesundheit und Wohlbefinden für alle verbunden sein, indem wir die Vielfalt der Ökosysteme und die biologische Vielfalt, Integrität und Selbstorganisation (**Autopoiesis***) aller Lebewesen, einschließlich der Menschen, schützen.

Die Krise der biologischen Vielfalt und der Aussterbenotstand

Der Gesundheitsnotstand, den uns das Corona-Virus vor Augen führt, hängt mit dem Notstand des Artensterbens zusammen, der wiederum mit dem Klimanotstand verknüpft ist. Alle diese Notlagen wurzeln in einer mechanistischen, militaristischen, anthropozentrischen Weltsicht, die den Menschen als von anderen Wesen getrennt und ihnen überlegen ansieht und glaubt, sie besitzen, manipulieren und kontrollieren zu können. Und diese Notlagen wurzeln in einem Wirtschaftsmodell, das auf der Illusion von grenzenlosem Wachstum und grenzenloser Gier beruht und systematisch die Grenzen des Planeten sowie die Integrität von Ökosystemen und der sie bewohnenden Arten verletzt.

Die biologische Vielfalt ist die Grundlage der Gesundheit des Planeten ebenso wie unserer eigenen Gesundheit. 80 Prozent der weltweit verbleibenden biologischen Vielfalt der Wälder befinden sich in den Gebieten indigener Völker und auf dem Land indigener und kommunaler Gemeinschaften.[4]

Die IUCN (Weltnaturschutzunion) erklärt: »Die Welt wartet darauf, dass die Pandemie vorüber ist, damit die Wirtschaft wieder wachsen kann und das Leben wieder normal wird. Was aber, wenn die Normalität das eigentliche Problem wäre? […] Kann uns die Pandemie dazu bringen, uns radikale Veränderungen vorzustellen, die

*Autopoiesis, autopoietisch: Dieser im Buch immer wiederkehrende Begriff steht für Selbststeuerung, Selbstorganisation, für etwas, was das Lebendige ausmacht. Leben heilt und erneuert sich aus sich heraus – das ist etwas, das keine Maschine kann.

aus der Abhängigkeit von einem endlosen Wirtschaftswachstum herausführen und eine gerechtere und regenerative Welt hervorbringen?« Sie betont, dass »das mechanistische Streben nach Wirtschaftswachstum, das die grundlegende Basis der globalen kapitalistischen politischen Ökonomie ist, weitgehend für den gegenwärtigen Zustand der Welt verantwortlich ist – ein Zustand, in dem sich geballter Reichtum konzentriert, die ökologische Integrität und das Wohlergehen der Menschen jedoch stetig verarmt«.

Klar ist: Der Weg, den die Menschheit derzeit geht, ist nicht nachhaltig, denn er zerstört das Leben auf der Erde. Er beruht auf einem mechanistischen **Paradigma**, das Ausbeutung und Gier begründet. Die fehlende Nachhaltigkeit und die zahlreichen Notlagen, welche die Infrastruktur des Lebens zerstören, stellen eine Bedrohung für das Überleben der menschlichen Spezies dar: Auch der Mensch ist eine bedrohte Art.

Nach Angaben des Inter Governmental Panel on Biodiversity and Ecosystem Services (IPBES) sind heute rund eine Million Tier- und Pflanzenarten vom Aussterben bedroht, viele davon innerhalb weniger Jahrzehnte – mehr als je zuvor in der Geschichte der Menschheit.[5] Tag für Tag sterben 200 Arten aus. Insekten und Vögel verschwinden immer schneller. Wir erleben gerade das sechste Massenaussterben. Und wir könnten zu den Millionen von Arten gehören, die verschwinden, wenn wir in unserem Denken und Handeln nicht vom **Extraktivismus** und einem schweren ökologischen Fußabdruck zu einer Wirtschaft der Fürsorge übergehen, wenn wir nicht von der Gier zum Teilen und von Gewalt zu Gewaltlosigkeit gelangen.

Die Artenvielfalt geht zurück – über und unter der Erde. In einem Artikel aus dem Jahr 2021 mit dem bezeichnenden Titel »Underestimating the Challenges of Avoiding a Ghastly Future« (Unterschätzung der Herausforderungen für die Vermeidung einer fürchterlichen Zukunft) warnten siebzehn renommierte Ökologen, dass allein in den letzten 500 Jahren etwa 600 Pflanzenarten und mehr als 700 Wirbeltierarten ausgestorben sind.[6]

Die Verbundenheit mit der Erde zu pflegen, führt zu einer lebendigen Kultur. Die biologische Vielfalt – die Vielfalt der Arten in wechselseitiger Abhängigkeit und Vernetzung – schafft das Netz des Lebens, erhält den lebendigen Planeten und die Infrastruktur des Lebens. Ich nenne dies die Wirtschaft der Natur, die Wirtschaft der biologischen Vielfalt, die lebendige Kohlenstoffwirtschaft. Pflanzen nutzen durch Photosynthese die Energie der Sonne, um das Kohlendioxid in der Atmosphäre in lebendigen Kohlenstoff umzuwandeln, von dem alles Leben abhängt.

Die Klimazerrüttung ist eine Folge der Unterbrechung der ökologischen Kreisläufe und Ernährungszyklen des Lebens. Er ist die Folge des Übergangs von einer lebendigen Kohlenstoffwirtschaft, die für die Biosphäre sorgt, zu einer toten Kohlenstoffwirtschaft der Industrie, die fossile Brennstoffe abbaut, die von der Natur im Laufe von 600 Millionen Jahren unter der Erde eingelagert wurden, und die so Schadstoffe als Treibhausgase in die Atmosphäre pumpt.

Der Klimanotstand

Dieselben rücksichtslosen und gewalttätigen Techniken, die zu Pandemien und Krankheiten führen, den Boden degradieren, zum Verlust der biologischen Vielfalt beitragen und das Artensterben verursachen, verschmutzen auch die Atmosphäre und treiben die Klimazerrüttung voran. 20 Prozent der Treibhausgasemissionen, die zur Klimazerrüttung führen, werden durch die Abholzung von Wäldern für eine globalisierte Wirtschaft verursacht.

Wie mein Buch *Soil not Oil* (Leben ohne Erdöl) und das **Navdanya**-Manifest »Climate Change and the Future of Food« (Klimaveränderungen und die Zukunft der Ernährung) zeigen, stammen 50 Prozent der Treibhausgasemissionen, die das Klimachaos verursachen, aus einem industrialisieren Nahrungsmittelsystem, das auf fossilen Brennstoffen und Chemikalien beruht und von Gier getrieben ist.[7] Die fossilen Brennstoffe, die von den Reichen im Globalen Norden verbrannt werden, verursachen das Abschmelzen der Gletscher im Himalaya, Wirbelstürme im Golf von Bengalen und den Anstieg des Meeresspiegels, der das Leben der Bewohner kleiner Inseln bedroht.[8] Der IPCC (Intergovernmental Panel on Climate Change, Zwischenstaatlicher Ausschuss für Klimaänderungen) hat uns gewarnt, dass wir wahrscheinlich nur noch zehn Jahre Zeit haben, um die Klimakatastrophe zu begrenzen.

Der neue Oxfam-Bericht »Confronting Carbon Inequality« (Konfrontation mit der Kohlenstoff-Ungleichheit) kommt zu dem Schluss, dass in den vergangenen drei Jahrzehnten der Globalisierung und der beispiellosen Zunahme der Emissionen das reichste 1% der Weltbevölkerung mehr als doppelt so viel zur CO_2-Belastung beigetragen hat wie die 3,1 Milliarden Menschen, die fast die ärmste Hälfte der Menschheit ausmachen.[9] Eine von Jason Hickel verfasste Studie, die in der Zeitschrift »Lancet: Planetary Health« veröffentlicht wurde, zeigt, dass die reichen Länder ihre Kohlenstoffvorgaben nicht einhalten und die größten Verschmutzer sind. Im Jahr 2015 waren die USA für 40 Prozent der globalen CO_2-Emissionen verantwortlich, die EU für 29 Prozent, die G8-Gruppe der reichen Länder insgesamt für 85 Prozent des Ausstoßes und der globale Norden für 90 Prozent.[10]

Hier geht es um Klimagerechtigkeit. Es geht um die Kolonialisierung* des Planeten auf Kosten der Armen. Der Schrei der Erde und der Schrei der Armen sind *ein* Schrei.

* In diesem Buch wird der Begriff *Kolonialisierung* im Sinne einer Übernahme (des Landes, der Bodenschätze usw.) gegen den Willen der einheimischen Bevölkerung verwendet. Im Gegensatz dazu wäre *Kolonisierung* die friedliche Besiedelung mit Einverständnis der heimischen Lebewesen.

Wirtschaftliche Notlage durch Hunger und Zerstörung der Existenzgrundlagen

Dem Schrei der Erde und dem Schrei der Armen Gehör schenken.

Laudato Si'

Wir sind Zeugen mehrerer gleichzeitiger Pandemien. Die erste ist die Corona-Pandemie. Die zweite ist die Hungerpandemie. Die dritte ist die Pandemie der Zerstörung der Lebensgrundlagen.

Das als SARS-CoV-2 bekannte Virus hatte bis zum 14. Mai 2021 zu mehr als 161 Millionen Infektionen und mehr als 3,3 Millionen Todesfällen geführt.[11]

Das Welternährungsprogramm hat die Weltgemeinschaft vor einer drohenden »Hungerpandemie« gewarnt, die mehr als eine Viertelmilliarde Menschen erfassen könnte, deren Leben und Lebensunterhalt unmittelbar gefährdet seien. Nach Angaben des Welternährungsprogramms sind mehr als eine Million Menschen vom Hungertod bedroht, und 300.000 könnten in den nächsten drei Monaten jeden Tag verhungern.[12]

Es gibt auch einen pandemischen Verlust der Existenzgrundlage. Nach Angaben der IAO (Internationale Arbeitsorganisation der UNO) haben infolge der durch die Pandemie ausgelösten Wirtschaftskrise fast 1,6 Milliarden Beschäftigte der informellen Wirtschaft (die die Schwächsten auf dem Arbeitsmarkt darstellen) bei einer weltweiten Gesamtzahl von zwei Milliarden und einer globalen Erwerbsbevölkerung von 3,3 Milliarden massive Einbußen an ihrem Lebensunterhalt erlitten. Dies ist auf die Abschottungsmaßnahmen zurückzuführen und/oder darauf, dass sie in den am stärksten betroffenen Sektoren arbeiten. Guy Ryder, Generaldirektor der IAO, wies darauf hin: »Für Millionen von Arbeitnehmern bedeutet kein Einkommen, nichts zu essen, keine Sicherheit und keine Zukunft. [...] Je weiter die Pandemie und die Beschäftigungskrise voranschreiten, desto dringender wird die Notwendigkeit, die Schwächsten zu schützen.«[13]

Wir alle sind Zeugen einer Pandemie der Ungleichheit, die zu einer weiteren Polarisierung zwischen den 1%* und den 99 Prozent führt. Während die arbeitenden Menschen ihre Existenzgrundlage verlieren, sind die nicht arbeitenden Milliardäre noch reicher geworden. Während die Reichen reicher wurden, verloren die arbeitenden Menschen immer mehr und rutschten in die Armut ab. 8 Millionen Amerikaner sind im reichsten Land zu den Armen hinzugekommen, weil Unternehmen geschlossen wurden und Arbeitsplätze verschwanden.[14] Für Milliardäre wie Jeff Bezos von Amazon und Elon Musk von Tesla war die Pandemie gut fürs Geschäft.

Diese beiden Milliardäre sind, wie viele der reichsten Menschen der Welt, seit dem Ausbruch des Coronavirus noch reicher geworden, wie aus einem veröffentlichten Bericht hervorgeht.

Ein Bericht von Oxfam mit dem Titel »The Inequality Virus« zeigt, dass »die zehn reichsten Milliardäre der Welt – darunter Bezos, Bill Gates von Microsoft und Bernard Arnault, CEO des Luxuskonzerns LVMH – in diesem Zeitraum zusammen einen Vermögenszuwachs von 540 Milliarden Dollar verzeichnen konnten.«[15]

Die zahlreichen Krisen und Pandemien, mit denen wir heute konfrontiert sind – die Gesundheitspandemie, die Hungerpandemie, die Armutspandemie, der Klimanotstand, der Ausrottungsnotstand – haben alle ihre Wurzeln in einer Weltsicht, die von der Trennung von der Natur ausgeht und andere Wesen und die meisten Menschen darauf reduziert, von ihr manipuliert und ausgebeutet zu werden.

* Wenn in diesem Buch von den 1% gesprochen wird, ist das nicht als faktische Zahl gemeint. Das 1% steht für die wenigen Multimilliardäre. Die Statistik zeigt die Verteilung des Reichtums auf der Welt zum Ende des Jahres 2020. Da besaß 1,1 Prozent der Weltbevölkerung 45,8 Prozent des weltweiten Vermögens. Rund 55 Prozent der Weltbevölkerung besaßen hingegen lediglich 1,3 Prozent des weltweiten Vermögens. Wenn hier vereinfacht oder überzeichnet wird, dann um klarzumachen, welchen immensen Einfluss eine kleine Anzahl überaus reicher Menschen auf die Geschicke der Welt hat. Mehr hierzu in Vandana Shiva: »Eine Erde für alle! – Einssein versus das 1%«, Neue Erde 2021.

Alle diese Pandemien haben ihre Wurzeln in einem auf Profit, Gier und **Extraktivismus** beruhenden Wirtschaftsmodell, das die ökologische Zerstörung beschleunigt, den Verlust von Lebensgrundlagen verschärft, die wirtschaftliche Ungleichheit vergrößert und die Gesellschaft in das 1% und die 99 Prozent polarisiert und aufgespalten hat.

Ökologische Apartheid: Die falschen Annahmen von Trennung und Überlegenheit

Das Leben auf der Erde und die Freiheit aller Lebewesen, einschließlich der 99 Prozent der Menschheit, sind durch die Konstruktionen, Abstraktionen und Illusionen der Mitglieder des 1% bedroht, die durch ihr Handeln und das Betreiben des vorherrschenden ökonomischen Systems den realen Reichtum und die realen Ressourcen der realen Menschen an sich reißen und sie verarmt und enteignet zurücklassen. Armut ist kein Zustand, der in der Natur oder in indigenen Kulturen vorkommt. Sie ist das Ergebnis der Ausbeutung und des Raubbaus am realen Reichtum. Armut ist eine Folge von Gier.

Falsche Annahmen von Trennung und Überlegenheit sind die Wurzeln des **Paradigmas** von Gier und **Extraktivismus**. Ich habe diese Illusion der Trennung als *ökologische Apartheid* bezeichnet (Apartheid ist das Wort für Absonderung und Getrenntsein in der Sprache Afrikaans). Wissenschaftler wie Liebig haben sie auch »Riss im Stoffwechsel« genannt, den Bruch in den organischen Prozessen des freien Fließens der Energien, die für das Leben notwendig sind.

Die falschen Annahmen von Trennung und Überlegenheit, die Gier und Extraktivismus fördern, sind:

1. Die Verwandlung von **Terra Madre**, Mutter Erde, die schöpferisch, lebendig und integer ist, in **Terra Nullius**, die leere Erde. Die Leugnung, dass die Erde lebendig ist und als Mutter Erde Rechte hat, führt zu der Annahme, dass die Natur tote, träge Materie sei, Eigentum, das man besitzen, und Rohmaterial, das man zur Erzielung von Profiten abbauen kann. Terra Nullius hebt alle ökologischen und ethischen Grenzen auf und verleiht die Macht, absolut auszubeuten und zu dominieren, was zu wirtschaftlichem Autoritarismus und Totalitarismus führt. Die Leugnung der Integrität der Schöpfung ist die Wurzel sowohl der ökologischen Zerstörung als auch der Versuche, sich die Erde und ihre Lebewesen mit Hilfe von Ausbeutung und Gewalt untertan zu machen und zu kontrollieren.

2. **Anthropozentrismus**, die Annahme, dass die Menschen anderen Wesen, die zu Objekten herabgewürdigt werden, überlegen sind. Terra Nullius führt zu Bio Nullius, der falschen Annahme, dass die Vielfalt der Lebewesen auf der Erde keine Intelligenz, keinen intrinsischen Wert und keine Rechte hat, sondern aus Objekten besteht, die man besitzen und patentieren, manipulieren und für Profite und Kontrolle ausbeuten kann. Der Anthropozentrismus beruht auf der Leugnung, dass wir Mitglieder einer einzigen Erdenfamilie und alle Lebewesen empfindungsfähige Wesen mit Integrität, Eigenwert und angeborenen Rechten sind.

3. **Öko-Apartheid**, die Annahme, dass der Mensch von der Natur getrennt ist, dass er ihr Eroberer, Beherrscher und Besitzer ist, und die Leugnung der Tatsache, dass wir ein Teil der Natur sind und nicht von ihr getrennt. Diese gedankliche Trennung führt zur gewaltsamen Trennung indigener Völker und Kleinbauern von ihrem Land. Sie macht alle auf dem Planeten Erde, unserem gemeinsamen Zuhause, heimatlos. Die Reichen trennen sich ab und entwurzeln und enteignen Menschen, vertreiben sie gewaltsam aus ihrer Heimat, indem sie Ressourcen an sich reißen und die Umwelt zerstören. Sie zerstören deren Lebensgrundlage und machen so Millionen von Menschen aus wirtschaftlichen und ökologischen Gründen zu Flüchtlingen.

4. **Menschliche Apartheid**, die Annahme, dass der kolonialisierende Mensch anderen Kulturen und den meisten Menschen überlegen ist, besonders Indigenen und Menschen mit anderer Hautfarbe, Frauen, Bauern und Landarbeitern und Arbeitern generell. Apartheid verbin-

det Herrschaft und Diskriminierung auf der Grundlage von ethnischer Zugehörigkeit, Geschlecht und Religion mit der Einhegung von Gemeingütern, die sich alle Mitglieder einer Gemeinschaft teilen, und der Ausbeutung und Aneignung von Ressourcen, die alles Leben, einschließlich des menschlichen Lebens, erhalten. Gewalt gegen die Erde geht Hand in Hand mit Gewalt gegen Menschen, insbesondere gegen diejenigen, die für die Erde sorgen. Eine Wirtschaft, die auf dem grenzenlosen Abbau von Ressourcen zu einer grenzenlosen Anhäufung beruht, schafft neue Einhegungen und neue Hexenjagden.

Wenn die Natur für nicht lebendig, also für tot erklärt wird, haben die Natur und die Erde keine Rechte. Dann gibt es keine ökologischen Grenzen und keine Grenzen für die Extraktion (Ausbeutung bis auf das Äußerste) der Natur. Dies ist die Wurzel der Nicht-Nachhaltigkeit.

Die Weltanschauung, dass wir uns von der Natur getrennt haben, und die Annahme, dass die Natur tote, träge Materie sei, haben gewalttätige Wissenschaften und Technologien hervorgebracht, die auf **Reduktionismus**, Gleichförmigkeit und Linearität beruhen, welche Ausbeutung und Gier begünstigen, das fragile Lebensnetz der Natur zerstören und ökologische Krisen, Armut, Ungleichheit und Hunger verursachen.

Die anthropozentrische Annahme, der Mensch sei von der Natur getrennt und anderen Arten, die keine Rechte haben, überlegen, ist nicht nur eine Verletzung der Rechte unserer Mitmenschen, sondern auch eine Verletzung unserer Menschlichkeit und der Menschenrechte. Wir sind Mitglieder einer einzigen Erdenfamilie, und unser Menschsein beruht auf unseren Beziehungen zur biologischen Vielfalt und zum lebendigen Saatgut, zum Land und zum lebendigen Boden, zu den lebendigen Gewässern und zur lebendigen Nahrung. Menschenrechte, die auf der Grundlage von Trennung und Überlegenheit definiert werden, lassen »Dominanz« und »Ausbeutung« als natürliche Eigenschaften des Menschen erscheinen, obwohl sie in

Wirklichkeit Konstruktionen sind, die auf der Illusion von Trennung und Überlegenheit beruhen. Der Natur ihre Rechte zu verweigern, führt zu ihrer Zerstörung und bedroht die Grundlagen des menschlichen Überlebens. In einer ökologisch vernetzten Welt bedeutet, der Natur ihre Rechte zu verweigern, auch den Menschen ihre Rechte vorzuenthalten. Die gleichen Konstrukte, die zur Gewalt gegen die Natur und letztlich zu ihrer Zerstörung führen, werden zur Grundlage von Gewalt gegen Mitmenschen. Nicht-Nachhaltigkeit und Ungerechtigkeit sind Teil desselben Vorgangs.

Die Weltsicht der Trennung erzeugt Hierarchien und die Illusion der Überlegenheit – der Mensch sei anderen Spezies überlegen, Männer seien Frauen überlegen, Weiße seien Menschen anderer Hautfarbe überlegen, ein einziger Glaube sei der Vielfalt der Glaubenssysteme überlegen, die die unterschiedlichen Kulturen hervorgebracht haben. Trennung und Überlegenheit schaffen Strukturen der Gewalt – Gewalt gegen die Natur, Gewalt gegen Frauen, Gewalt gegen alle »Anderen«, die als minderwertige Wesen definiert und damit zum Ziel der Kolonialisierung werden. Ungleichheit und Ungerechtigkeit wurzeln in der falschen Annahme von Abgrenzung und Überlegenheit.

Die ökologische Apartheid, die falsche Annahme, dass der Mensch von der Natur getrennt sei, ermöglicht die Entstehung der rassischen Apartheid gegenüber der einheimischen Bevölkerung wie in Südafrika, die Entstehung des Rassismus in der ganzen Welt und die damit verbundene Annahme, dass die kolonialisierende Rasse der einheimischen Bevölkerung des Landes überlegen ist. Es hat die Entstehung des kapitalistischen Patriarchats ermöglicht, das auf der Annahme beruht, dass die Natur tote Materie ist und Frauen passive Objekte sind.

Diese Illusionen haben Gewalt gegen die Erde und die unterworfenen Menschen ausgelöst. Und sie haben eine extraktive Wirtschaft geschaffen, die auf der Annahme beruht, dass die Natur und die Menschen bloß Rohmaterial sind, das für den Profit ausgebeutet werden darf. Dieser »Riss im Stoffwechsel« führt dazu, dass Gier,

Ausbeutung und Ausnutzung als naturgegeben, als unvermeidlich und als menschlicher Fortschritt dargestellt werden.

Um die Saat für eine Zukunft nach Covid zu legen, jenseits von Krankheit, Trennung und Gewalt, Ungleichheit und Gefühllosigkeit, hin zu Einheit, Verbundenheit, Gewaltlosigkeit, Liebe, Fürsorge und Mitgefühl, Gesundheit und Wohlbefinden für alle, ist die Entkolonialisierung unseres Geistes, unseres Lebens und unserer Kulturen das Gebot der Stunde.

Eine Post-Covid-Welt braucht einen Paradigmenwechsel: weg von jener Weltsicht, die Covid und die vielfältigen, miteinander verknüpften Notlagen, die unser Überleben bedrohen, hervorgebracht hat. Diese verschiedenen Notlagen sind nicht voneinander getrennt. Sie sind miteinander verknüpft. Und sie haben die gleichen Wurzeln. Auch ihre Lösungen sind miteinander verknüpft. Doch obwohl die Krisen miteinander verbunden sind, wird jede Krise so behandelt, als hätte sie nichts mit den anderen zu tun. Man konzentriert sich auf die Symptome und nicht auf die tieferen Ursachen.

Die Notlagen, die die Zukunft unserer Spezies bedrohen, können nicht mit der gleichen Denkweise angegangen werden, die sie verursacht hat. Oder, wie Einstein sagte: »Wir können unsere Probleme nicht mit demselben Denken lösen, mit dem wir sie geschaffen haben.«

Die Mentalität der Trennung, der Überlegenheit und der Gier ist zu einer Bedrohung für das Überleben unserer Spezies geworden. Noch mehr Gier, noch mehr Trennung, noch mehr Zentralisierung, noch mehr Hierarchien können die vielfältigen Notlagen, mit denen wir konfrontiert sind, nicht lösen. Die Sucht nach Mehr ist jedoch schwer zu überwinden. Die Milliardäre sind bereits auf der Suche nach neuen Möglichkeiten der Ausbeutung und des Geldverdienens. Die Umstellung des Planeten und der Menschheit auf neue Imperien, die auf den alten kolonialisierenden Paradigmen von Wissen und Wirtschaft basieren, wird die Krise vertiefen und beschleunigen.

Wir brauchen eine neue Art zu denken und zu leben, damit die Menschheit – ebenso wie jede andere Art – weiterleben und gedeihen kann.

Erddemokratie: Auf der Erde als eine Erdenfamilie zusammenleben, lebendige Ökonomien der Fürsorge kultivieren

Erddemokratie ist eine Weltanschauung, ein neues **Paradigma** und eine Praxis, die auf der Anerkennung der Integrität der Schöpfung beruhen – demzufolge die Erde lebt und sie und ihre vielfältigen Lebewesen einen intrinsischen Wert haben und alles durch Mitgefühl und Fürsorge, durch den Fluss des Lebens miteinander verbunden ist. Wir sind Teil dieses Kreislaufs der Fürsorge und des Lebensflusses.

Erddemokratie begreift Menschen als lebendige Wesen, als Geschöpfe und Bewohner dieser Erde. Wir sind Teil der Erde und mit anderen Lebewesen verbunden, die alle ein Recht auf die Gaben der Erde haben.

Als Wesen der Erde hat der Mensch ein natürliches Recht auf Leben, Wohlbefinden und Gesundheit. Das Recht auf Leben beinhaltet das Recht, saubere Luft zu atmen, und das Recht auf Wasser und Nahrung, statt Hunger und Durst zu erleiden, das Recht auf ein Zuhause, auf Zugehörigkeit, auf Land, auf Lebensunterhalt und eine Existenzgrundlage, die der Boden und das Land bieten.

Da wir für unseren Lebensunterhalt von der Natur abhängig sind, bedeutet die Zerstörung der Natur eine Verletzung des Menschenrechts auf Nahrung und Wasser, Leben und Lebensunterhalt. Die Menschenrechte sind daher untrennbar mit den Rechten der Erde und den Rechten der anderen Arten verbunden. Die Menschenrechte entspringen der Pflicht, für die Erde und unsere Mitmenschen zu sorgen. Sie sind eine Quelle des Lebens.

Grundsätze der Erddemokratie*

1. Die Erde ist lebendig. Die lebendige Erde ist unsere Mutter. Sie ist Terra Madre, Mutter Erde, Gaia, Pachamama, Vasundhara, um nur einige ihrer vielen Namen zu nennen. Mutter Erde hat Rechte.

* Siehe auch: Vandana Shiva, *Erd-Demokratie – Alternativen zur neoliberalen Globalisierung*, Zürich 2008

2. Wir sind alle Mitglieder der **einen Erdenfamilie.** Wir sind Teil der Erde, nicht von ihr getrennt und nicht ihre Beherrscher. Wir sind durch das Leben mit den nicht-menschlichen Arten und der menschlichen Familie verbunden. Wir sind miteinander verbunden durch die lebendigen Ströme von Energie und Atem, Wasser und Nahrung. Wir haben die Pflicht, die lebenden Systeme der Erde und die Infrastruktur des Lebens zu schützen, die uns Leben, saubere Luft, klares Wasser und gesunde Nahrung bieten. Alle Lebewesen haben ein Recht auf die Gaben der Erde. Sie alle haben ein Recht auf Leben, auf ihren Anteil am ökologischen Raum.

3. Wir sind **eine Menschheit auf einem Planeten. Alle Menschen sind gleich.** Unsere Vielfalt bereichert das Leben und darf nicht als Rechtfertigung für Ungleichheit und Ungerechtigkeit herhalten. Zukünftige Generationen haben ein Recht darauf, die Gaben der Erde zu genießen. Heutige Generationen haben die Pflicht, für künftige Generationen zu sorgen. In vielen Kulturen wird dies als »Ethik der sieben Generationen« bezeichnet – was bedeutet, den sieben Generationen, die vor einem da waren, dankbar zu sein und so zu handeln, dass die sieben kommenden Generationen nicht geschädigt werden. Die Fürsorge für künftige Generationen ist die Fürsorge für die Erde, die Gaben der Natur in ihrer ganzen Vielfalt, Unversehrtheit und Reinheit zu bewahren, so dass sie an noch nicht geborene Generationen weitergegeben werden können.

4. Die **Erddemokratie** beruht auf der **lebendigen Ökonomie der Fürsorge** für die Erde und unsere Gemeinschaften. In lebendigen Ökonomien wird das Netz des Lebens durch die Sorge für die Vielfalt des Lebens gewoben. Jede Lebensform unterstützt und erhält alle anderen: durch Austausch, Kooperation und Harmonie. Alle Lebewesen sind fühlende Wesen und haben Rechte. Gewaltfreie Erkenntnistheorien und -methoden sowie gewaltfreie Techniken entwickeln sich, wenn wir anerkennen, dass alle Lebewesen kreativ und intelligent sind und als Erdenwesen eigene Rechte haben. Multidimensionalität tritt an die Stelle von Eindimensionalität und Linearität. Die Vielfalt des Geistes ersetzt die Monokulturen des Geistes. Das Geben und Erhalten der Lebenszyklen ersetzt den **Extraktivismus**. Durch gemeinsame Kreation und Koproduktion haben wir das Potential, Ökonomien der Fürsorge zu schaffen, die Überfluss und Wohlbefinden für alle hervorbringen.

Die Erddemokratie erkennt an, dass alle Menschen gleich sind und die gleichen Rechte haben, wie sie in der UN-Menschenrechtserklärung und anderen Konventionen zum Schutz der Rechte der Frauen, der Rechte der indigenen Völker, der Rechte der Bauern und der Rechte des Kindes verankert sind.[16]

Die Erddemokratie erkennt an, dass alle Menschen die gleichen Rechte haben: Auch wenn sie sich in Bezug auf ihre ethnische Herkunft und Religion, ihr Geschlecht und ihre Kultur unterscheiden, sind sie ökologisch gleich. Vielfalt ist nicht Ungleichheit. Das Aufzwingen von »Gleichförmigkeit« und »Uniformität« in einer biologisch und kulturell vielfältigen Welt beruht auf der Illusion von Überlegenheit, die Gewalt gegen die Natur, ihre Arten und die verschiedenen Kulturen entfesselt.

Die Erddemokratie begreift, dass die MenschenTeil der Erde und mit anderen Lebewesen verbunden sind. Die Menschenrechte sind daher mit den Rechten der Erde und den Rechten der anderen Arten verbunden. Wir haben alle das gleiche Recht auf Nahrung und Wasser, saubere Luft und eine sichere und gesunde Umwelt.

Alle ökologischen Probleme haben ihre gemeinsame Wurzel in der Leugnung der Erde als lebendes System. Die Bedrohung der Arten und die Verletzung der ökologischen Integrität und der ökologischen Grenzen, der kulturellen Integrität und der Vielfalt sind die Wurzel mehrerer ökologischer Notlagen, mit denen die Erde konfrontiert ist, und bedingen die sozialen und wirtschaftlichen Notlagen, denen die Menschheit gegenübersteht.

Lebendige Ökonomien beruhen auf Ko-Kreativität und Ko-Produktion der Menschen, die als Teil der Erdgemeinschaft die Rechte und die Integrität aller respektieren und sich um alle unsere Verwandten kümmern. In der Erddemokratie ist die Wirtschaft eine Teilmenge der Ökologie, die auf den Gesetzen von Mutter Erde beruht. Wir teilen die Gaben der Erde mit anderen. Saatgut, biologische Vielfalt, Wasser und Nahrung sind Gemeingüter. Uns als Mitschöpfer an den ökologischen Prozessen der Erde zu beteiligen, um Gemeingüter zu schützen und das Gemeinwohl zu verteidigen, ist gelebte Demokratie.

Die Notlagen, denen die Menschen in Form von Hunger und Durst, Krankheiten und Pandemien ausgesetzt sind, haben ihre Wurzeln in den ökologischen Krisen und den Krisen der Ungerechtigkeit, Ungleichheit und Unmenschlichkeit.

Überall auf der Welt entstehen Bewegungen zur Entkolonialisierung, um Hierarchien in Bezug auf Geschlecht, ethnische Herkunft, Kultur und Religion abzuschaffen. Die Bewegung zur Anerkennung der Rechte von Mutter Erde begann nach dem Scheitern des Klimagipfels in Kopenhagen. Evo Morales organisierte einen Volksgipfel, aus dem der Entwurf einer Erklärung der Rechte von Mutter Erde hervorging, um die Allgemeine Erklärung der Menschenrechte zu ergänzen und zu vervollständigen.[17]

Wir »geben« der Natur keine Rechte. Mutter Erde gibt uns das Leben und das natürliche Recht, an ihren Gaben teilzuhaben, und die ökologische Pflicht, sie zu schützen und zu regenerieren.

Erddemokratie als Weltanschauung und Praxis ermöglicht es uns, die Verbindungen zwischen den Rechten von Mutter Erde und den Menschenrechten zu erkennen. Sie zeigt uns einen Weg, beide zu schützen und die Freiheit und das Wohlergehen aller zu gewährleisten.

Es wächst eine Bewegung, die Gewalt gegen die Natur, die Schädigung und Zerstörung von Ökosystemen, die Beeinträchtigung der Gesundheit und des Wohlergehens von Arten, einschließlich des Menschen, und die Verletzung von Grundsätzen der ökologischen Gerechtigkeit im internationalen Recht als Ökozid brandmarkt und damit als ein Verbrechen des Ökozids definiert.[18]

Dr. Martin Luther King erinnert uns daran: »Wir sind unentrinnbar in ein Netz der Gegenseitigkeit eingebunden, in einem einzigen

Gewebe des Schicksals verbunden. Was immer einen direkt betrifft, betrifft indirekt alle.«

Nach Covid-19 sollten wir die Wirtschaft in dem Bewusstsein umgestalten, dass alles Leben gleichwertig ist und dass wir als ökologische, biologische Wesen Teil der Erde sind, dass Arbeit unser Recht ist und zum Wesen des Menschseins gehört, und dass die Sorge für die Erde und füreinander die wichtigste Aufgabe von uns Menschen ist. Es gibt keine entbehrlichen oder nutzlosen Menschen. Wir sind eine Menschheit auf einem Planeten. Autonomie, Sinn, Würde, Arbeit, Freiheit und Demokratie sind unser Geburtsrecht.

Neue Ökonomien der Fürsorge auf der Grundlage von Erddemokratie und Wirtschaftsdemokratie zum Schutz der Erde und der Menschheit zu entwickeln und umzusetzen, ist für die Menschheit zu einer Überlebensfrage geworden. Wir können die vielfältigen Krisen durch demokratische Teilhabe und Solidarität bewältigen. Durch Mitgefühl, Kreativität und Mut können wir sicherstellen, dass niemand hungern muss. Durch Solidarität und Demokratie können wir an der Gestaltung der künftigen Wirtschaft mitwirken, damit keine Hände ohne Arbeit sind, kein Mensch ohne Stimme ist und keine biologische Art und kein Mensch vom Aussterben bedroht wird.

Auch Wissenschaft und Technologie wurden im Dienst der Profitgier vereinnahmt. Ökonomien der Fürsorge brauchen ein entsprechendes Wissensgebäude, damit sie sich entwickeln, ohne zu schaden. Sie brauchen Techniken der Gewaltlosigkeit und des Mitgefühls. Die Natur wirtschaftet nach ihrer eigenen Intelligenz und ihren Methoden. Wir benötigen einen Paradigmenwechsel von Gewalt zu Gewaltlosigkeit, von Gier zu Fürsorge, von Öko-Apartheid zu Erddemokratie, von **Anthropozentrismus** zu einem Leben als die eine Erdenfamilie.

Die zahllosen Krisen sind ein Weckruf, dass die von dem 1% betriebene Wirtschaft der Gier für die Menschen und die Natur nicht funktioniert. Das 1% nennt die 99 Prozent »nutzlose Menschen«, die in ihrer Vorstellung künftig von künstlicher Intelligenz und Robotern ersetzt werden können: Digitalisierte Landwirtschaft funktioniert ohne Bauern, Nahrungsmittel werden ohne Bauernhöfe produziert und automatisierte Fabriken produzieren ohne Arbeiter.

Wir haben die Pflicht, eine Wirtschaft zu schaffen, die die Natur nicht zerstört, die die natürlichen Lebensgrundlagen und die Freiheit, die Würde und das Recht auf Arbeit nicht zerstört, eine Wirtschaft, die unsere Gesundheit nicht durch die Verbreitung von Krankheiten und Pandemien, Hunger und Unterernährung zerstört. Lasst uns eine lebendige Ökonomie ohne Hunger schaffen, indem wir die biologische Vielfalt erhalten und die Erzeugung von Lebensmitteln an den ökologischen Gesetzen der Natur ausrichten, indem wir die Existenzgrundlage der Kleinbauern schützen, die 80 Prozent der Nahrungsmittel liefern, indem wir eine Ökonomie der Fürsorge praktizieren. Stellen wir um auf eine giftfreie ökologische Landwirtschaft, um die menschliche Gesundheit und die biologische Vielfalt zu schützen. Errichten wir auf lokaler Ebene eine lebendige, solidarische Kreislaufwirtschaft, die den Lebensunterhalt sichert und Gemeinschaften fördert, die unseren Herz-, Kopf- und Handabdruck vergrößert und gleichzeitig den ökologischen Fußabdruck verringert. Rufen wir lokale lebendige Demokratien ins Leben, um unsere Pflichten und Rechte als Erdenwesen und als Erdenbürger einzufordern.

Kapitel 2:

Die Rückgewinnung der lebendigen Wirtschaft von der **Dys-Ökonomie*** der Gier, des **Extraktivismus** und des Geldmachens

Gier und Geldmacherei ist Chrematistik, nicht Oikonomia

Aristoteles nannte die Kunst des Lebens »Oikonomia«. Das Wort »Ökonomie« leitet sich von zwei griechischen Wörtern ab, *oikos*, »Öko«, das ist der Haushalt im Sinne eines Hausstandes, und *nomos*, »Ordnung«, »System«, »Gesetz«, »Muster«, »Management«, »Buchhaltung«. Als Lebenskunst und Kunst des Haushaltens ist Wirtschaft auf die lebensspendenden Prozesse und Abläufe in der Natur und der Gesellschaft ausgerichtet. Sie beruht auf der Anerkennung und Respektierung der ökologischen Grenzen der Natur und der Rechte aller Menschen. Lebendiges Wirtschaften trägt die Infrastruktur des Lebens für Natur und menschliche Gesellschaft.

Aristoteles unterschied »Oikonomia«, die natürliche Art und Weise des Wirtschaftens, von der »Chrematistik«, der Kunst des Geldmachens und der Kapitalanhäufung, die auf der unbegrenzten Aneignung von Ressourcen der Natur und des Reichtums beruht, der von Bauern, Arbeitern und Frauen geschaffen wurde. Für Aristoteles

* Die Vorsilbe »dys« bedeutet »miss-, un-, übel«, es ist also eine unwirtschaftliche Wirtschaft, eine Misswirtschaft.

ist die bloße Anhäufung von Geld eine unnatürliche Tätigkeit, die auch jene entmenschlicht, die sie ausüben. Zu einer echten und realen Wirtschaft, die den Lebensunterhalt der Menschen sichert, gehört der direkte Austausch zwischen Erzeuger und Verbraucher zu fairen Bedingungen als Teil einer Gemeinschaft. Wenn der Handel jedoch zum Selbstzweck und zur Triebfeder von Produktionssystemen wird, führt er zu Wertabschöpfung und Ausbeutung sowohl der Erde als auch der menschlichen Gesellschaft.

Inspiriert von Aristoteles' Vorstellungen über den Tausch, entwickelte Karl Marx in *Das Kapital* eine Arbeitswertlehre und zeigte, wie Handel und Gewerbe den Produzenten Mehrwert entziehen. Unter Berufung auf den lateinischen Klassiker Virgil sprach Marx von *auri sacra fames* (Verfluchter Hunger nach Gold, Leidenschaft für das Geld um des Geldes willen).[1]

Wenn **Chrematistik** die Oikonomia verdrängt, dann herrscht Gier statt Fürsorge, und Wegnehmen und Abgreifen ersetzen die Kunst des Gebens. So wird die Natur ärmer. Die ökologische Krise ist die Armut der Natur, die entsteht, weil wir der Erde nichts zurückgeben. Die Menschen werden arm und leiden Mangel. Die Armut der Menschen, die sich in zunehmendem Hunger und Krankheiten, Obdachlosigkeit, Vertreibung und Flucht äußert, ist eine Folge des Nichtzurückgebens an die Natur und die Gesellschaft.

Die von Gier getriebene Chrematistik hat die Menschheit blind gemacht für die Ökonomien des Lebens und die Ökonomien, die die Infrastruktur des Lebens schaffen, erhalten und regenerieren.

Die Natur hat ihre eigene Ökonomie für das Wachstum und die Erneuerung des Lebens. Die Menschen haben sich über Jahrtausende hinweg durch verschiedene Versorgungswirtschaften, die auf das Gemeinwohl ausgerichtet waren, ernährt. In den letzten Jahrhunderten jedoch hat der Kolonialismus die Wirtschaft auf Gier und Geldmacherei reduziert. Die Ökonomien der Natur und der Menschen wurden unsichtbar gemacht und zerstört. Die Wirtschaft wieder als Kunst des Lebens zu etablieren, ist nicht nur für die Zukunft der Menschheit, sondern für alles Leben auf der Erde unerlässlich geworden.

Die derzeit vorherrschende Wirtschaftsweise, die von und für das 1% betrieben wird, wurde auf »Chrematistik« oder die Produktion von Geld durch eine Geldmaschine reduziert. Schlimmer noch, dieses enge Konstrukt von »Wirtschaft« als **Extraktivismus** (rücksichtslose Entnahme von natürlichen und menschlichen Ressourcen), Handel und Kommerzialisierung wurde zur neuen Religion erhoben. Doch sie ignoriert die lebendige Ökonomie der Natur und sie zerstört die Lebensgrundlagen der Menschen und den wahren Reichtum der Natur und der Gesellschaft.

In *Evangelii Gaudium,* das im November 2013 veröffentlicht wurde, schreibt Papst Franziskus:

»Manche verteidigen nach wie vor Trickle-down-Theorien,* die davon ausgehen, dass das durch den ›freien Markt‹ geförderte Wirtschaftswachstum unweigerlich zu mehr Gerechtigkeit und Inklusion in der Welt führen wird. […] Diese Meinung ist Ausdruck eines simplen und naiven Vertrauens in die Güte derjenigen, die wirtschaftliche Macht ausüben, und in die sakralisierte Funktionsweise des vorherrschenden Wirtschaftssystems […] Die Ausgeschlossenen warten immer noch […] und es hat sich eine Globalisierung der Gleichgültigkeit entwickelt.«

Papst Franziskus spricht von einem »vergötterten Markt« und einem System, »das dazu neigt, alles zu verschlingen, was dem Wachstum der Märkte im Wege steht«.[2]

Das Geldmachen wurde zu dem *einen* menschlichen Ziel, nach dem wir alle streben müssen. Die Reichen werden immer reicher. Der Rest verliert auf der Jagd nach Geld seine Ressourcen, seinen Lebensunterhalt, sein Leben. Die mechanistische Grundhaltung in Verbindung mit der Geldmaschine saugt der Natur und der Gesellschaft jedes bisschen Leben und echten Reichtum aus. Sie kennt keine Grenzen der Gewalt gegen die Natur und die unterschiedlichen Kulturen, gegen

* Die Trickle-down-Theorie besagt, dass der Wohlstand der Reichsten einer Gesellschaft nach und nach durch deren Konsum und Investitionen in die unteren Schichten der Gesellschaft durchrieseln und zu Wirtschaftswachstum führen würde.

die Rechte der Menschen und die Rechte der Natur. Der berechnende Verstand übt Gewalt gegen das Potential der Natur und der Menschen, schöpferisch zu sein, zu arbeiten und etwas zu erschaffen. Die Welt des 1% ist eine Welt ohne Leben, die auf der Auslöschung und Vernichtung der *Oikonomia*, der Lebens- und Haushaltskunst, beruht.

Die ursprüngliche Bedeutung von »Wohlstand« ist Wohlbefinden und Glück, nicht Geld. Und Geld ist nicht das Finanzwesen und schon gar nicht das digitale Finanzwesen, das es Milliardären ermöglicht, aus Geld noch mehr Geld zu machen, indem sie lokale, selbstorganisierte Volkswirtschaften kolonialisieren.

Covid-19 verstärkt den Hunger nach Geld bei denjenigen, die Chrematistik praktizieren. Für die gewöhnlichen Menschen besteht die dringende Notwendigkeit, Oikonomia als die verlorene Kunst des Lebens und des Überlebens wiederzuentdecken, als die Kunst des Haushaltens und des Teilens und der Schaffung von Überfluss, damit die Grundbedürfnisse aller erfüllt werden und gleichzeitig unser gemeinsames Haus geschützt wird.

Sowohl Ökologie als auch Ökonomie haben ihre Wurzel in »Oikos«, dem griechischen Wort für Haus und Haushalt. 1866 leitete Ernst Haeckel, der führende deutsche Schüler Darwins, die neue Bezeichnung »Ökologie« ab (vom gleichen Wortstamm *oikos*), und bezeichnete damit die Wissenschaft von den Beziehungen der lebenden Organismen zur Außenwelt – ihrem Lebensraum, ihren Gewohnheiten, ihren Energien und so weiter. Ökonomie dagegen war die Verwaltung und Pflege des gemeinsamen Hauses, Haushalts und Staates.

Die Enzyklika von Papst Franziskus, *Laudato Si: Über die Sorge für unser gemeinsames Haus* (2015) befasst sich mit der Verflechtung mehrerer Krisen, mit denen wir konfrontiert sind, da unser gemeinsames Haus, die Erde, durch die überbordende Gier und den Egoismus einiger weniger verunstaltet, ausgebeutet, verschmutzt und geschädigt wurde.

Papst Franziskus verbindet, was als getrennte Probleme angesehen wird: Ungleichheit und Nicht-Nachhaltigkeit. Durch eine integrale Ökologie verbindet er den »Schrei der Armen mit dem Schrei der Erde«. Die Enzyklika untersucht »die enge Beziehung zwischen den Armen und der Zerbrechlichkeit des planetaren Gleichgewichts und die Überzeugung, dass alles in der Welt miteinander verbunden ist. Das schließt die Kritik an neuen **Paradigmen** und Formen der Macht ein, die sich aus der Technik ableiten, und propagiert andere Wege zum Verständnis von Wirtschaft und Fortschritt. Sie betont den Wert, der jedem Geschöpf eigen ist, die menschliche Bedeutung der Ökologie, die Notwendigkeit einer offenen und ehrlichen Debatte und die schwere Verantwortung der internationalen und lokalen Politik; sie wendet sich gegen die Wegwerfkultur und befürwortet einen neuen Lebensstil« (LS 16).

Das vorherrschende Modell von »Wirtschaft«, das auf kolonialem Handel und Extraktivismus beruht, hat seine Wurzeln nicht mehr in der Ökologie, sondern existiert außerhalb derselben und erhebt sich über sie, indem sie die ökologischen Systeme und Prozesse zerstört, die das Leben in der natürlichen und menschlichen Welt ermöglichen. Die unkontrollierte Aneignung von Ressourcen führt zum Aussterben von Arten und zum Zusammenbruch von Ökosystemen und verursacht unumkehrbare Klimakatastrophen.

Ebenso wurde die Wirtschaft, die doch Teil der Gesellschaft ist, von dieser getrennt und über die Gesellschaft gestellt, jenseits jeder demokratischen Kontrolle. Ethische Werte, kulturelle Werte, spirituelle Werte sowie Werte der Fürsorge und der Zusammenarbeit wurden durch die ausbeuterische Logik des globalen Marktes, der nur auf Profit aus ist, beiseitegeschoben. Der Wettbewerb lässt keinen Raum für Zusammenarbeit. Alle Werte, die sich aus unserer wechselseitig abhängigen, vielfältig verwobenen Wirklichkeit ergeben, wurden verdrängt oder zerstört. Wird die Realität durch abstrakte Konstruktionen ersetzt, die von den herrschenden Mächten in der Gesellschaft errichtet werden, so erleichtert dies die Manipulation von Natur und Gesellschaft für Profit und Macht. Das Wohlergehen realer Menschen und realer Gesellschaften tritt gegenüber dem Wohlergehen von Konzernen zurück. Die reale Produktion der lebendigen Ökonomien von Natur und Gesellschaft wird durch die abstrakte Konstruktion von »Kapital« verdrängt. Das Reale, Konkrete, Lebensspendende weicht den künstlich konstruierten Währungen, dem Kunstdünger, der unnatürlichen Nahrung, der künstlichen Intelligenz und so weiter.

Ich bezeichne die Art und Weise des Geldmachens, die dem Wert des Lebens in der Natur und der Gesellschaft gegenüber gleichgültig ist, als Geldmaschine, weil sie wie eine rücksichtslose, gedankenlose, gewalttätige Maschine funktioniert und weil sie auf einer mechanistischen Weltsicht beruht, die blind ist für die Kreativität der Natur und der Menschen. Sie ist eine lineare, extraktive, gewalttätige Maschine – sie entzieht der Erde Ressourcen, Mineralien, Bodenfruchtbarkeit, Wasser. Sie isoliert und raubt Gene aus Samen und Lebensformen. Sie »schürft« jetzt Daten aus unseren Farmen, unseren Beziehungen, unseren Gehirnen, unseren Körpern, unserem Leben. Sie verwandelt jedes Gemeingut in eine Ware, die um des Profits willen verkauft wird. Und indem sie die Gemeingüter, die das Leben erhalten und echtes Wachstum schaffen, immer weiter einhegt, schafft sie »Wachstum«, das am Geldmachen gemessen wird, und nicht am Wachstum von Lebensqualität und Glück.

Die Geldmaschine verschlingt reale Ressourcen, betrachtet reale Menschen als »Inputs« und verwandelt sie in Handelsware und Abfall, der entsorgt werden soll – verbrauchte Natur, verbrauchte Menschen.

Die Geldmaschine beruht auf der Einhegung der Allmende und ihrer Umwandlung in Privateigentum für Handel und Gewerbe.

Für die Geldmaschine stehen Handel und Profit an erster Stelle – Natur und Menschen sind Hindernisse, die es zu beseitigen gilt.

Die Geldmaschine verdrängt und zerstört die Kreativität, die Produktion und die lokale Wirtschaft und macht alle Volkswirtschaften dem von dem 1% kontrollierten globalen Handel untertan. Die Globalisierung, die der Welt aufgezwungene Handelsregeln, sind für das Funktionieren der Geldmaschine unerlässlich.

Ich möchte hinzufügen, dass das heutige Big Money auch gegen die Natur gerichtet ist. Big Money beruht auf dem Paradigma eines

Hyperanthropozentrismus, also auf der überholten Annahme, dass die Natur tote Materie sei, und gipfelt in der Überzeugung, dass die Beherrschung, Eroberung und Kontrolle der Erde durch gewalttätige Werkzeuge und Technologien die »zivilisatorische« Mission der Männer mit dem großen Geld sei. Diese Weltsicht und Weltaneignung sind anthropozentrisch, da sie auf der Aneignung von Leben durch Patente, Privatisierung und Einhegung der **Allmende** sowie auf der Hybris (Selbstüberschätzung) beruht, den Planeten durch Geoengineering manipulieren zu wollen. Die Wurzeln dieser Hybris liegen im Kolonialismus.

So wie die Konstrukte des mechanistischen Verstandes Trennungen und Spaltungen von und in der Natur schaffen und die Vielfalt von Intelligenz auslöschen, so tilgt das Konstrukt von Wirtschaft als Geldmaschine die Beiträge von Natur und Menschen. Letztere nenne ich Ökonomien der Natur und der Menschen. Diese sind etwas ganz anderes als die globalisierte Marktwirtschaft unter der Kontrolle von globalen Konzernen, die als einzige Wirtschaft anerkannt und gezählt wird.

Die Gesetze von Gaia (Mutter Erde) sind die Grundlage des Lebens auf der Erde. Sie gehen der Produktion voraus, sie gehen dem Austausch voraus, und sie gehen dem Markt voraus. Der Markt ist von Gaia abhängig. Gaia hängt nicht vom Markt ab. Sowohl die Erde als auch die Gesellschaft stehen an erster Stelle. Sie sind souverän und autonom. Sie können nicht zu einer Ware herabgewürdigt und auf eine Marktfunktion reduziert werden.

Die Natur wurde dem Markt ausgeliefert: als bloßer Lieferant von Industrierohstoffen und als Mülldeponie für Abfälle und Schadstoffe. Fälschlicherweise wird behauptet, die Ausbeutung der Erde schaffe ökonomischen Wert und Wirtschaftswachstum, was das menschliche Wohlergehen verbessere. Auch wenn man das menschliche Wohlergehen anführt, um die Menschen von der Erde abzutrennen und ihre grenzenlose Ausbeutung zu rechtfertigen, profitiert doch nicht die gesamte Menschheit davon. Tatsächlich verlieren die meisten Menschen. Menschen gegen die Natur auszuspielen, ist nicht nur anthropozentrisch, sondern auch ***korporatistisch.**** Die vielfältige Erdengemeinschaft wurde auf Menschen reduziert, und dann wurden Menschen auf Unternehmen als juristische Personen reduziert. Die Unternehmen machen dann einen Teil der Menschheit zu Konsumenten ihrer Produkte und erklären den anderen Teil für frei verfügbar und entbehrlich. Die Verbraucher verlieren ihre Identität als Erdenbürger, die im Einklang mit der Natur wertschöpfend tätig sind, und diejenigen, die entbehrlich gemacht werden, verlieren mit ihren Lebensgrundlagen auch ihr Leben.

Ökologie, Ökonomie und Generationenfolge sind eng mit dem Begriff von »Haushalt« als Metapher und Organisationsprinzip verbunden. Ursprünglich war mit Haushalt die Hauswirtschaft eines Anwesens gemeint. Das Wort »Ökonomie« hat seine Wurzeln im griechischen Wort »oikos«, das sich ursprünglich auf den Familienhaushalt, seinen täglichen Betrieb und seinen Unterhalt bezog.

Vor dem Aufkommen moderner patriarchalischer »Wirtschaftsmodelle« wie der Chrematistik und des Extraktivismus ging man davon aus, dass nationale Wirtschaftsangelegenheiten als bloße Erweiterung des Haushaltsbudgets der Haushälterin betrachtet werden könnten. In ähnlicher Weise ging die »Ökologie« davon aus, dass die lebenden Organismen der Erde eine einzige wirtschaftliche Einheit bilden, die einem Familienhaushalt ähnelt, deren Mitglieder eng zusammenleben.

Mit dem »gemeinsamen Haus« als Metapher sowohl für die Ökologie als auch für die Ökonomie gab es keine hierarchische Trennung zwischen der Ökonomie der Natur, der Ernährungswirtschaft der Menschen und dem Austausch in der Marktwirtschaft. Sie alle werden von den Gesetzen und Grenzen der Ökologie bestimmt. Es gibt keine

* Korporationen sind juristische Gebilde (Konzerne, Aktiengesellschaften usw.), die als »juristische Personen« (im Gegensatz zu »natürlichen Personen«, echten Menschen) einen Rechtsstatus innehaben, der es den hinter dieser Gesellschaft stehenden Personen möglich macht, sich der rechtlichen Verantwortung zu entziehen.

Trennung zwischen der heimischen Produktion für den Bedarf und der Produktion für Austausch und Handel.

Mit den Wirtschaftsmodellen der Großunternehmen und Konzerne wurde jedoch die Metapher des »gemeinsamen Hauses« neu definiert – fortan galt sie nicht mehr als das grundlegende Modell der wirtschaftlichen Organisation. Das Zuhause, sowohl die Erde als auchunser gemeinsames Zuhause als auch unsere jeweiligen Häuser an bestimmten Orten, wurde gewissermaßen von der »Wirtschaft« getrennt, die nun als Geldmaschine neu definiert wurde. Die reale Wirtschaft – in unseren Häusern und in unserem gemeinsamen Haus, dem Planeten – wurde unsichtbar gemacht. Das Zuhause, ursprünglich gemeinsamer Lebens- und Arbeitsort der Menschen, wurde zudem neu definiert: als »Abwesenheit von Wirtschaft«, als etwas, das nicht zur Wirtschaft dazugehörte. Mit dieser Tilgung der Ökonomie der Natur und der Ökonomie der Menschen wurde nunmehr Extraktion als »Ökonomie« definiert. Die Zerstörung ökologischer Prozesse und Erdsysteme und die Zerstörung der regenerativen Ökonomien des Lebensunterhalts der Menschen wurde in »Wachstum«, als Schöpfung von wirtschaftlichem Wert umgedeutet.[3]

In gleicher Weise wurde auch die Arbeitsteilung zwischen den Geschlechtern abgebildet: mit Frauen, die auf den Haushalt beschränkt wurden, der mit »Wirtschaft« nichts zu tun hatte, und Männern, die aus dem Haushalt in die Produktion gesteckt wurden. Solange die Wirtschaft eine Erweiterung des Haushalts war, waren beide Geschlechter in beide Bereiche involviert. Die Ausgliederung der Wirtschaft aus dem Haushalt führte nun aber tatsächlich zu einer geschlechtsspezifischen Teilung oder Trennung von Wirtschaft und Haushalt. Diese geschlechtsspezifische Aufteilung wurde zu einer Geschlechterhierarchie, denn die Arbeit in der Ökonomie der Gier wurde gegenüber der Arbeit in der Ökonomie der Fürsorge als höherwertig angesehen.

Auf gesellschaftlicher Ebene führte dies zu dem, was Maria Mies als »Hausfrauisierung« der Hauswirtschaft bezeichnet hat. Nach den patriarchalischen Wirtschaftsmodellen gilt die Produktion im und für den Haushalt (und für den Bedarf) als »Nicht-Produktion«. Die Rückgewinnung der Realwirtschaft ist das, was Ariel Salleh in ihrem Buch *Ökofeminismus als Politik* als »verkörperten Materialismus« bezeichnet: »Der ›anderen Arbeit‹, jener unbenannten Klasse von Arbeiterinnen und Arbeitern, die die natürlichen Prozesse katalysieren und so das Leben auf der Erde erst ermöglichen, muss wieder historische Bedeutung zukommen. Wenn radikale Politik nicht in der Erfahrung dieser globalen Arbeitswelt verankert ist [...], wird sie lediglich die Instrumentalisierung verstärken, die die Erde und ihre Völker als endlose wirtschaftliche Ressource behandelt.«[4]

Die Umwandlung von Wert in Unwert, von Arbeit in Nicht-Arbeit, von Wissen in Nicht-Wissen wird durch zwei sehr mächtige Konstrukte erreicht: die **Produktionsgrenze** und die Schöpfungsgrenze (in der Volkswirtschaftslehre auch »Transformationskurve« genannt).

Das vorherrschende Wirtschaftsmodell ist zwar hocheffizent, aber kaum mehr resilient und außerdem menschen- und arbeitnehmerfeindlich. Es beraubt die Menschen ihrer Kreativität und ihres Sinns, ihrer Bedeutung und ihrer Rechte und reduziert sie auf »Inputs« für einen industriellen Prozess und eine Wirtschaft des 1%.

So ist die Wirtschaft des 1% entstanden. Es ist eine Wirtschaft, in der Fiktionen und Konstrukte die Realität verdrängen, in der die Superreichen die Natur und die Menschen zermalmen, das Leben, unsere Vorstellungskraft und unsere Demokratien manipulieren, um ihre Geldmacherei in ein Perpetuum mobile zu verwandeln, von dem sie glauben, es sei nicht aufzuhalten. Aber in der Zerstörungswut der Maschine ist ihre eigene Zerstörung angelegt. Auf einem toten Planeten gibt es keine Geschäfte. In einer Gesellschaft von Wegwerfmenschen gibt es keine »Märkte« und »Verbraucher«.

Die Muster der Kolonialisierung sind zwar alt, aber sie können uns erkennen helfen, wie die heutigen Milliardäre mit neuen Werkzeugen die Natur und die Gesellschaft kolonialisieren, den Reichtum von beiden extrahieren und sich aneignen und den Akt der Extraktion als ihre »Leistung« und Innovation ausgeben.

Das Reale wird zunehmend durch Konstrukte und Fiktionen ersetzt. Die Realität wird verdrängt, damit reale Ressourcen und Menschen durch Konstrukte ausgebeutet werden können, und unser von Konstrukten kolonialisierter Verstand betrachtet unsere eigene Verdrängung und Enteignung als »Fortschritt« und »Entwicklung«.

Echte Menschen werden zunehmend durch Unternehmen ersetzt, die sich als Personen ausgeben. Echte Arbeit, die Quelle des Wohlstands, wird durch Spekulation, Lizenzen, Zwang und Monopole ersetzt. Eine lebendige, materielle Welt, die das Leben erhält, wird durch digitale Techniken in Beschlag genommen. Während der Diebstahl und die Aneignung real sind, wird die Illusion einer »Dematerialisierung« gesponnen.

Das System der extraktiven linearen Wirtschaft zwingt zur grenzenlosen Entnahme natürlicher und sozialer Ressourcen. Es beruht auf Kommerzialisierung, Profitmaximierung und der Verursachung von Abfall und Umweltverschmutzung durch die Unterbrechung der natürlichen Wachstums- und Erneuerungszyklen. Sie hat keinen Sinn für die Pflege der Natur und der Gemeinschaft. Sie kennt keine Ethik des Zurückgebens. Sie lässt die Natur und die Gesellschaft verarmen, sei es durch das Schürfen von Mineralien, die Aneignung von Wissen durch Biopiraterie, die Patentierung von »Genen« durch genetisches Mining, die Aneignung von persönlichen Daten durch »Data-Mining« oder Nutzungs- und Lizenzgebühren für Saatgut, Wasser, Kommunikation, privatisierte Bildung und Gesundheitsversorgung. Das führt zu Armut, Schulden und Vertreibung. Diese Art »Wirtschaft« schafft Verschwendung: Verschwendung in Form von Umweltverschmutzung, verschwendeten Ressourcen, verschwendeten Menschen und verschwendeten Leben. Sie schafft eine Welt ohne Arbeit, glaubt jedoch, dass die Menschen ohne Arbeit »Konsumenten« von Junk-Food, Fast-Fashion und Junk-Media würden. Es ist diese extraktive Geldmaschine, die zum Aufstieg des 1% und zur Entbehrlichkeit der 99 Prozent geführt hat.

Abb. 1 **Die Wirtschaft der Gier**

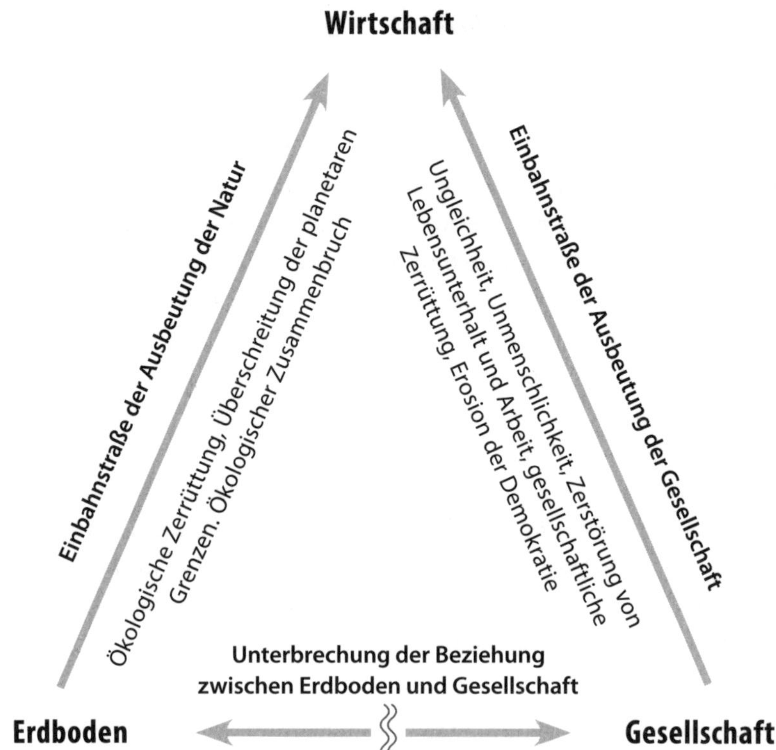

Die Wirtschaft der Gier und des Extraktivismus wurde durch den kolonialen Handel, die Globalisierung und den Freihandel der Konzerne geformt

Wir sind Teil der Erde. Nicht ihre Herren und Eigentümer. Wir sind eine einzige menschliche Familie, vielfältig und dabei gleichberechtigt.

Die Wirtschaft der extraktiven Gier, die den Planeten und die Menschen bedroht, begann mit dem Kolonialismus als dem größten Landraub, Ressourcenraub und Völkermord der Geschichte.

Der Kolonialismus beruht auf Trennung und Überlegenheit, dem Konstrukt der Apartheid, der Abgetrenntheit. Der Kolonialismus beruhte auf roher Gewalt, Invasionen und Kriegen. Die kolonialisierten Völker sehen in ihm einen Krieg gegen die Erde und ihre kulturelle Vielfalt. Die Erde wurde auf eine Wirtschaft zur Gewinnung von Reichtum reduziert. Der von den Kolonialisatoren errichtete intellektuelle Überbau tat jedoch so, als sei die von ihnen entfesselte Gewalt und die Inbesitznahme unseres Landes und Lebens, unserer Ressourcen und unseres Reichtums ein »natürlicher Vorgang«. Man erzählte uns einfach etwas von »Überlegenheit« und von einer zivilisatorischen Mission.

Die Geldmaschine der Gier wurde vor etwa 500 Jahren in Gang gesetzt, als die Kolonialmächte den Reichtum von menschlichen Gemeinschaften stahlen und die **Allmende** einhegten, privatisierten. Der Kolonialismus war durch militärische Macht gestützter Kommerz zur gewaltsamen Aneignung des Landes und des Reichtums der kolonialisierten Volkswirtschaften. Die von den europäischen Monarchen ausgestellten »Patentbriefe« waren abstrakte Worte, die das Recht zur Kolonialisierung und Ausrottung erteilten und so neue Konstrukte der Ungleichheit zwischen Ländern und Rassen schufen. Die Religionen und Völkerschaften der Kolonialisierten wurden als minderwertig, als barbarisch abgestempelt.

Am 3. August 1492 stach Christoph Kolumbus von Andalusien aus in See, ausgestattet mit einem von Königin Isabella und König

Ferdinand ausgestellten *Patentbrief*, um Länder zu finden, die nicht von weißen christlichen Herrschern regiert wurden, und sie als ihr Territorium zu beanspruchen.

Im Jahr 1493 erließ Papst Alexander VI. eine päpstliche Bulle, das Dekret »Inter Caetera«, in dem er Spanien und Portugal ermächtigte, den amerikanischen Kontinent zu kolonialisieren und die dortigen Ureinwohner zu Untertanen zu machen. Das Dekret bekräftigt das Recht Spaniens und Portugals, zu kolonialisieren, zu missionieren und zu versklaven sowie die christliche Vorherrschaft und Überlegenheit auszubauen. Es wurde in Afrika, Asien, Australien, Neuseeland und Amerika angewandt. Es rechtfertigt ebenfalls die Versklavung von Afrikanern.[5]

Am 8. Juli 1497 verließ Vasco da Gama Lissabon, segelte um Afrika herum und erreichte am 20. Mai 1498 die indische Malabarküste, die heute im indischen Bundesstaat Kerala liegt.

Die koloniale Expansion geschah nicht aus heiterem Himmel. Sie war das Ergebnis eines hundertjährigen Krieges und eine Fortsetzung der Kreuzzüge. Ein halbes Jahrhundert bevor Kolumbus und Vasco Da Gama nach Indien aufbrachen, hatte Papst Nikolaus V. die Bulle erlassen (18. Juni 1452), mit der König Alfons V. von Portugal ermächtigt wurde, »Sarazenen, Heiden und andere Feinde Christi anzugreifen und zu unterwerfen, wo immer sie zu finden sind«. Die Bulle wurde weniger als ein Jahr vor dem Fall von Konstantinopel erlassen.[6]

Gier und Eroberung verschmolzen zu einem kolonialen Modell des Handels, mit dem »Wirtschaft« seither hauptsächlich identifiziert wird.

Die Kolonialisierung als Projekt begann mit Christoph Kolumbus, König Ferdinand und Königin Isabel von Spanien und Papst Alexander. Sie wurde mit der Gründung der East India Company fortgesetzt, dem ersten Unternehmen, das die Welt beherrschte.

Das britische Weltreich wurde am 31. Dezember 1600 durch ein »Letter Patent« begründet, eine Charta, die Königin Elisabeth 216 »Adligen, Kaufleuten und Händlern« zur Gründung der Ostindien-

Kompanie erteilte. Mit dem von Königin Elisabeth I. ausgestellten Patentbrief zur Gründung der Ostindien-Kompanie wurde ein neues Konstrukt ins Leben gerufen – die Aktiengesellschaft. Seitdem ist die Herrschaft der Konzerne durch Kriege und Gewalt die vorherrschende Struktur der Kunst des Geldmachens durch eine Wirtschaft der Gier.

Die East India Company (EIC), auch bekannt als *Honourable East India Company* und informell als John Company, war eine englische und später britische Aktiengesellschaft, die für den Handel mit Indien, China und den Ostindischen Inseln gegründet wurde.

Ursprünglich war sie als »Governor and Company of Merchants of London trading into the East Indies« gegründet worden. In kürzester Zeit wuchs das Unternehmen und beherrschte bald die Hälfte des Welthandels, insbesondere mit Grundstoffen wie Baumwolle, Seide, Indigofarbstoff, Salz, Salpeter, Tee und Opium. Mit der Herrschaft über Indien schuf es auch einen Präzedenzfall für die Herrschaft von Unternehmen. Erst nach der ersten Unabhängigkeitsbewegung Indiens (in der britischen Geschichte als Sepoy-Meuterei bezeichnet) übernahm die Krone die Herrschaft. Das erste Jahrhundert der britischen Herrschaft in Indien war eine **korporative** Herrschaft der Ostindien-Kompanie.

Mit dieser Körperschaft wurde eine Struktur geschaffen, mit der Gewinne privatisiert, Kosten sozialisiert und »Eigentümer« unsichtbar gemacht werden konnten.

Die erste **Korporation**, die *East India Company*, hatte eine Macht, die einzelne Kaufleute oder Piraten nicht hätten erlangen können. Doch die Gewinne aus dieser Macht fielen den »Eigentümern« zu, während die Gesellschaft die Kosten trug. Diese Form der Korporation führt auch zu einer korporativen Herrschaft. Dies geschah in der Kolonialzeit. Und findet auch heute noch statt. [Die heutigen Korporationen werden Konzerne genannt; sie sind im Grunde dasselbe. A.d.Ü]

Ein Stück Papier, das in England ausgestellt wurde, ermöglichte es einigen wenigen Handelsabenteurern, sich Indiens reiche Wirtschaft und Kultur anzueignen. Die Ostindien-Kompanie übernahm mit

Gewalt den florierenden Handel mit Gewürzen und Textilien, durch den Indien einen Anteil von 25 Prozent an der Weltwirtschaft gehabt hatte. Als die Briten abzogen, war dieser Anteil auf zwei Prozent geschrumpft, und das Land wurde von Hungersnöten und Armut geplagt. 45 Billionen Dollar sind von Indien nach England transferiert worden. In Indien starben während der Kolonialherrschaft zwischen 40 und 60 Millionen Menschen an Hungersnöten.

Die koloniale Ausbeutung ging Hand in Hand mit der Auslöschung der Rechte der indigenen Völker an ihrem Land und ihren Ressourcen, an ihren Kulturen und ihrem Leben selbst; sie ging Hand in Hand mit vielfachem Völkermord. Die indigene Bevölkerung Mexikos ging von 15 - 20 Millionen im Jahr 1520 auf weniger als zwei Millionen im Jahr 1600 zurück. Die indigene Bevölkerung in Kanada und den Vereinigten Staaten ging von fünf bis zehn Millionen im Jahr 1607 auf nur noch 500.000 im Jahr 1900 zurück. Die Zahl der australischen Ureinwohner wurde 1788, zur Zeit der Kolonialisierung, auf 300.000 bis eine Million geschätzt. Bis 1930 war die Bevölkerung in Neusüdwales auf 50.000 dezimiert.

Das Aussterben der indigenen Völker war der erste Schritt des sechsten Massenaussterbens, das von einem Wirtschaftsmodell angetrieben wird, das Kulturen oder andere Arten nicht respektiert und keine Grenzen kennt.

Die Konstruktion von Korporationen (Körperschaften) war für den wirtschaftlichen Kolonialismus und die Errichtung von Wirtschaftsimperien unerlässlich. Wie William Bolts 1772, fast zwei Jahrhunderte nach der Gründung der East India Company, schrieb, »ist die Kompanie nichts anderes als eine despotische Oligarchie von Kaufleuten, die sich den Status des Souveräns angemaßt haben«.[7]

Korporationen (juristische Personen) haben in den letzten fünf Jahrhunderten unterschiedliche Formen angenommen, aber die Grundsätze der Anhäufung von Reichtum bestehen fort: Gewalt, Piraterie, Kolonialisierung und Einhegung der Allmende sowie Extraktivismus. In einem früheren Zeitalter erfolgte die Anhäufung von Reichtum durch die Gewalt der kolonialen Eroberung.

Die Schaffung von Korporationen durch die wirtschaftlich Reichen und politisch Mächtigen zur Anhäufung von grenzenlosem Reichtum bei gleichzeitiger Auslagerung aller Verantwortung und Kosten sowie der Haftung hat unsere Kulturen und Volkswirtschaften ebenso zerrüttet wie unsere Souveränität und Freiheit. Korporationen sind meines Erachtens die wichtigste wirtschaftliche, politische und kulturelle Kraft auf dem Planeten – mächtiger als Religionen und Regierungen.

Die spanische und die britische Herrschaft, die die indigenen Kulturen ihres Reichtums beraubt und sie häufig ausgelöscht haben, wurden als zivilisatorische Mission der Kolonisatoren gerechtfertigt. Amitava Ghosh zitiert in *Sea of Poppies* einen britischen Seekapitän und schreibt: »Wenn wir Menschen töten, fühlen wir uns bemüßigt, so zu tun, als ginge es um einen höheren Zweck.« (S. 388-389) Der höhere Zweck beim Empire Building war die zivilisatorische Mission und die »Bürde des Weißen Mannes«. Dieser mythische »höhere Zweck«, die Rede von der »überlegenen Rasse« oder dem »auserwählten Volk« wird auch heute noch eingesetzt, um in der Gesellschaft neue Gewalt zu entfesseln.

Innerhalb von vier kurzen Jahrhunderten sind Korporationen, deren alleiniger Zweck die Anhäufung von Reichtum ist, zur vorherrschenden Kraft der Wirtschaftsgestaltung geworden – und so auch zum Schicksal der Erde und unserer Kulturen, unserer Politik und unseres Lebens. Die Wirtschaft der Konzerne wird als »*die* Wirtschaft« betrachtet, und die Wirtschaft der Natur und die Wirtschaft der Menschen gerät dabei aus dem Blick.

Swami Vivekanand beschrieb das Zeitalter des kolonialen Handels als »die kommerzielle Herrschaft (Vaishya) […] Auf dem weißen schaumigen Kamm dieser riesigen Welle hat die alles erobernde Vaishya-Macht den majestätischen Thron Englands in all seiner Größe errichtet.«[8]

Ihm zufolge ist die kommerzielle Herrschaft, die unterjocht, »schrecklich in ihrer stillen, erdrückenden und blutsaugenden Macht«. Mit der Unabhängigkeit haben wir uns von Kolonialismus und

Konzernherrschaft befreit. Doch durch die neoliberalen »Reformen« und die Globalisierung der Konzerne sind sie mit aller Macht zurückgekehrt. Jetzt ist es die strukturelle Gewalt der Geldmaschine in den Händen des 1%, das ausgeklügelte Abstraktionen und Konstrukte, Privatisierung und Einhegung der Allmende ebenso nutzt, wie die Deregulierung von Gesetzen, die Ressourcen und Menschen schützen, um sich den realen Reichtum der Erde und der Menschen anzueignen.

In vielen Ländern der Welt haben Menschen Freiheitsbewegungen für die Dekolonialisierung gegründet, um die koloniale »zivilisatorische Mission« und ihre Verwendung für den Transfer von Reichtum aus den Kolonien zu beenden und ihre eigene Geschichte und ihre Souveränität zurückzuerlangen. Die Menschen forderten und fordern den Kolonialismus und die unverantwortliche, illegitime wirtschaftliche Macht der Konzerne heraus. Selbstbestimmung, Souveränität, Demokratie, öffentliches und nationales Interesse und Freiheit für Menschen und Länder, nicht für Konzerne und Imperien, werden zu den Kategorien, die die postkoloniale Agenda bestimmen. Im Westen haben der Wohlfahrtsstaat und die Regulierung der Unternehmen zum Schutz der Umwelt und der Arbeitnehmerrechte die ungezügelte Herrschaft der Unternehmen etwas eingeschränkt.

Zu den Instrumenten, mit denen die Ostindien-Kompanie ihre Herrschaft in Indien begründete, gehörte ein Freihandelsabkommen. Das Muster des von den Konzernen geschriebenen und von ihnen betriebenen »Freihandels« als Instrument für die Herrschaft der Konzerne setzt sich bis zum heutigen Tag fort.

»Freihandelsabkommen« sind undemokratische, ungerechte Handelsverträge, die den Kolonialisierten aufgezwungen werden, um ihnen die Freiheit der Produktion und des Handels zu nehmen. Das erste Freihandelsabkommen war nicht die NAFTA oder die WTO. Es war das Freihandelsabkommen, das die Ostindien-Kompanie1717 dem 10. Großmogul Furukhseer auferlegte, »Furukhseer Firman« genannt. Neue Freihandelsabkommen wie TPP und TTIP garantieren die absoluten Rechte von Konzernen durch die »Investor-Staat-Streitbeilegungssysteme«.

Und nachdem reiche Länder wie Indien geplündert worden und immense Reichtümer nach England und an die Direktoren der East India Company geflossen waren, wurde es möglich, neue Illusionen, neue Abstraktionen zu konstruieren, um den menschlichen Geist, unser Leben und die Natur zu beherrschen.

Trennung macht es möglich, dass die Verursacher nicht mit den Folgen ihrer Handlungen in Zusammenhang gebracht werden. Systeme und Prozesse, die die eigentliche Ursache sind, werden nicht mit den Auswirkungen zusammengesehen. Vorrechte werden von der Verantwortung getrennt. Fahrlässigkeit und Verantwortungslosigkeit werden zur Norm.

Individuen, die sich Reichtum aneignen, der aus einem räuberischen Wirtschaftssystem stammt, konstruieren Rechtsformen, um sich dahinter zu verstecken und nicht haftbar gemacht werden zu können. Die Form der Korporation wie bei der East India Company und anderen, die folgten, ist ein Konstrukt, um sowohl die Eigentumsverhältnisse zu verschleiern als auch sich der Verantwortung für Schäden an Natur und Gesellschaft zu entziehen. Die Form der Korporation wird nun dazu benutzt, die Demokratie selbst zu unterwandern (Wahlkampffinanzierung, Investor-Staat-Streitbeilegungssysteme in Freihandelsabkommen).

Zweihundert Jahre nach der Errichtung der Korporation als Grundlage des Imperiums begann die Nutzung fossiler Brennstoffe und der Aufstieg des industriellen Kapitalismus. Dies war der Beginn des mechanistischen Verstandes als Grundlage für die Errichtung der Herrschaft des Menschen über die Erde. Werkzeuge und Techniken, die auf fossilen Brennstoffen beruhten, wurden mit geheimnisvollen schöpferischen Eigenschaften ausgestattet, ebenso wie der durch Kolonialisierung und Sklaverei angehäufte Reichtum. Geld, ein Tauschmittel, das von vielen Kulturen über Jahrtausende hinweg verwendet worden war, mutierte zu einer geheimnisvollen, schöpferischen Kraft, die als »Kapital« bezeichnet wurde.

Der intellektuelle Überbau des mechanistischen Verstandes hat die »Produktivität« und »Effizienz« der Räder von Lancashire und

Manchester zur Grundlage für den Aufstieg des britischen Empire erklärt. Wie Mark Frauenfelder erklärt: »Das Spinnrad hat England zu einem Kraftzentrum gemacht.«[9]

Was diese Erzählung verschweigt, sind die Patentbriefe von Königin Elisabeth (mit denen die Charta der East India Company begründet wurde), die Kolonialisierung Indiens durch die East India Company, die Aneignung des Landes der Ureinwohner Amerikas für den Baumwollanbau, die Gefangennahme freier Afrikaner als Sklaven für die Baumwollplantagen, der Zwangsanbau von Indigo in Bengalen und Bihar und die Geschichte der Einhegung der Gemeingüter in England (siehe Vandana Shiva, *Erd-Demokratie*). Der Reichtum wurde vom Land und von den Menschen hervorgebracht, nicht von mit fossilen Brennstoffen betriebenen Maschinen. Nimm das Land, die Baumwolle, den Indigo und die Sklaven weg, und lass uns dann beurteilen, wie »effizient« die Maschinen sind. Weil die Beiträge der Natur und der Gesellschaft unsichtbar gemacht wurden, ist es möglich, den Mythos der »Technologie« zu spinnen – von den industriellen Textilfabriken in England bis hin zu den aktuellen Biotechnologien und digitalen Technologien in der Landwirtschaft. Ohne das Saatgut unserer Bauern und die Arbeit der Bauern kann Monsantos Bt-Baumwolle* nichts hervorbringen. Das ist der Grund für den verzweifelten Versuch, die Beiträge der Landwirte und die Rechte der Landwirte zu streichen und den gesamten Diskurs über Biodiversität, kulturelle Vielfalt, Landwirtschaft, Ernährung und Freiheit auf eine einzige »Technologie« zu reduzieren. Und auf diesem **Reduktionismus** und dieser Kurzsichtigkeit wird das hohle Gebäude von Gates »One Agriculture« errichtet.[10]

Um diesem fossilen **Paradigma** der blinden Industrialisierung als Mittel der kolonialen Ressourcenausbeutung und Sklaverei die Stirn zu bieten, kehrte Gandhi 1915 nach Indien zurück und schloss sich

* Bt (*Bacillus thuringiensis*) ist ein Bodenbakterium, das ein für Fraßinsekten giftiges Protein bildet, welches mithilfe gentechnischer Verfahren auf das Pflanzengenom übertragen werden kann.

unserer Freiheitsbewegung an. Im Jahr 1917 führte er den Indigo-Satyagraha an, um die Bauern vom Zwangsanbau von Indigo zu befreien. Und um den Absolutismus des »Fortschritts« und der »Produktivität« herauszufordern, auf dem der Kolonialismus beruhte, holte er das Spinnrad hervor und rief die ganze Nation dazu auf, für die Freiheit zu spinnen, um ein auf der Textilindustrie beruhendes Imperium zu Fall zu bringen, das Kolonialismus, Sklaverei, Industrialismus mit fossilen Brennstoffen und das mechanistische Paradigma verkörperte.

Meine Inspiration für die Rettung unseres einheimischen, offen bestäubten Saatguts als Saatgut der Freiheit, angesichts von GVO (Genveränderten Organismen) und Patenten auf Saatgut, stammt von Gandhis Spinnrad. Und um die Zukunft zu säen und uns vom neuen Kolonialismus des 1% zu befreien, brauchen wir neue Spinnräder und Samen.

Die Schaffung von Volkswirtschaften und Technologien sowie von Nahrungsmittel- und Landwirtschaftssystemen, die frei von fossilen Brennstoffen sind, ist ein wichtiger Aspekt der zukünftigen Freiheit für die Erde und die Gemeinschaften überall.

Wir haben in den letzten drei Jahrzehnten der Globalisierung erlebt, dass große Bereiche der wirtschaftlichen Entscheidungsfindung der demokratischen Kontrolle der Menschen und der Parlamente entzogen wurden. Die Regeln der Globalisierung werden von den Reichen geschrieben, denen die Konzerne gehören, um noch größere Teile der Wirtschaft in die Hände von Konzernen zu übertragen. Reiche Männer und mächtige Unternehmen umgehen dann entweder Regierungen oder korrumpieren sie, oder sie kaufen die Demokratie, wie im Fall von Citizens United in den USA geschehen, wo der Oberste Gerichtshof entschied, dass die Finanzierung von Wahlen durch Konzerne die »Freiheit« der Meinungsäußerung von Unternehmen darstellt.

In einigen Fällen nutzt das 1% seinen Reichtum, um Institutionen aufzukaufen, die globale Politik zu gestalten und öffentliche Prioritäten zu verzerren, ohne dass eine öffentliche Rechenschaftspflicht oder demokratische Kontrolle besteht. Das erleben wir gerade, da Bill Gates die Weltgesundheitsorganisation und die Ernährungs- und Landwirtschaftsorganisation unter seine Kontrolle bringt.[11]

Koloniale Invasionen und Einhegungen der Allmende zur Schaffung von Privateigentum für den Extraktivismus

Allein die Tatsache, dass das 1% den Reichtum der 99 Prozent kontrollieren kann, ist Ausdruck der Zerrüttung von wirtschaftlicher Demokratie und Gerechtigkeit. Die strukturellen Prozesse, die die Grundlage für eine Wirtschaft der Gier und der Ausbeutung in allen Phasen der Kolonialisierung, einschließlich der gegenwärtigen Phase, bilden, sind:

1. **Invasion** In die Häuser und Länder souveräner Völker und Gemeinschaften, Ökosysteme und autonomer Lebewesen eindringen, indem man sich das Recht nimmt, die Rechte der anderen abzuerkennen.

2. **Einhegung** Aneignung und Privatisierung der **Allmende** und Schaffung von Privateigentum, angefangen beim Land, über Saatgut und biologische Vielfalt bis hin zum Menschen. Umwandlung von Gemeingütern in Waren.

3. **Ausrottung und Auslöschung** Ausrottung indigener Völker, Ausrottung von Kulturen, Ausrottung von Sprachen, Wissen und Wirtschaft, Ausrottung der biologischen Vielfalt, Ausrottung der Arten, Auferlegung einer Monokultur des Geistes.

4. **Extraktivismus** Lebendige, erneuerbare, regenerative Systeme werden zu »Rohstoffen« für eine einseitige, lineare Extraktion ohne Rückführung reduziert. Die lebendige Erde und ihre biologische Vielfalt, unser Geist und unser Körper werden zu Rohmaterial, wobei Selbstorganisation, Autonomie und intrinsischer Wert vorenthalten werden. Die lineare Extraktion führt dazu, dass der Natur unbegrenzt viel entnommen wird, ohne ökologische Grenzen zu respektieren, was zu ökologischen Krisen führt. Sie führt dazu, dass den

Menschen, unseren Körpern und unserer Arbeit ununterbrochen etwas entnommen wird, indem die Produktion der Natur, der Frauen, der Bauern und der indigenen Völker geleugnet und der Mehrwert den Arbeitern weggenommen wird.

5. Leere, *Nullius* Die biodiverse, vibrierende, kreative, generative, lebendige Erde und der lebendige Boden werden als leeres Land – *Terra Nullius* – definiert, unser Saatgut, die lebenden Ressourcen und die biologische Vielfalt als leeres Leben – *Bio Nullius*, unseren Verstand als leerer Verstand – *Menthe Nullius*. Wenn die Erde und der Mensch als leer definiert werden, wird ihnen ihre kreative, selbsterhaltende und regenerative Kraft abgesprochen. Lebende Systeme, die sich selbst hervorbringen und reproduzieren, werden als »leer«, unkreativ und unproduktiv dargestellt; sie werden von externen Inputs abhängig gemacht, die zu hohen Kosten von den Kolonisatoren gekauft werden müssen. Das Leben verschwindet. Die Abhängigkeit von externen Inputs wird als Lebensnotwendigkeit dargestellt. Die Entnahme von Ressourcen und Wissen aus der Natur und der Gesellschaft und ihre Verarbeitung mit fossilen Brennstoffen oder durch Algorithmen, um sie als Waren wieder zu verkaufen, schaffen einen Teufelskreis aus Abhängigkeit, Schulden und Enteignung.

6. Externalisierung Die Kolonialisierung industrieller Systeme ist mit sehr hohen ökologischen und sozialen Kosten verbunden. Die Gewinnung von Ressourcen als »Rohstoff«, die industrielle Verarbeitung und der Vertrieb in globalen Lieferketten verursachen sehr hohe Energiekosten und Umweltverschmutzung. Selbst die »digitale Wirtschaft« hat einen sehr großen ökologischen Fußabdruck in Form von Energie- und Ressourcenverbrauch und Umweltverschmutzung. Die Produktionssysteme verdrängen Menschen und erzeugen Produkte, die für die Gesundheit der Verbraucher schädlich sind. Umweltverschmutzung, Arbeitslosigkeit und ein Gesundheitsnotstand sind die Folgen eines Systems, das auf Gier und Profit ausgerichtet ist. Diese Kosten werden auf die Natur und die Gesellschaft abgewälzt, um die Gewinne zu maximieren: Gewinne privatisieren, Kosten und Risiken externalisieren. Eine Wirtschaft der Habgier beruht von Natur aus auf einer falschen Buchführung. Es ist eine Wirtschaft der Unwahrheit und der Lüge, der Verantwortungslosigkeit und der Gewalt. Dazu werden passende Erkenntnistheorien und Wirtschaftstheorien geschaffen, um Egoismus und Gier, Extraktivismus und Gewalt sowie den Mythos der Überlegenheit als natürlich erscheinen zu lassen. Einhegungen ermöglichen den Extraktivismus.

Vor dem Kolonialismus war das Land in Indien und in den indigenen Kulturen der ganzen Welt Terra Madre, unsere Mutter. Land war Gemeingut, kein Privateigentum. Die Rechte beruhten auf der Pflicht zur Fürsorge. Das Recht bestand darin, Nutznießer zu sein, das Land aber war nicht käuflich. Die Bauern bewirtschafteten ein und dasselbe Stück Land über Jahrhunderte hinweg, indem sie den Boden immer wieder erneuerten, anstatt ihn auszubeuten. Wie Dharampal berichtet, hatte die Dorfgemeinschaft die Oberhoheit über das Land und seine Nutzung. Die Dorfgemeinschaft war die höchste zuständige Instanz, die Entscheidungen über die Landnutzung traf. Das Recht, Land zu nutzen, war dauerhaft und vererbbar, wie es von Brauch und Praxis vorgegeben war.[12]

Die Briten zerstörten gewaltsam unsere vielfältigen, dezentralisierten, demokratischen, selbstverwalteten Gemeindestrukturen, die die gewohnheitsmäßige Ausübung von Landrechten und Landnutzungsrechten regelten, die eine Wirtschaft der Fürsorge geschaffen hatten, so dass das Land geliebt und gepflegt wurde. Sie rissen unser Land an sich und führten private Eigentumsrechte ein, indem sie das »Zamindari«-Grundbesitzertum institutionalisierten, um Pacht einzutreiben – *lagaan.*

Wie Sir W.W. Hunter im *Imperial Gazetteer* schrieb: »Die indische Regierung ist keine bloße Steuereintreibungsbehörde […] Ihr Verwaltungssystem beruht auf der Ansicht, dass *die britische Macht […] in gewissem Sinne den gesamten Boden des Landes besitzt.*«

Mit einem einzigen Federstrich enteignete Lord Cornwallis 1793 durch Anlage fester Siedlungen der Kolonisatoren die Bauernschaft und verfügte 20 Millionen Klein- und Kleinstbauern und Bauern in die Knechtschaft der »Zamindars« – von den Briten eingesetzte

Grundbesitzer, die die völkermörderische *Lagaan* (Steuern/Pachten) einzogen.[13]

In Kanada wurde das Land von der *Hudson's Bay Company* (HBC) in Besitz genommen, die ein Geschenk des Königs an eine Gruppe von Investoren war, um für England Land zu sichern. Im Jahr 1668 kam ein Schiff namens Nonsuch aus England und überwinterte in der James Bay. Als das Schiff mit einer Ladung von Biberfellen zurückkehrte, die von den ansässigen Cree eingehandelt worden waren, freuten sich die Investoren. Einer dieser Investoren war Prinz Rupert, ein Cousin von König Karl II., der die Reise finanziert hatte. Im Mai 1670 erhielten achtzehn Investoren der HBC von der englischen Krone eine königliche Charta, die ihnen exklusive Handelsprivilegien für das gesamte Einzugsgebiet der Bucht gewährte. Cousin Rupert wurde zum ersten Gouverneur der HBC ernannt, und so wurde ein großer Teil des indigenen Territoriums »Rupert's Land« genannt.[14] Die Soziologin Elizabeth Comack hat die Art und Weise, wie die Hudson's Bay Company das vom kanadischen Staat durch die *Deed of Surrender* gewährte Land erwarb und davon profitierte, als »Unternehmenskolonialismus« bezeichnet.[15]

1770 landete Kapitän Cook in Australien und beanspruchte es als britisches Territorium. Der Prozess der Kolonialisierung begann 1788 mit einer Flotte von 11 Schiffen, 736 Sträflingen und einigen britischen Truppen.[16] Als Cook ankam, war Australien keine »ungezähmte Wildnis«, sondern das größte Landgut der Erde. Die ersten Europäer in Australien sagten immer wieder, dass das Land wie ein Park aussah. Die ausgedehnten Grasflächen und Wege, die offenen Wälder und die reiche Tierwelt erinnerten an einen Landsitz in England. Bill Gammage hat herausgefunden, dass dies darauf zurückzuführen ist, dass die Aborigines das Land viel systematischer und wissenschaftlicher bewirtschafteten, als bisher bekannt war.[17]

Seit 60.000 Jahren bauen australische Aborigines Reis und Gerste, Wüstenrosinen, Wildtomaten, Yamswurzeln, Küferklee, Grassamen, Nardoo und Bunya-Nüsse an und schufen so »das größte Anwesen oder den größten Garten der Erde«.[18] Bruce Pascoe zeigt in *Dark Emu* und *The Biggest Estate on Earth*, dass die Darstellung der australischen Ureinwohner als »Jäger und Sammler« Teil des kolonialen Mythos war, um sich ihr Land anzueignen, indem Australien als »ungezähmte Wildnis« dargestellt wurde. Wie bei allen von Ureinwohnern bewirtschafteten Gebieten gab es keine Trennung zwischen Natur und Mensch, keine ökologische Apartheid. Die Kolonisatoren waren absichtlich blind für die ausgeklügelten, komplexen, regenerativen Systeme und das Wissen der Eingeborenen über die Pflege des Landes. Die vom Menschen gepflegte Natur ohne zerstörerischen Fußabdruck wurde als »Wildnis« definiert. Die indigenen Völker, ihre Rechte und ihre Kulturen wurden von den Kolonialherren weitgehend ausgelöscht.

Der erste Schritt der Ökonomie der Gier ist die koloniale Invasion und Einhegung der Allmende, um Privateigentum zu schaffen, Eigentum, wo es zuvor kein Privateigentum gab. Die Allmende wurde zu einem Zeichen von »Primitivität« erklärt. John Winthrop, Gründer der Massachusetts Bay Colony im Jahr 1630, sagte, die Eingeborenen Neuenglands würden das Land nicht einhegen, und das sei ein Zeichen ihrer Primitivität. Sie haben weder Siedlungen noch haben sie Haustiere. Sie verbessern das Land nicht. Sie haben also kein Recht auf ihr Gemeingut, ihr Erbe, ihre Lebensgrundlage. (Vandana Shiva, *Biopiraterie*)

Die Kolonisatoren haben sich das Land der Ureinwohner angeeignet und sie in Reservationen gesteckt. Die Siedler nahmen sich, was ihnen nicht gehörte, und gaben vor, es zu »verbessern«, während sie in Wirklichkeit das Land, die biologische Vielfalt, die reichen Kulturen, ihre Autonomie und Demokratie zerstörten. Dies ist der Beginn des perversen Konzepts der »Reservationen«, in die man die ursprünglichen Bewahrer des Landes in Amerika, Afrika und Australien sperrte. Dekolonialisierung und »Land Back« sind Bewegungen zur Wiederherstellung von Freiheit, Souveränität und Würde des Landes und seiner Bewohner.

John Lockes (1632 - 1704) Abhandlung über das Eigentum war in erster Linie eine Rechtfertigung der kolonialen Invasionen und der Einhegung der Allmenden, der Schaffung von Privateigentum. Dies beruhte auf dem »Zivilisationsmythos« des Kolonialismus, nach dem die indigenen Ureinwohner primitiv seien und »verbessert« werden müssen, und dem »Schöpfungsmythos« des Kapitalismus: der Schaffung der Illusion, dass das tote Konstrukt »Kapital« eine kreative Kraft sei, die Wohlstand schafft.

Locke nutzte das gedankliche Konstrukt einer »Primitivität« der indigenen Landnutzung auf der Schildkröteninsel, um die Schaffung von Privateigentum durch die Aneignung ihres Landes und die Einhegung der Allmende zu rechtfertigen. So schreibt er in seiner zweiten Abhandlung: »Denn ich frage, ob in den wilden Wäldern und unkultivierten Einöden Amerikas, die der Natur ohne jede Verbesserung, ohne Ackerbau oder Viehzucht überlassen sind, tausend Morgen den bedürftigen und unglücklichen Einwohnern so viele Annehmlichkeiten des Lebens bieten, wie zehn Morgen gleich fruchtbares Land in Devonshire, wo sie gut kultiviert sind.«

Locke rechtfertigte die gewaltsame Einhegung der Allmende und die Schaffung von Privateigentum als »Verbesserung« der Natur.[19] Die indigenen Völker Amerikas haben seit Jahrhunderten Landwirtschaft betrieben, ohne einen ökologischen Fußabdruck zu hinterlassen. Dass sie nach den Gesetzen der Natur arbeiteten und der Natur keinen Schaden zufügten, ist keine »Primitivität«, sondern ökologische Raffinesse und Nachhaltigkeit. Während er den kolonialen Mythos von der Primitivität der indigenen Völker entwickelte, schuf Locke auch den »Schöpfungsmythos« des »Kapitals«, um die Einhegungen in England zu rechtfertigen.

Locke schreibt, dass Eigentum dadurch entsteht, dass man der Natur Ressourcen entnimmt und sie mit »Arbeit« vermischt. Für Locke war »Arbeit« nicht die biologische und physische Arbeit der Ureinwohner, der Frauen und der Bauern. Die Schaffung von Eigentum beruht auf der fiktiven »geistigen« Arbeit, die sich in der Kontrolle durch das Kapital manifestiert. Denn es ist nicht die Arbeit der Frauen, Tiere oder Bauern; es ist die geistige Arbeit, die sich im Kapital manifestiert. Und diese Vermischung von Gier und Geldverdienen als »geistig« geht Hand in Hand mit der Degradierung der heiligen Erde, die uns das Leben schenkt: entwürdigt als tote Materie. Das führt zur Degradierung unserer heiligen Körper, unserer heiligen Worte, unserer heiligen Gaben. Sie gelten als Passivität, als Nichts, als ob das Leben, das dem Leben dient, Nichtstun ist und als ob nichts geschieht. Dies führt zu einer totalen Verdinglichung der Lebewesen, einschließlich der Erde.

Mit einem Federstrich rechtfertigte Locke die Einhegung der Allmende, die koloniale Landnahme und die Auslöschung der Kreativität von Mutter Erde und der Mitschöpfung derjenigen, die für die Pflege des Landes arbeiten.

»Geistiges Eigentum« und Patente auf Saatgut sind eine Fortsetzung dieser falschen Prämisse, dass Kapital, ein totes Konstrukt, die schöpferische Kraft der Produktion sei, während die wirklichen schöpferischen Kräfte – die Natur und der Mensch – als tote und träge Beigaben definiert werden. Heute werden geistiges Eigentum und Patente auf unseren Körper und unseren Geist ausgedehnt. Der Mensch ist das neue Rohmaterial, wir sind die letzte Kolonie.[20]

Die Fiktion von Egoismus und die falsche Prämisse, dass Gier und Wettbewerb zur »menschlichen Natur« gehören

Die Giermaschine ist eine **extraktivistische** Wirtschaft. Diese extraktive Wirtschaft entzieht der Natur und der Gesellschaft Ressourcen, ohne etwas zurückzugeben. Sie hat ihre Wurzeln im Kolonialismus, im Industrialismus und in der Globalisierung der Konzerne. Die extraktive Wirtschaft beruht auf Konstruktionen, die Ausbeutung ermöglichen und sie als »Verbesserung« und »Wachstum« darstellen und Zerstörung als »Schöpfung«. Die extraktive Wirtschaft ist blind für die Wirtschaft der Natur und die Wirtschaft der Menschen, die das Leben durch Verbundenheit, Fürsorge, Zusammenarbeit, Gegenseitigkeit und Mitgefühl erhalten.

In dem auf Terra Nullius beruhenden Konstrukt der Kolonialisierung tut man so, als herrsche Mangel, obwohl die Kolonisatoren wegen unseres Reichtums und Überflusses in unser Land gekommen waren. Egoismus, Gier und Gewalt, welche die Kolonisatoren antrieben, wurden verallgemeinert und als Grundlage der menschlichen Natur ausgegeben, anstatt sie als widernatürliche Einstellungen zu begreifen, die von einigen wenigen privilegierten europäischen Männern verfolgt und hochgehalten wurden, um die indigenen Völker, Frauen, Bauern und Arbeiter zu kolonialisieren.

Adam Smith wird als der Vater der modernen Wirtschaftswissenschaften bezeichnet. Adam Smiths Buch von 1776, *An Inquiry into the Nature and Causes of the Wealth of Nations* (*Der Wohlstand der Nationen*), das kurz nach der Errichtung der Herrschaft der East India Company über Indien geschrieben wurde, machte Eigeninteresse und Wettbewerb zur Grundlage von Wohlstand und kaschierte die Tatsache, dass der koloniale Reichtum nicht geschaffen, sondern den Kolonien gestohlen worden war. Gier wurde zum Organisationsprinzip der Gesellschaft erklärt und als Naturgesetz, als unser ureigenes Wesen dargestellt.[21]

Der Wohlstand der Nationen ist ein kolonialer Text, der den gestohlenen Reichtum der indigenen Völker unsichtbar macht und die gewaltsame Ausbeutung als Überlegenheit darstellt. Der Völkermord an indigenen Völkern und die Aneignung ihres Landes galt als »zivilisatorische Mission«. Adam Smith leugnete die hochentwickelten Ökonomien der Fürsorge und des Teilens in den Kulturen der Ureinwohner, nach denen die gesamte Menschheit streben muss, wenn sie eine Zukunft haben will, und nennt die hochentwickelten Kulturen der Ureinwohner Nordamerikas »das erste wirtschaftliche und soziale Stadium […] den niedrigsten und rohesten Zustand der Gesellschaft, wie wir ihn bei den Eingeborenenstämmen Nordamerikas finden«.[22]

Das künstliche Konstrukt der »Primitivität« ist von zentraler Bedeutung für das Projekt der Kolonialisierung als eines auf Diebstahl beruhenden Wirtschaftssystems. Die pseudointellektuelle Architektur von *Wohlstand der Nationen* konstruiert Strukturen von Gewalt und Herrschaft, um den Diebstahl als »Wirtschaft« und Schaffung von Wohlstand zu definieren.

Wie indigene Völker jedoch betonen, ist dieser Wohlstand nur ein Pseudowohlstand. Wirklicher Wohlstand ist Wohlbefinden, und Wohlbefinden wird durch Fürsorge und Geben kultiviert. Wie der Secwépemc*-Führer George Manuel in *Die vierte Welt* beschreibt: »Unsere Wirtschaft funktionierte, weil sie von einer Substanz zusammengehalten wurde, die viel stärker war als die bloße Ansammlung von Rohstoffen, mit denen wir arbeiteten. Die Wurzeln und Beeren, der Fisch und das Fleisch, die Rinde und das Moos sind Zutaten, die für sich allein kein ganzes Gewebe ergeben. Sie kommen nur zusammen, wenn diese Rohstoffe auf dem Webstuhl der sozialen Werte, für die die Menschen arbeiten, zusammengebracht werden.«[23] Es ist das zugrundeliegende Wertesystem, das die Bedingungen für Wohlbefinden und wahren Wohlstand schafft (oder vorenthält).

Die indigene Wirtschaft beruht auf Werten wie Fürsorge, Teilen und Zugehörigkeit. Kolonialisierung ist ein Wirtschaftsprojekt, das auf Gier, Privatisierung und Entwurzelung beruht. Winona LaDuke schreibt: »Die Wirtschaft der Anishinaabe** beruht auf *minobimaatisiiwin* – der intimen Kenntnis des Ortes – und auf dem Prinzip des *minobimaatisiiwin*: ein gutes Leben, das durch ›ständige Erneuerung‹ gekennzeichnet ist. Der Aufbau einer indigenen Wirtschaft erfordert daher die Ersetzung der *kolonialen Infrastrukturen des Todes* durch *indigene Infrastrukturen des Lebens*.[24]

Die vielfältigen Krisen, die wir erleben, sind »eine direkte Folge eines Wirtschaftssystems, das auf Akkumulation und Enteignung beruht und das Heilige in uns allen verunglimpft«. LaDuke nennt sie die Wiindigo-Wirtschaft, benannt nach der Kannibalen- oder Wasichu-Gestalt in der Anishinaabe-Legende.*** Sie zerstört sich selbst, indem sie sich, süchtig nach ihren gierigen Gelüsten, selbst verzehrt.

* Stammesgruppe von 17 First Nations im Süden der kanadischen Provinz British Columbia

** Die Anishinaabe (Ojibwe) sind eine der heute größten indigenen Ethnien Nordamerikas.

*** *Winddigo* in Ojibwe, *Wintiko* bei den Pohawtan, *Wétiko* bei den Cree.

Die Wiindigo-Infrastruktur verbraucht die Erde, ohne die sie nicht überleben kann, durch Pipelines, industrielle Zersiedelung und chemische Verseuchungen aller Art.[25] In der kolonialen Ökonomie ist Land nicht die Mutter Erde, sondern lediglich Eigentum, aus dem man Profit ziehen kann.

Obwohl Adam Smith zu der Zeit schrieb, als die gewaltsame Aneignung des Landes der Bauernschaft durch die »Enclosures of the Commons« (Einhegung der Allemende) stattfand, werden weder Land als Gemeingut noch die etwa 3.380 Gesetze erwähnt, die das britische Parlament verabschieden musste, um die Bauern ihres Landes zu berauben. In Smiths Fiktionen über die Entstehung von Reichtum wird so getan, als habe es das Privateigentum an Grund und Boden schon immer gegeben. Die Erhebung von Pachten ist ein zentrales Element seines **Paradigmas** der Extraktivwirtschaft. In Smiths Wirtschaftsmodell, das auf der Ausbeutung durch kolonialen Handel beruht, ist kein Platz für die Natur, kein Hinweis auf den Wohlstand der Länder, die ja wegen ihres Reichtums erst kolonialisiert wurden.

So wie Smith die reichen einheimischen Kulturen Amerikas als primitiv bezeichnete, so nannte er die reiche Textilindustrie Indiens, die die Welt versorgte, »unbedeutende Manufakturen«. Die East India Company wurde gegründet, um sich den Reichtum Indiens, seine Textilien und Gewürze, anzueignen. Adam Smith beschreibt unsere Textilien als » unbedeutende Manufakturen, die dazu bestimmt sind, den kleinen Bedarf einer kleinen Anzahl von Menschen zu decken«.[26]

Durch diese Fiktion, die die koloniale Ausbeutung und Zerstörung unserer Textilindustrie kaschierte, stellt er den Verlust von Fertigkeiten und der Autonomie der handwerklichen Produktion durch den Gewaltkolonialismus so dar, als sei etwas »Minderwertiges« verlorengegangen, obwohl die von indischen Webern gewebten Musselin weiterhin von höherer Qualität war als die aus industrieller Produktion. So wird mit einer falschen Geschichte die **Dys-Ökonomie** als Quelle des Wohlstands der Nationen begründet.

Die wahre Geschichte vom *Wohlstand der Nationen* wäre die Geschichte davon, wie über einige Jahrhunderte britischer Herrschaft sechzig Millionen Menschen an Hunger starben, weil die Briten den Bauern Pachten auferlegten.

Utsa Patnaik schreibt: »Die Narben der Kolonialisierung sind geblieben, obwohl Großbritannien Indien vor über 70 Jahren verlassen hat […] Zwischen 1765 und 1938 belief sich die Ausbeute auf 9,2 Billionen Pfund (45 Billionen Dollar), wenn man die indischen Exportüberschüsse als Maßstab nimmt und sie mit einem Zinssatz von 5 Prozent verzinst.«

Patnaik sagt, während die Menschen in Indien aufgrund von Unterernährung und verschiedenen Krankheiten wie »Fliegen« starben, nahmen die Briten den armen Indern ihr hart verdientes Geld weg. »[…] Die indische Lebenserwartung lag 1911 bei nur 22 Jahren.«

Großbritannien exportierte Nahrungsmittel aus Indien und erhob hohe Steuern, was eine Hungersnot in Indien auslöste und die Kaufkraft des Landes verringerte. Patnaik zufolge »sank der jährliche Pro-Kopf-Verbrauch an Nahrungsmitteln, der im Jahr 1900 bei 200 kg lag, während des Zweiten Weltkriegs auf 137 kg im Jahr 1946«. Wir bauten die Nahrungsmittel an, die Großbritannien reich machten, aber wir hungerten.[27]

Die Auslöschung des realen Reichtums der Natur und der vorkolonialen Ökonomien schafft erst die Geschichte von Mangel und die Begründung für die Kolonialisierung. Die Blindheit gegenüber den Ökonomien der Nachhaltigkeit und des Wohlstands schafft die Fiktion von Mangel. Der »Wettbewerb« um knappe Ressourcen wird dann zum Naturgesetz. Für Smith ist der Konkurrenzkampf das »Bestreben, das uns vom Mutterleib an begleitet und uns nie verlässt, bis wir ins Grab sinken«.[28]

Was aus dem Mutterleib kommt, ist jedoch ein Geschenk, bedingungsloses Geben und Fürsorge, eine Gabe der Liebe und des Lebens, wie Genevieve Vaughan in *Women and the Gift Economy* (Inanna Publications and Education Inc, Toronto, Kanada, 2007) geschrieben hat.

Ronnie Lessem und Alexander Schieffer weisen darauf hin: »Hätten die Väter der kapitalistischen Theorie als kleinste wirtschaftliche Einheit für ihre theoretischen Konstrukte eine Mutter und nicht einen einzelnen bürgerlichen Mann gewählt, hätten sie das Axiom der egoistischen Natur des Menschen niemals so formulieren können, wie sie es taten.«[29]

Beim Schreiben von *On the Origin of Species (Über die Entstehung der Arten)* wurde Charles Darwin von Adam Smith beeinflusst. Er unterstützte Smiths Annahme von Konkurrenz und Überleben des Stärkeren und erklärte sie zu den Grundsätzen von Biologie und Evolution, obwohl Menschen und andere Arten durch Kooperation und Wechselseitigkeit überleben. Die in der Gesellschaft vorherrschende fragmentierte, atomistische Sicht wurde auf komplexe, miteinander verbundene Lebewesen und Ökosysteme übertragen. Es wurde angenommen, dass sich jede einzelne Lebensform isoliert entwickelt und mit allen anderen um knappe und schrumpfende Ressourcen konkurriert.

Die mechanistische Sichtweise der Trennung und Atomisierung war blind für die Tatsache, dass die Erde und ihre Ressourcen lebendig sind und die Menschen als Teil der Erde das Potential haben, Ressourcen zu regenerieren, gemeinsam Wohlstand zu schaffen und ihn gerecht zu teilen. Der mechanistische **Reduktionismus** zerlegte die Natur und atomisierte die Gesellschaft, wobei jedes Atom mit jedem anderen konkurrierte. Die mechanistische Weltsicht ignorierte die Vernetzung und die weit verbreitete Zusammenarbeit zwischen den Arten zur gegenseitigen Förderung. Sie war blind für die Fähigkeit von Menschen und Gemeinschaften, für die Natur und füreinander zu sorgen, ihre Ressourcen zu regenerieren und gemeinsamen Wohlstand zu schaffen.

Wissenschaftler finden jetzt heraus, dass Kooperation die Evolution bestimmt, nicht Konkurrenz. Von den Molekülen in einer Zelle bis hin zu Organismen, Ökosystemen und dem Planeten als Ganzem sind Zusammenarbeit und Gegenseitigkeit das Organisationsprinzip des Lebens.

Lynn Margulis wandte sich gegen wettbewerbsorientierte Ansichten über die Evolution. Sie ist bekannt für ihre Beiträge zur Symbiose in der Evolution. Ihre Forschung unterstrich die Bedeutung symbiotischer oder kooperativer Beziehungen zwischen Arten. Sie arbeitete auch mit James Lovelock an der Gaia-Hypothese, die besagt, dass die Erde lebendig ist.[30] Die Wissenschaft von vernetzten, sich selbst organisierenden lebenden Systemen schafft eine Wirtschaft der Fürsorge und des Teilens, des Bewahrens und Regenerierens und wird von dieser inspiriert.

Kapitel 3

Wissen zurückerobern: *Episteme* und *Techne* für Gewaltlosigkeit, Mitgestaltung und Fürsorge anstelle von Gewalt, Herrschaft und Gier

Episteme (altgriechisch: ἐπιστήμη, bezieht sich auf »Erkenntnis«, »Wissenschaft« oder »Wissen« und Systeme des Verstehens)
Techne, (griechisch: τέχνη, tékhnē, »Handwerk, Kunst«; bezieht sich auf das Machen oder Tun)

Alle menschlichen Gemeinschaften und Kulturen haben Systeme der Naturerkenntnis und der Naturgestaltung. Wissenschaft und Technik sind so vielfältig wie die Kulturen und Ökosysteme der Erde. Doch genauso, wie die lebendigen Ökonomien der indigenen Kulturen durch den Kolonialismus ausgelöscht wurden und die Unwirtschaftlichkeit des kolonialen Handels zur einzigen »Ökonomie« erklärt wurde, wurden auch das Wissen und die Techniken, die *episteme* und *techne* der verschiedenen Kulturen ausgelöscht und die gewalttätigen Wissenssysteme und Techniken der Gier und des **Extraktivismus** zur einzigen »Wissenschaft« und zur einzigen »Technologie« erhoben. Die Rückeroberung von Wissen ist ein wichtiger Schritt zur Schaffung gewaltfreier Ökonomien der Fürsorge.

Von der gewalttätigen Erkenntnislehre des mechanistischen Reduktionismus zur gewaltfreien Erkenntnislehre der Vielfalt und Fürsorge

Die Umwandlung von Terra Madre in Terra Nullius wurde durch die von René Descartes und Francis Bacon konstruierte mechanistisch-reduktionistische Weltsicht bewerkstelligt, die die Natur als tote, träge Materie, als reines Rohmaterial zur Ausbeutung definierte. Der Eigenwert, die Selbstorganisation und die Verbundenheit der Natur wurden strikt geleugnet. Das Wissen um Beziehungen zum Miterschaffen mit Fürsorge und Mitgefühl für andere Lebewesen, die sich selbst organisieren und einen Eigenwert haben, wurde als unzuverlässig und gefährlich erklärt, gar kriminalisiert, wie die Hexenjagden zeigen.

Die Natur wurde ihrer Selbstorganisation, ihrer Kreativität und ihres Eigenwerts beraubt und auf ein Objekt menschlicher Ausbeutung und technologischer Kontrolle reduziert. Das **Paradigma** der »toten Erde« geht Hand in Hand mit dem wissenschaftlichen Paradigma des mechanistischen **Reduktionismus** und dem technologischen Paradigma von Beherrschung, Kontrolle und Machbarkeit anstelle von Partnerschaft, Kooperation und Ko-Kreativität.

Der mechanistische Verstand, der die Kreativität und Intelligenz der Natur und die menschliche Kreativität und Intelligenz und die unterschiedlichen Arten des Wissens leugnet und verdrängt, geht Hand in Hand mit einem wirtschaftlichen Paradigma, das auf **Extraktivismus**, Verwertbarkeit und Profit beruht. Die mechanistische Wissenschaft lieferte die theoretische Grundlage für den Extraktivismus. Der mechanistische Reduktionismus ist die Grundlage für den Extraktivismus – die Reduktion lebender Systeme auf fragmentierte Teile und die Ausbeutung des Teils, der sich zur Ware machen und mit dem sich gewinnbringend handeln lässt.

Gewalttätige Epistemologien (Verstehensweisen) belohnen die Gier und erklären sie für »natürlich«. Wie Carolyn Merchant in *Der Tod der Natur* schrieb: »Als konzeptioneller Rahmen war die mechanistische Ordnung mit einem auf Macht beruhenden Wertesystem verbunden, das voll und ganz mit der vom kommerziellen Kapitalismus eingeschlagenen Richtung vereinbar war.«[1]

Francis Bacon (1561 – 1626), der als Vater der modernen Wissenschaft gilt, vertrat die Idee der menschlichen Herrschaft über die Natur. Er sprach von einem *novum organum,* einem »neuen Instrument« der menschlichen Forschung, das die imperialen Ambitionen der Menschheit über die natürliche Welt befriedigen wird. Bacon ging davon aus, dass das mechanistische Denken, das unsere Beziehung mit der Natur und deren lebendigen Prozessen leugnet, zu »unfehlbarem Wissen und totaler Herrschaft über die Natur« führen wird.

Jason Hickel schreibt in *Less is More*: »Bacon versuchte aktiv, die Idee von einer lebendigen Welt zu zerstören und sie durch eine neue Ethik zu ersetzen, die die Ausbeutung der Natur nicht nur sanktionierte, sondern ihr huldigte. Er verwandelte die Natur von einer nährenden Mutter in eine ›billige Hure‹. [...] Für Bacon sollten Wissenschaft und Technik als Herrschaftsinstrumente dienen. Die Natur muss ›dienstbar gemacht‹ und ›versklavt‹, aus ihrem natürlichen Zustand herausgezwungen und ›für menschliche Zwecke‹ ausgequetscht und geformt werden.«[2]

Bacons eigenes Leben bewies die Fehlbarkeit seines Ansatzes. Als Folge des einzigen Experiments, das er durchführte – er versuchte, ein Huhn mit Schnee zu füllen, um herauszufinden, ob das Einfrieren Lebensmittel konservieren konnte – bekam Bacon eine Lungenentzündung und starb im März 1626.[3]

Für Bacon übt das neue mechanistische Paradigma des Wissens als Macht »nicht nur eine sanfte Führung über den Lauf der Natur aus; es hat die Macht, sie zu erobern und zu unterwerfen, sie in ihren Grundfesten zu erschüttern«. Bacon machte Gewalt und Folter zur Methode seines Forschens. Dies wurde zur Grundlage einer Erkenntnistheorie des kapitalistischen Patriarchats, Folter als »Extraktion« der Wahrheit, um eine Ökonomie der Ausbeutung von Ressourcen aus der Natur zu ermöglichen. Der militarisierte Verstand entfesselte Gewalt gegen die Natur und Gewalt gegen diejenigen, die den Gesetzen der Natur durch Liebe und nicht durch Folter auf die Spur kommen wollten.

Bacon besteht darauf, dass die mechanistischen Experimente der neuen Philosophie sich der Natur nähern müssen, »indem sie gezwungen und gequält wird, das heißt, indem sie durch Kunst und Menschenhand aus ihrem natürlichen Zustand herausgezwungen, gequetscht und geformt wird«. Durch Experimente ist es möglich, die Natur dazu zu bringen, Dinge zu offenbaren, die sie bei weniger strengen Prüfungen nicht eingestehen würde. Aber wenn ihr Geheimnis einmal gelüftet ist, kann sie gezwungen werden, es immer wieder preiszugeben. Ziel der Distanzierung von der Natur und ihrer Verdinglichung war es, »eine gesegnete Rasse von Helden und Übermenschen« hervorzubringen, um die Natur zu beherrschen. Für Bacon war Wissen kein Mittel der Wahrheitssuche, sondern ein Instrument der Eroberung. Er rief alle Menschen dazu auf, untereinander Frieden zu schließen und der Natur den Krieg zu erklären, um sich »mit vereinten Kräften gegen die Natur der Dinge zu wenden, ihre Burgen und Festungen zu stürmen und zu besetzen und die Grenzen des menschlichen Reiches so weit auszudehnen, wie es Gott der Allmächtige in seiner Güte zulassen mag« und die »Herrschaft des Menschen über das Universum« zu errichten.[4]

Die Idee der »Herrschaft des Menschen über das Universum« war die Leugnung der Tatsache, dass wir Mitglieder der *einen* artenreichen Erdenfamilie sind; dass wir eine Menschheit sind, die reich an kultureller und biologischer Vielfalt ist. Seine Idee säte die Saat der ökologischen Apartheid und der menschlichen Apartheid, des **Anthropozentrismus** und des kapitalistischen Patriarchats, in dem sich patriarchalische Macht mit Gier verband.

Bacon bezeichnete den Übergang von der Betrachtung der Natur als nährende Mutter und Quelle des Lebens zu einem Objekt wirtschaftlicher Ausbeutung und den Übergang von einem Wissen über die Natur, das auf gewaltfreien Lebensbeziehungen und Partnerschaften beruht, zur Herrschaft und Beherrschung der Natur als »die Geburt der männlichen Zeit«. Für Bacon war eine maskuline Art des Wissens, die auf einer reduktionistischen, mechanistischen Wissenschaft beruhte, eindeutig ein gewalttätiges, patriarchalisches Projekt, um die Natur zu versklaven.

In *Masculus Partus Temporum* (Die *männliche Geburt der Zeit*, 1603), einem posthum veröffentlichten Text, schreibt Bacon: »Ich bin in Wahrheit gekommen, um die Natur mit all ihren Kindern zu dir zu führen, um sie in deinen Dienst zu nehmen und sie zu deiner Sklavin zu machen.« Da »die Herrschaft des Menschen über die Natur nur auf Wissen beruht«, liegt der Schlüssel zur Beherrschung der Welt durch den Menschen in der organisierten wissenschaftlichen Forschung. Auf diese Weise werden die Erkenntnisse vieler Forscher in einem gemeinsamen Unternehmen zusammengeführt, und das Wissen wird schrittweise wachsen. Bacon ruft zu gemeinsamen Anstrengungen auf und ermahnt alle Menschen, untereinander Frieden zu schließen. Kurzum, Bacon verspricht, dass seine neue Methode zu einem echten Fortschritt auf allen Gebieten führen, die »wahrhaft männliche Geburt der Zeit« einleiten und die Natur zum »Sklaven der Menschheit« machen wird.

Für Bacon waren die mächtigen europäischen Männer die »menschliche Rasse«, und seine neue Philosophie würde es der menschlichen Rasse ermöglichen, »das Recht über die Natur wiederzuerlangen, das ihr durch göttliches Vermächtnis zusteht«.[5]

Die Kolonialisierung wurde in einen neuen Schöpfungsmythos gekleidet, die Entdeckungsdoktrin, die eine geistige, politische und juristische Rechtfertigung für die Kolonialisierung und die Inbesitznahme von Land, das nicht von Christen bewohnt war, lieferte. Und diese Entdeckungsdoktrin wird heute benutzt, um Saatgut zu patentieren, das von Unternehmen nicht erzeugt werden kann.[6]

Unser biologisches Wesen wurde geleugnet, unsere Erdverbundenheit wurde geleugnet, unsere Schöpferkraft als Erdenwesen wurde als Nicht-Schöpferkraft definiert und zu einem Teil einer passiven, nicht schöpferischen, toten Erde gemacht. Die natur- und frauenfeindliche Weltsicht des kapitalistischen Patriarchats wurde von der patriarchalischen Wissenschaft und der patriarchalischen Religion gemeinsam geprägt. Sie wurde von Locke geprägt, um die koloniale Übernahme und Privatisierung von Land zu rechtfertigen, und von Bacon, um die Kreativität der Natur und der Frauen zu leugnen. Kreativität und Spiritualität wurden zu einer exklusiven Domäne von Männlichkeit und Vaterschaft.

Wie Johann Jakob Bachofen festgestellt hat: »Der Triumph der Vaterschaft bringt die Befreiung des Geistes von den Erscheinungen der Natur mit sich, eine Sublimierung der menschlichen Existenz über die Gesetze des materiellen Lebens. Die Mutterschaft bezieht sich auf die physische Seite des Menschen, das einzige, was er mit den Tieren teilt; das väterliche Geistprinzip gehört ihm allein. Die triumphierende Vaterschaft hat Anteil am himmlischen Licht, während die gebärende Mutterschaft mit der Erde und allem, was sie trägt, verbunden ist.«[7]

Gewalt kann keine tragfähigen Erkenntnisse liefern, wenn es darum geht, lebende Prozesse und lebende Systeme zu verstehen oder Wissen darüber zu erlangen, wie der Mensch als Lebewesen friedlich mit anderen Lebewesen, mit denen er den Planeten teilt, zusammenleben kann.

Gewalt als Denkweise hat zu Inquisition und Hexenjagd, den Völkermorden des Kolonialismus und zum Völkermord in Hitlers Vernichtungslagern geführt. Gewaltbehaftete Denkweisen, die andere Kulturen und andere Spezies als »Feinde« betrachten, die es auszurotten gilt, sind für die anhaltenden Völkermorde und den Ökozid verantwortlich.

Für Bacon war das Experimentieren »Inquisition«, bei der die Natur gezwungen wurde, ihre »verborgenen Geheimnisse« preiszugeben. »Die Wissenschaft sollte die Geheimnisse der Natur gleichsam aus ihr herausfoltern.« Bacon war unter König Jakob I. auch englischer Kanzler und hatte die Prozesse gegen Hexen und Bauernrebellen geleitet. Als richterlicher Inquisitor war Bacon an Hexenprozessen beteiligt, in denen unschuldigen Frauen, die wegen Hexerei angeklagt wurden, Geständnisse abgepresst wurden.

Wie Carolyn Merchant in *Der Tod der Natur – Ökologie, Frauen und neuzeitliche Naturwissenschaft* ausführt: »Die Bilder, die er benutzt, um seine neuen wissenschaftlichen Ziele und Methoden zu umreißen, entstammen zu einem guten Teil dem Gerichtssaal. Sie zeigen die Natur als eine Frau, die mit mechanischen Vorrichtungen gefoltert werden muss, und erinnert damit sehr an die Verhöre bei den Hexenprozessen und die mechanischen Vorrichtungen, die bei der Folterung von Hexen benutzt wurden.«

»Die Vernehmung von Hexen als Sinnbild für das Verhör der Natur, der Gerichtssaal als Modell für ihre peinliche Befragung und die Folter durch mechanische Hilfsmittel als Instrument zur Unterjochung des Chaos: Dies alles ist grundlegend für die wissenschaftliche Methode als Ausübung von Gewalt und Macht. Bei Bacon wie bei Harvey prägt die herrschende Sexualpolitik jene empirische Methode, die eine neue Form des Wissens und eine neue, von kulturellen und politischen Voraussetzungen angeblich freie Ideologie der Objektivität hervorbringen soll.«[8] Es war eine gewalttätige Wissenschaft, die sich mit der Kirche verbündete, um während der Inquisition, die zeitgleich mit der Kolonialisierung stattfand, Millionen von Menschen umzubringen.

1484 erließ Papst Innozenz VIII. die päpstliche Bulle *Summis desiderantes affectibus* (lateinisch für »mit größtem Eifer begehren«), die den rechtlichen Rahmen für die Inquisition schuf. Im Jahr 1493 erließ Papst Alexander VI. die päpstliche Bulle *Inter caetera*, die Eroberung und Kolonialismus legalisierte und zur zivilisatorischen Mission des patriarchalischen Westens machte. Wie Genvieve Vaughan in *Women and the Gift Economy* schreibt, markierte die päpstliche Bulle von 1484 den »Beginn der Inquisition, in deren Verlauf nach einigen Schätzungen über einen Zeitraum von 250 Jahren bis zu 9 Millionen Hexen, die meisten von ihnen Frauen, getötet wurden. Es ist vielleicht kein Zufall, dass diese Völkermorde an den amerikanischen Ureinwohnern und an den europäischen Frauen gleichzeitig stattfanden«.[9] Kolonialismus, Gewalt gegen die Erde, Gewalt gegen indigene Kulturen und Gewalt gegen Frauen waren ein Kontinuum der Gewalt. Dekolonialisierung, Aufstehen für die Erde, für die Indigenen und für die Frauen bilden eine verbundene gewaltfreie Bewegung für Frieden, Nachhaltigkeit und Gerechtigkeit.

René Descartes (1596 - 1650) trug dazu bei, eine »neue Maschine für den Verstand« zu entwickeln, den kartesischen Verstand, der nach wie vor dominiert, weil er die heutige, auf Macht und Profit ausgerichtete Giermaschine der Big Tech schmiert. Descartes entfernte das Leben aus der lebendigen Welt und den Geist aus der Materie. Sein Geist-Körper-Dualismus schuf eine erkenntnistheoretische Apartheid, die die Grundlage sowohl der ökologischen als auch der menschlichen Apartheid ist. Die künstliche Trennung von Geist und Materie stellte die Materie als geistlos und den Geist als substanzlos dar.

Die lebendige Natur, Terra Madre, wurde auf Terra Nullius, tote und leere Materie, reduziert. Lebendige Prozesse verschwanden im mechanistischen Reduktionismus. Für Descartes ist »das Wesen der Materie die Ausdehnung in Länge, Breite und Tiefe«. Mit anderen Worten: Die materielle Welt ist nicht eine sich selbst organisierende Komplexität und Emergenz, sondern lediglich ihr quantifizierbares Äußeres, ihre Ausdehnung und Dimension.

Aber es ist der Raum innerhalb lebender Systeme und die Wechselwirkungen und Beziehungen zwischen lebenden Systemen, die die Grundlage des Netzes des Lebens bilden, nicht die äußeren Ausmaße von Größe und Dimension. Die mechanistische Philosophie hat zur Überhöhung der Größe und der Hybris des Gigantismus geführt. Sie hat die erlebte *Qualität* durch eine äußerlich messbare *Quantität* ersetzt. Die »mechanistische Philosophie« beruht auf Trennung, Abspaltung, Gleichgültigkeit gegenüber dem Leben der Natur und dem Leben der Menschen.

Descartes schuf die Fiktion eines »reinen Intellekts«, eines »immateriellen Geistes«, und reduzierte die Natur auf tote Materie, die nur Ausdehnung ist, wobei er die lebenserhaltenden Beiträge der Natur und ihrer Hüter gänzlich leugnete. Auf der Arroganz und Überheblichkeit mächtiger Männer wurde eine illusionäre Wissenschaft und Philosophie aufgebaut, die darauf beruht zu leugnen, dass der Mensch ein von anderen Lebewesen abhängiges Lebewesen ist und von ihnen versorgt wird. Es wird die Tatsache geleugnet, dass wir Kinder einer lebendigen Erde sind, die uns erhält und nährt.

Im *Diskurs* führte Descartes das folgende Argument an, um zu beweisen, dass Geist und Körper unterschiedliche Substanzen sind: »Danach prüfte ich mit Aufmerksamkeit, was ich war, und sah, daß ich so tun konnte, als ob ich keinen Körper hätte und es weder eine Welt noch einen Ort gäbe, an dem ich mich befand. Aber ich konnte deshalb nicht so tun, als ob ich überhaupt nicht wäre; im Gegenteil folgte eben daraus, daß ich dachte, an der Wahrheit der anderen Dinge zu zweifeln, sehr evident und ganz gewiß, daß ich war. Hätte ich dagegen zu denken aufgehört, hätte ich keinen Grund gehabt, zu glauben, daß ich gewesen war, auch wenn alles übrige, was ich mir jemals vorgestellt hatte, wahr gewesen war. Daraus erkannte ich, daß ich eine Substanz war, deren ganzes Wesen oder deren ganze Natur nur darin bestand, zu denken, und die, um zu sein, weder einen Ort benötigt, noch von irgendeinem materiellen Ding abhängt.«[10]

Dieses Argument geht von der Tatsache aus, dass er die Existenz der materiellen Welt anzweifeln kann, aber nicht die Existenz seiner selbst als denkendes Wesen, und führt zu der Schlussfolgerung, dass seine Gedanken zu einer nicht-räumlichen Substanz gehören, die sich von der Materie unterscheidet.

Aus seiner Behauptung, er habe keinen Körper und es gebe keine Welt, schuf er die egoistische Weltsicht des *cogito, ergo sum* oder »Ich denke, also bin ich« (*Meditationen* II 7:140).

Indigene Völker, Frauen, Bauern und Umweltwissenschaftler wissen jedoch, dass nicht das *Ich* die Welt erschafft, sondern das ökologische Netz des Lebens uns erhält. Wir leben in einer vernetzten, lebendigen Welt, in der »du bist, also bin ich«. Wir atmen, weil Bäume uns Sauerstoff geben. Wir löschen unseren Durst, weil Quellen und Flüsse, die sich durch Regen und Schnee immer wieder erneuern, uns Wasser spenden. Wir ernähren uns von den Lebensmitteln, die uns das Saatgut, der Boden, die Sonne, die Bienen und Schmetterlinge, die Bodenorganismen, unsere Bauern geben, unsere Versorger, die alles bereitstellen, was wir zum Leben brauchen.

Wäre Descartes der Sauerstoff zum Atmen, das Wasser zum Trinken, die Nahrung zum Essen und die Pflege seiner körperlichen

Bedürfnisse versagt gewesen, hätte er gar nicht an der Existenz der materiellen Welt zweifeln können. Dann wäre er sich seiner Abhängigkeit von den Lebensprozessen der materiellen Welt bewusst geworden.

Indem er eine fiktive Welt schuf, konnte Descartes behaupten, seine Illusionen seien die Wahrheit, so konnte er die Wahrheit des Lebens in einer lebendigen Welt leugnen. Er behauptete, die allgemeinen Prinzipien »aus bestimmten Samen der Wahrheit« abzuleiten, die dem Geist angeboren sind (6:64). Dazu gehört die grundlegende Lehre, dass das Wesen der Materie Ausdehnung ist. (*Princ.* II.3-4, IV.203)

Für mich sind die Samen der Wahrheit die lebendigen und liebevollen Beziehungen der Dankbarkeit und des Darbringens, der Fürsorge und der Gegenseitigkeit: mit Samen und Pflanzen, Insekten und Mikroorganismen, unseren Kühen und meiner Familie, der **Navdanya**-Familie und allem, was die Erde darbringt.

Nur mächtige Männer, deren Bedürfnisse von anderen befriedigt werden, deren Dasein sie als gegeben voraussetzen, können eine Weltanschauung schaffen, die die Existenz und den Beitrag derer leugnet, von denen sie abhängig sind und durch die sie leben. Sie können eine Illusion schaffen und sich selbst als »denkendes Wesen« in den Mittelpunkt des Universums stellen. Das Ego verdrängt das Selbst durch einen egoistischen, selbstbezogenen, arroganten Verstand. Mit dieser Illusion der Trennung wird die Illusion der Überlegenheit geschaffen. Der Natur und anderen Wesen werden Geist, Wissen, Denken und Intelligenz abgesprochen, sie werden als »bloße Körper« ohne Geist definiert.

Der Mensch und alle lebenden Organismen sind »Interbeings«,* unablässig in Wechselbeziehungen, miteinander verwoben. Andere

* Mit dem Begriff *Interbeing* verneigt sich Vandana Shiva hier vor dem buddhistischen Mönch Thich Nhat Hanh (1926 – 2022), der dieses Wort prägte und der sich zeitlebens für die Verbindung von Spiritualität und Ökologie einsetzte. Interbeing beschreibt die Art und Weise, wie alle Wesen und Phänomene von allen anderen abhängen und mit ihnen interexistieren.

Wesen sind in uns, und wir sind in anderen Wesen. Unser Körper ist keine »geistlose Erweiterung«. Er ist ein komplexes System, eine Gemeinschaft von Billionen von Zellen und Mikroorganismen, die in Selbstorganisation, Vernetzung, Harmonie und auf Gegenseitigkeit zusammenarbeiten. Wir sind zu 90 Prozent andere Wesen. Der Darm wird als das zweite Gehirn betrachtet. Wenn wir essen, finden im Darm intensive neurologische Aktivitäten statt, die auch die neurologischen Aktivitäten unseres Gehirns bestimmen. Deshalb heißt es: »Du bist, was du isst«, denn in einer vernetzten Lebenswelt gibt es kein »anderes«.

Descartes ließ das Leben und die fühlenden Wesen verschwinden. Das Leben sei träge Materie, erklärte er; eine bloße Maschine. Und diese mechanistische Philosophie erlaubte es, die Natur zu zerstören und die zahlreichen Notlagen zu schaffen, mit denen wir heute konfrontiert sind.

Für Descartes waren nicht nur Lebewesen bloße Maschinen, sondern sogar Menschen. Die menschliche Gestalt war »ein erweitertes, nicht denkendes Ding«, das von Federn und Hebeln bewegt wurde. Für ihn war unsere Kreatürlichkeit, unser Erdendasein »das Gefängnis des Körpers«. Der Verstand war die Software, der Ort der Seele, aber nur die hervorragenden Köpfe mächtiger Männer verfügten über diese geistige intellektuelle Kraft. Er erklärte, er sei »ein denkendes Ding, das ohne Körper existieren kann«. Und dies sei der Weg des Menschen, auf dass er göttliche Kräfte wiedererlange.

Die kartesianische Weltsicht hat kein Verständnis der wirklichen lebendigen Welt, von der wir Teil sind. Sie ist einfach überholt: Die Quantentheorie zeigt, dass es nichts Abgetrenntes gibt, und die aufkommenden Wissenschaften von lebenden Systemen zeigen diese als selbstorganisiert, intelligent und fortwährend im Entstehen begriffen.

Als Erdenwesen sind wir an einem Ort verwurzelt, wie die Pflanzen, die uns nähren. Verwurzelung ist die Grundlage von Zugehörigkeit und die Grundlage der Evolution, des ganzen Lebens.

In der indischen Philosophie spricht man von »Desh Kaal«, der einen Raumzeit. Alle Lebensprozesse finden im vierdimensionalen Raum, dem Raum-Zeit-Kontinuum, statt und beruhen auf vierdimensionaler Kausalität. Das Aufkommen der kartesianisch-mechanistischen Philosophie hat das Raum-Zeit-Kontinuum zerrissen und die Zeit auf einen linearen, in eine Richtung weisenden Pfeil reduziert, der von den Kolonialherren konstruiert wurde, um uns in eine abstrakte Zukunft zu treiben und gleichzeitig unsere Gegenwart zu zerstören: das, was ist; das, wer wir in lebendiger verkörperter Form sind.

Die Leugnung der lebendigen Natur, unserer lebenden intelligenten Körper, unserer vielfältigen Kulturen, unserer menschlichen und nicht-menschlichen Verwandten ist ein zentrales Element der Kolonialisierung. Ich nenne den Bruch der Raumzeit und die Positionierung einer fiktiven linearen Zeit »Chronokolonialisierung« – unsere lebendige Gegenwart wird in die Vergangenheit gedrängt, obsolet gemacht, und Zukunft wird uns als »Fortschritt« aufgezwungen.

Kolonialisierung, Unterentwicklung, Fortschritt – all diese Ideen beruhen darauf, dass wir der Natur, unserer Heimat, der Erde, unserer gelebten Gegenwart entkommen wollen.

Zivilisatorische Missionen erklären die Gegenwart, das Reale, das Konkrete, das Verkörperte zu einem Gefängnis, dem wir entkommen müssen. Wenn wir Widerstand leisten – als Frauen, als Indigene, als Bauern – müssen wir gewaltsam vertrieben werden, um »verbessert«, »entwickelt«, zum »Fortschritt« gebracht zu werden.

Rabindranath Tagore sagte, »zivilisiert sein« bedeute »zivilisiert sein gemäß den Normen und Erwartungen der Kolonialmächte«. Er schrieb:

Wir sind über ein Jahrhundert lang vom wohlhabenden Westen hinter seinem Wagen hergezogen worden, erstickt vom Staub, betäubt vom Lärm, gedemütigt von unserer eigenen Hilflosigkeit und überwältigt von der Geschwindigkeit. Wir waren bereit, einzugestehen, dass diese Wagenfahrt ein Fortschritt sei und dass dieser Fortschritt die Zivilisation sei. Wenn wir jemals zu fragen wagten: »Fortschritt wohin und Fortschritt für wen?«, so galt es als eigenartig und lächerlich orientalisch, solche Zweifel an der Absolutheit des Fortschritts zu hegen. In letzter Zeit ist eine Stimme zu uns gekommen, die uns auffordert, nicht nur mit der wissenschaftlichen Vollkommenheit des Wagens zu rechnen, sondern auch mit der Tiefe der Gräben, die seinen Weg queren.[11]

Die Rückkehr zur Erde bedeutet die Rückkehr zu unserem Wesen, die Rückkehr zu einem leichten und freudigen Leben, entsprechend den Gegenden, in denen wir uns befinden, und den Gemeinschaften, denen wir angehören; sie bedeutet die Rückgewinnung unserer Geschichte und unserer Zukunft.

Doch diese gewalttätige, ungerechte, veraltete und überholte kolonialisierende Weltsicht, die zu Pandemien und Krankheiten, Umweltverschmutzung und Klimazerrüttung, dem Verlust der biologischen Vielfalt und dem drohenden Aussterben der Menschheit beigetragen hat, ist die Grundlage des Techno-Imperiums, das uns von Big Tech als die Zukunft der Menschheit ausgemalt wird.

»Transhumanisten«, die von Descartes und seinem mechanistischen Paradigma der toten Erde und des toten Körpers inspiriert sind, versuchen immer noch, dem Körper zu entkommen und mit der Maschine zu verschmelzen. Das ist keine Transzendenz, es ist der ultimative mechanistische Reduktionismus. Es ist eine Verlagerung des Spirituellen von bewussten lebenden spirituellen Wesen zu toten Maschinen. Ray Kurzweil, der Guru des Silicon Valley, ist ein Anhänger von Descartes. Er hat ein Buch mit dem Titel *The Age of the Spiritual* geschrieben. Er sagt: »Wir werden Software sein, keine Hardware.« In der *Abhandlung über den Menschen* schrieb Descartes: »Ich bin nicht mein Körper.« Seine heutigen Anhänger folgen dem kruden kartesianischen Weg der Leugnung des Menschen als empfindungsfähiges Lebewesen mit Intelligenz, die in unserem Körper und in unseren Beziehungen und Interaktionen mit anderen Lebewesen verkörpert sind. Sie gehen von der falschen Annahme aus, dass wir denkende Wesen ohne Körper seien. Da unsere Körper uns biologisch und ökologisch mit der Natur und ihren lebendigen Prozessen verbinden, durch den Austausch von Nährstoffen, Wasser, Energie und Intelligenz, wird die Verleugnung unserer Körper und unseres verkörperten Menschseins zu einer Verleugnung der Natur und des Lebens, des innewohnenden Potentials und unserer Pflicht zur Fürsorge.

Die heutigen Anhänger von Descartes gestalten eine Welt auf der Grundlage der kartesischen Trennung von Körper und Geist, die unser Denken fragmentiert, die ökologischen Prozesse der Erde gestört hat und eine Bedrohung für unsere Zukunft darstellt. Kurzweil ist blind für die Schäden, die der mechanistische Reduktionismus verursacht, und empfiehlt, dass wir uns kopfüber in die Verleugnung unseres Lebens stürzen, also unserer Integrität, unserer Autonomie und des Eigenwerts unseres Lebens und der Verflechtung unseres Lebens mit anderen Lebewesen. Für ihn sind Roboter »optimierte Menschen«.

»Was ist letztlich der Unterschied zwischen einem Menschen, der seinen Körper und sein Gehirn mit Hilfe neuer Nanotechnologien und Computertechnik aufgerüstet hat, und einem Roboter, der eine Intelligenz und Sinnlichkeit erlangt hat, die seine menschlichen Schöpfer übertrifft?«[12]

Die kartesianisch-mechanistische Weltanschauung schafft die **Dystopie**,* dass Maschinen, die von mächtigen, von Gier und Herrschsucht getriebenen Menschen hergestellt werden, den Menschen überlegen sind.

Die Klimazerrüttung und alle existenziellen Krisen, mit denen wir konfrontiert sind, haben ihre Wurzeln im mechanistischen reduktionistischen Paradigma, in der Leugnung der lebendigen Erde und in der Verletzung der ökologischen Gesetze des Lebens. Es handelt sich um Systeme, die die Lebenszyklen unterbrechen, indem sie die Natur auf Rohstoffe reduzieren und gewaltsame Technologien der Ausbeutung und Beherrschung einsetzen, statt Technologien der Fürsorge und des Teilens, die keinen Schaden anrichten. Das mechanistische Paradigma, das von Gier getrieben ist und in Kontrollsucht über die Natur wurzelt, stellt jedwede selbstorganisierte Natur und Kultur als

* Dystopie ist eine Anti-Utopie, eine negative Vision der Zukunft.

Chaos dar, das durch Zwangsmittel kontrolliert, »verbessert« und »optimiert« werden muss.

Henry Miller mahnt uns jedoch: »Die Welt muss nicht in Ordnung gebracht werden. Die Welt ist in Ordnung. Es liegt an uns, uns mit dieser Ordnung in Übereinstimmung zu bringen.«

Der neueste Rohstoff ist der Mensch. Im digitalen Zeitalter der Gier, der Extraktion und der Kontrolle sind wir Mine und Müllhalde zugleich. Die Körper von Frauen und Arbeitern wurden schon immer als Rohmaterial behandelt, deren »Arbeitskraft« ausgebeutet wurde. Aber jetzt wird jeder Mensch als Rohstoff für den Abbau unserer Gehirne und unserer Körper behandelt. *The Age of Surveillance Capitalism* (Das Zeitalter des Überwachungskapitalismus) von Shoshana Zuboff[13] beschreibt, wie Big Tech den Menschen auf neuen Rohstoff für das digitale Zeitalter reduziert. Es ist ein erstaunliches System der Extraktion. Daten werden aus unseren Körpern und Gehirnen, unserer Kommunikation und unseren Freundschaften auf Facebook extrahiert, unsere Daten werden durch Algorithmen und die so genannte Künstliche Intelligenz (KI) manipuliert und verarbeitet und als Ware, als Big Data, an uns zurückverkauft, um unser Verhalten zu manipulieren und zu verändern. Die Verhaltensänderung, von der Big Tech spricht, ist der nächste externe Input, die nächste externe Manipulation, die nächste externe Kontrolle, der nächste Schritt in Richtung Dominanz und Herrschaft, der nächste Schritt zur Beherrschung des Universums. In diesem neuen Zeitalter, in dem Daten das neue Öl sind, »extrahiert«, »von Algorithmen raffiniert« und als »Big Data« an uns zurückverkauft, haben wir durch die neue digitale Sklaverei unwissentlich zu Billionengewinnen verholfen.

Der »Dataismus« entwickelt sich zu einer neuen Religion, die behauptet, uns durch Technik und Algorithmen freizumachen. Big Tech-Milliardäre sind die neuen Priester und Götter in der neuen Kirche der digitalen Techniken, die neue Reiche schaffen und neue Bullen schreiben, in denen sie autonome Menschen als »Barbaren« bezeichnen, um sie zu »zivilisieren«.[14]

Wissenschaftler, die eine lineare Sichtweise der Geschichte vertreten, wie sie von dem herrschenden 1% geschrieben wird, halten Big Data für Wissen und künstliche Intelligenz für der lebendigen Intelligenz überlegen. Sie stellen sich eine Welt ohne Arbeit vor, eine Welt von Wegwerfmenschen, in der unser Verstand mechanisch von den Spielen abgelenkt wird, mit denen das 1% sein Geld verdient.

In einem Artikel im Guardian über den »Sinn des Lebens in einer Welt ohne Arbeit« schreibt Yuval Noah Harari: »Die meisten Arbeitsplätze, die es heute gibt, könnten innerhalb von Jahrzehnten verschwinden. Da künstliche Intelligenz den Menschen bei immer mehr Aufgaben übertrifft, wird sie den Menschen in immer mehr Berufen ersetzen. Bis 2050 könnte eine neue Klasse von Menschen entstehen – die Klasse der Nutzlosen. Menschen, die nicht nur arbeitslos sind, sondern einfach nicht gebraucht werden.«

Die Vorhersagen von Yaval Harari enthalten viele falsche Annahmen.

Die erste ist, dass die KI die lebende Intelligenz übertrifft. KI kann das Leben nicht übertreffen, denn lebende Intelligenz ist komplex, beziehungsreich, vielfältig, multifunktional, dynamisch, entwicklungsfähig und passt sich in einer lebendigen Welt an wechselnde Kontexte an. KI reduziert die Multidimensionalität und Vielfalt auf enge mechanische Funktionen in einer mechanistischen, konsumorientierten Welt: Licht dimmen, wie Siri es tut, Konsumgüter bestellen, wie Alexa es tut. KI ist die Über-Ausweitung des eindimensionalen Menschen in einer mechanistischen Marktwelt.[15]

Künstliche Intelligenz ist ein Fragment der menschlichen Intelligenz – der analytische Teil, der in eine Maschine heruntergeladen werden kann. Durch maschinelles Lernen kann der Computer diese Datenverarbeitungsaufgaben schneller und in größerem Umfang durchführen. Aber Maschinen sind keine lebenden Systeme mit komplexer, selbstorganisierter, multipler Intelligenz, die es uns ermöglicht, für das Leben auf der Erde und füreinander zu sorgen. Maschinen verfügen nicht über die ökologische Intelligenz, die aus lebendigen Gemeinschaften in Beziehungen erwächst, die emotionale

Intelligenz, die mitfühlende und kollaborative Intelligenz, welche es uns ermöglicht, uns zu kümmern, zu teilen, zu geben; die lebendige Intelligenz, die der vielfältige und kohärente Ausdruck unserer Herzen, unserer Köpfe, unserer Hände ist, die in Harmonie arbeiten, während sie in Harmonie mit der Intelligenz allen anderen Lebens interagieren.

Yuval Noah Harari irrt auch, wenn er glaubt, dass das Spielen von Computerspielen mehr »emotionales Engagement« bietet als die »reale Welt« da draußen. »Wirtschaftlich überflüssige Menschen könnten immer mehr Zeit in virtuellen 3D-Welten verbringen, die ihnen weitaus mehr Spannung und emotionale Bindung bieten als die ›reale Welt‹ draußen.«[16]

Der mechanistische Verstand ist lebensfeindlich, denn er ist nicht nur blind für die Vielfalt der Intelligenzen, die Leben und lebendige Prozesse schaffen, erhalten und erneuern, sondern er zerstört auch die Lebensfähigkeit der Erde und ihrer vielfältigen Wesen und beeinträchtigt unsere Fähigkeiten als intelligente, souveräne Wesen, indem er lebenden Systemen das mechanistische Paradigma und dessen Produkte aufzwingt.

Er schreibt die Entwicklungsgeschichte der Menschheit nicht durch die Vielfalt der Kulturen, des Wissens, der Erkenntnistheorien, der Technologien und der Intelligenzen, sondern nur durch die von ihm bevorzugten Werkzeuge des mechanistischen Reduktionismus, die zudem unsere Fähigkeit zur Kreativität, zur Vorstellungskraft und zur Zusammenarbeit einschränken. Für den mechanistischen Verstand ist alles Rohmaterial, das extrahiert, zu Ware gemacht, verkauft und manipuliert werden kann.

Die Zukunft, die das 1% errichtet, beruht auf der Illusion, die überall vorhandene und vielfältige lebendige Intelligenz des Lebens, der lebenden Organismen, der lebendigen Gemeinschaften und Kulturen sei durch »künstliche« Intelligenz (KI) zu ersetzen. Doch die bedeutet nur das Herunterladen einiger Aspekte unserer Interaktionen und psychologischen Prozesse in Maschinen als »Big Data«, die nur zu einem einzigen Zweck verarbeitet werden: um den Verstand zu manipulieren, mehr Macht und Kontrolle über die Menschen zu gewinnen und durch aggressive Werbung mehr unnötige Produkte zu verkaufen.

Werkzeuge der »künstlichen« Intelligenz werden, wenn sie unser Dasein bestimmen und Leben, Unterkunft und Lebensunterhalt ersetzen, zu Mitteln, die uns die Freiheit nehmen, kreativ zu sein, zu arbeiten und an der Demokratie teilzuhaben. Sie haben das Potential, zu Werkzeugen einer neuen Form der Sklaverei zu werden – der digitalen Sklaverei.

Die Unterwerfung der Natur ist nach wie vor das alte baconsch-kartesische Projekt der »Herrschaft des Menschen über das Universum« mit neuen digitalen Mitteln. Der Leiter der Abteilung Biowissenschaften bei Google sagte kürzlich: »Wir müssen Mutter Natur besiegen.«[17] Dieser Wille zur Eroberung, der Wille zur Bemächtigung, ist immer noch derselbe. Die Werkzeuge sind neu, der Drang, zu dominieren, zu kontrollieren und durch Abspaltung und Extraktion Geld zu verdienen, ist der alte koloniale Prozess.

Gewalttätige Werkzeuge sind in einer gewalttätigen Weltsicht verwurzelt, die die Ursache für zahlreiche Notlagen ist. Der kolonialisierende Geist **externalisiert** die Probleme, die er geschaffen hat, und schiebt die Schuld auf die Natur. Dr. Fauci, der an der Funktionsmanipulation des Corona-Virus beteiligt ist, erklärte: »Die Natur ist der ultimative Bioterrorist.«

Die Pandemie COVID-19 ist die Folge der Verletzung der Rechte der Natur, der lebendigen Organismen und der Ökosysteme. Die Natur schafft keine Pandemien, keine Schädlinge, keine Krankheiten und keine Klimazerrüttung. Sie schafft Homöostase (ein Gleichgewicht der Körperfunktionen) und Harmonie. Die Gewalt gegen die Natur und das Streben nach Kontrolle zur Erzielung von Gewinnen ist die Wurzel der existenziellen Krise, in der wir stecken. Da wir Teil der Natur sind, ist Gewalt gegen die Natur gleichbedeutend mit Gewalt gegen den Menschen.

Die erste Kolonialisierung beruhte auf der falschen Annahme, dass die Erde eine tote *Terra Nullius, ein leeres Land,* ist, eine Annahme, durch welche die Philosophie und das Weltbild von Bacon und Descartes sich durchzusetzen konnten.

Das Giftkartell begründete den heutigen Bioimperialismus, die Kolonialisierung des Lebens durch Gentechnik, Patente auf Leben und Biopiraterie, die auf der Annahme von *Bio Nullius, leerem Leben,* beruht. Die Anwälte von Monsanto standen tatsächlich vor dem Obersten Gerichtshof Indiens und sagten, Saatgut sei ein leerer Behälter. Erst das, was sie hineingeben, solle es lebendig machen.[18]

Das neue digitale Imperium, das auf Big Data als dem neuen Öl beruht, baut auf Terra Nullius und Bio Nullius auf und schafft *Mentis Nullius, den leeren Geist* (*mentis* für »Logik, Vernunft, Verstand«). Unser Verstand und unser Körper sind die letzte Kolonie. Wir sind das Bergwerk und die Abraumhalde. Wir sind das Rohmaterial und die Müllhalde. Unsere Menschlichkeit und Autonomie sind in Gefahr.

Erkenntnislehren der Fürsorge in Zeiten des Aussterbens, der Ausrottung und der Verfügbarkeit ergeben sich aus der Erkenntnis, dass wir bewusste lebende Organismen in einer lebendigen Welt sind. Die Sorge für andere Lebensformen im Netz des Lebens ist unsere Pflicht, unsere Verantwortung, unser Menschsein. Begrifflichkeiten der Fürsorge beruhen auf Respekt und der Erkenntnis der Gleichberechtigung der verschiedenen Arten des Wissens und des Seins.

Die mechanistische Wissenschaft ist nicht die einzige Wissenschaft. Es gibt unterschiedliche Ansätze für Wissen und Lernen. Erkenntnistheoretische Demokratie und Pluralismus sind für eine Regeneration unabdingbar. Indiens Geschenk an die Welt ist eben diese Philosophie des *Bahudha* (Vielfalt, Multidimensionalität, Pluralismus). Das wurde in der alten Hymne des Rigveda ausgedrückt, der *Ekam Sad Vipra Bahudha Vedanti*. So schreibt B.P. Singh, ehemaliger Umweltminister Indiens und Gouverneur von Sikkim:

»Ich stelle mir vor, dass unsere Rishis (Indische Weise) diesen Ansatz ›eine Wahrheit, viele Ausdrucksformen‹ formuliert haben, um die Komplexität der natürlichen Objekte und ihrer Beziehungen untereinander zu verstehen und um ein harmonisches Zusammenleben in einer Gesellschaft von Menschen mit vielfältigen Überzeugungen und Praktiken zu ermöglichen, von denen jede für sich Überlegenheit über die anderen beansprucht.«[19]

Während das falsche Gefühl der Überlegenheit einer Rasse gegenüber anderen, eines Glaubens gegenüber anderen, eines Geschlechts gegenüber anderen, eines Wissensmodells gegenüber anderen fortbesteht und Hierarchien und Polarisierungen schafft, erwächst eine neue Verstehensweise aus dem Wissen der indigenen Völker, Frauen, Farbigen, jenen Menschen, deren Wissen und Arbeit die wahre Wirtschaft aufrechterhält, die uns ernährt, kleidet, behaust und versorgt.

Das Wissen der Landwirte und das Wissen der Ökowissenschaftler wächst zusammen und formt die entstehende Epistemologie (Verstehensweise) der Fürsorge. Sowohl die alte Weisheit als auch die neuen Wissenschaften zeigen uns, dass Fürsorge eine höhere Form des Wissens ist als die Gewalt der Spaltung. Die Quantentheorie, die Wissenschaft von den sich selbst organisierenden lebenden Systemen und die traditionellen Kulturen: Sie alle zeigen den Weg zu einer Denkungsart der Fürsorge.

Die verstorbene Mae Wan Ho, eine liebe Freundin und Genetikerin, die an einer Quantentheorie der Biologie arbeitete, zeigte, wie das Leben vom Molekül über die Zelle und den Organismus bis hin zu den Ökosystemen und dem Planeten auf Nichttrennung und Quantenkohärenz beruht.[20] Wie sie in einem Interview in *Communicative and Integrative Biology* 6 (2) (1. März 2013) erklärt:

»Im Idealfall ist Leben ein Bereich, der Energie einfängt und speichert und sie quantenkohärent in perfekt gekoppelten Zyklen mobilisiert, die keine Entropie* erzeugen [...] In einem quantenkohärenten Universum sind alle Wesen sowohl als Teilchen/Festkörper lokali-

* In der Physik stellt die Entropie (von altgriechisch ἐντροπία, *entropía*, von ἐν, *en* »an«, »in« und τροπή, tropé »Wendung«) als thermodynamische Zustandsgröße ein Maß für die Anordnungsmöglichkeiten von Teilchen dar. Im übertragenen Sinne kann sie als ein Maß für die (zunehmende) Unordnung eines Systems verstanden werden, so etwa die Tendenz sozialer Strukturen, sich fortwährend zu verändern.

siert als auch als Quantenwellenfunktionen delokalisiert, die sich letztlich im gesamten Universum verteilen. Daher sind alle Wesen miteinander verknüpft und bedingen sich gegenseitig. Wenn wir also anderen schaden, schaden wir uns selbst, und der beste Weg, sich selbst zu helfen, besteht darin, anderen zu helfen.«

Wie wir beim Fest der Erneuerung des landwirtschaftlichen Zyklus, beim Fest der Akti, Akshaya Tritiya, sagen:

»Die Beziehung zu allen Lebewesen über Liebe und Mitgefühl ist der Sinn des Lebens.«

‚मित्रस्याहं चक्षुसा सर्वाणि भूतानि समीक्षे‘- (यजुर्वेद-
सभी जीवों (विविध जीवों) के प्रति सहृदयता का परिचय देना ही जीवन का लक्षण

Wir sind biologische Wesen, ökologische Wesen, Erdenwesen, »Interbeings«, geistige Wesen. Wir sind eine Erdenfamilie. Saatgut ist keine Maschine. Pflanzen sind keine Maschinen. Tiere sind keine Maschinen. Wir sind keine Maschinen. Unser Verstand ist keine Maschine.

Wir sind bewusste, intelligente, fürsorgliche Wesen mit dem Potential, uns eine Zukunft des Friedens und der Gewaltlosigkeit, des Überflusses und des Wohlbefindens vorzustellen und zu kultivieren.

David Korten macht uns das Potential bewusst, das wir haben, um an der »freudigen Begeisterung teilzuhaben, die sich aus der Erfüllung unserer Verantwortung ergibt, uns an der Pflege des Lebens zu beteiligen«.[21]

Von Techniken der Gewalt, Gier und Rücksichtslosigkeit zu Techniken der Gewaltlosigkeit, Fürsorge und Regeneration

Technik bedeutet Werkzeug. Die Menschheit hat die Technik immer als Werkzeug benutzt. Die Natur hat ihre Technik. Die Bauern haben ihre Techniken. Indigene Kulturen haben ihre Techniken. Frauen haben ihre Techniken.

Die Kulturen verfügen über verschiedene Techniken zur Deckung der Grundbedürfnisse von Nahrung und Wasser, Gesundheit und Ernährung. Da Nahrung und Wasser die Währungen des Lebens sind, hat auch die Natur ihre Techniken zur Regeneration und zum Erhalt des Lebens.

In einer kolonialisierenden, **extraktivistischen** Welt werden die Techniken der Natur zur Erneuerung, Regeneration und Wiederverwertung ignoriert, ebenso wie das Wissen und die Techniken der Menschen, die sich an den ökologischen Gesetzen orientieren und darauf ausgerichtet sind, der Schöpfung zu dienen und sie zu erhalten.

Buckminster Fuller sagt: »In seiner Komplexität der Design-Integrität ist das Universum Technik. Die vom Menschen entwickelte Technik ist bislang dilettantisch verglichen mit der Eleganz der nicht vom Menschen ersonnenen ständigen Erneuerung. Der Mensch erkennt eine andere Technik, die nicht seine ist, nicht ohne weiteres an. Deshalb spricht er in seiner Unwissenheit bei anderen Techniken von Natur.«

Das **Paradigma** der toten Erde, das blind ist für die ökologischen Prozesse und die fortwährende Erneuerung der Natur, ist auch blind für ökologische Techniken, die mit der und für die Erde arbeiten. Es verdrängt ökologische Techniken und lehrt ein technisches Paradigma, um Techniken der Extraktion zu ermöglichen. Wenn die Natur tot und leer ist, dann muss alles von außen her errichtet und geordnet werden. Im industriellen Paradigma wird die Natur als wert- und leblos angesehen, lediglich als Mine für »Rohstoffe« und eine Halde für Industrieabfälle und Schadstoffe. Der Tod der Natur im mechanistischen Denken legt den Grundstein für das technische Denken und die Techniken des Extraktivismus. Es entwertet die Natur und die ökologischen Alternativen.

Lebende Systeme sind selbstorganisierte, miteinander verbundene, kohärente Systeme. Sie bilden und regenerieren sich von innen heraus, in enger Gemeinschaft mit anderen Lebewesen. Lebende

Systeme und Lebewesen haben intrinsischen (innewohnenden) Wert und Integrität. Sie heilen und erneuern sich selbst. Sie schaffen eine Wirtschaft der Beständigkeit mit negativer Entropie und null Abfall. Sie erschöpfen sich nicht. Fortwährende Neuwerdung ist die eigentliche Natur des Lebendigseins.

Eine Maschine wird von außen aus Materialien zusammengebaut, die aus der Erde abgebaut werden, und hinterlässt eine Spur der Verschmutzung und Entwurzelung. Ihre Funktion und ihr Wert werden ebenfalls von außen zugewiesen. Maschinen bestehen aus Teilen, die montiert und demontiert, ersetzt, ausgetauscht und weggeworfen werden können. Maschinen nutzen sich ab und veralten.

Techniken sind immer Teil von Wirtschaftssystemen. Gewaltfreie ökologische Techniken sind Teil einer lebendigen Ökonomie. Gewaltsame, extraktivistische Techniken sind Werkzeuge der ausbeuterischen Wirtschaft. Alle diese Techniken und Werkzeuge nutzen die Ressourcen der Natur und verwandeln sie, um menschliche Bedürfnisse zu befriedigen.

Nur wenn wir ausblenden, dass die industriellen Techniken in der Natur ihren Anfang nehmen und am Ende menschlichen Bedürfnissen dienen, ist es möglich, verschwenderische, ineffiziente und gefährliche Techniken als effizient darzustellen und als natürlichen und menschengemäßen Techniken überlegen. Diese Fake-Ökonomie geht mit gewalttätigen Techniken einher, die die Gesundheit von Pflanzen und Menschen beeinträchtigen und zerstören. In künstlichen Konstrukten die Natur auszublenden, macht den Schaden, die Kosten und die Verschwendung unsichtbar. Die künstlichen Wegwerf-Produkte, die den Planeten und unsere Körper verschmutzen und beider Gesundheit schaden, werden als »Technologie« verkauft – von synthetischem Kunstdünger und GVO bis hin zu Junk-Food, ultraverarbeiteten Nahrungsmittel und jetzt auch synthetischer Labornahrung. Man sollte sie eher als gewalttätige Werkzeuge bezeichnen, die weit weniger effizient sind als gewaltfreie ökologische Techniken. Der blinde Wettlauf bei der Unterwerfung der Natur und die Hybris, ihre Prozesse und Produkte ersetzen zu wollen, hat die Menschheit in die Sackgasse des Zusammenbruchs der Ökosysteme, der Lebensgrundlagen und der planetaren und menschlichen Gesundheit geführt. Der Versuch, der Natur zu entkommen, also ihren ökologischen Prozessen und Grenzen, ist die Ursache für die zahlreichen Notlagen, die wir erleben. Die industrielle Landwirtschaft, die sich auf fossile Techniken und aus fossilen Brennstoffen gewonnene Chemikalien stützt, ist eine der Hauptursachen für die ökologischen, sozialen und gesundheitlichen Krisen, denen wir uns gegenübersehen.

Die Hauptmerkmale der erzwungenen Verdrängung ökologischer indigener Techniken in Nahrungsmittel- und Landwirtschaftssystemen und der gewaltsamen Durchsetzung industrieller Techniken, die auf mechanistischem **Reduktionismus**, Gier und Extraktivismus beruhen, sind die folgenden:

1. Von Systemen mit internem Input zu Systemen mit externem Input: Die Landwirtschaft wird von einem lebenden System mit internen Inputs in ein industrielles System mit externen Inputs umgewandelt, das von fossilen Brennstoffen, Chemikalien und nicht erneuerbarem Saatgut abhängig ist, Ökosysteme und ländliche Gemeinschaften zerstört und die Landwirte aufgrund der hohen Kosten in die Schuldenfalle treibt. Zu den externen Inputs gehören Finanzmittel, Chemikalien und Saatgut – und jetzt auch »Daten« als Ware.

2. Von der Vielfalt zu Monokulturen: Vielfalt wird durch Uniformität und Standardisierung im Denken und im Betreiben der Landwirtschaft ersetzt, indem Monokulturen von Nutzpflanzen, einheitliches Saatgut und standardisierte Anbausysteme eingeführt werden. Da Vielfalt mit Souveränität und Demokratie einhergeht, ist die Zerstörung der Vielfalt und die Einführung von Monokulturen mit der Zerstörung der Ernährungssouveränität und der Ernährungsdemokratie verbunden.

3. Von der Kreislaufwirtschaft zur extraktiven Wirtschaft: Das Gesetz der Rückführung, das die Grundlage erneuerbarer Kreislaufwirtschaften bildet, wird durch Monokulturen und extraktive

Systeme ersetzt, die dem Boden die Fruchtbarkeit und den Landwirten ihren gerechten Anteil rauben. Den Landwirten wird weniger als die Produktionskosten gezahlt, was sie in eine verlustbringende Wirtschaft und in die Schuldenfalle treibt und sie letztlich aus der Landwirtschaft verdrängt und entwurzelt. Die extraktive Wirtschaft extrahiert Gene und genetische Informationen aus lebenden Organismen und entnimmt den Landwirten »Daten«, um diese als externen Input zu verkaufen und die Kontrolle über ihr Land und ihr Saatgut zu übernehmen.

4. Von natur- und menschenzentrierten Technikansätzen, die auf die Rechte der Natur und die Rechte der Menschen ausgerichtet sind, zu von Gier getriebenen, auf Technik und Geld ausgerichteten Ansätzen zur Gewinnmaximierung: Technologische Lösungen für die ökologischen Krisen, die durch Gier und **Finanzialisierung*** der Natur entstanden sind, sind die neuesten Schritte des Extraktivismus. Die Finanzialisierung umfasst viele Dimensionen der Reduzierung von Natur und Agrarökologie auf Geld. Das Geld wird zum Zweck, zur Determinante der Entscheidungsfindung, und es extrahiert eindimensionale Aspekte der ökologischen Leistungen der Natur, um sie als neue Waren zu handeln.

5. Von Weisheit, Sorgfalt und ökologischem Wissen zu Big Data: Man sagt, Big Data sei das neue Öl. Doch ganz gleich, wie groß die Datenmenge ist, es handelt sich immer noch um Informationen, nicht um Wissen. Sie sind eine Ware, die an Landwirte verkauft werden soll, und ein Instrument zur Kontrolle der Landwirtschaft und des Denkens der Landwirte. Sie sind ein externer Input. Wissen und Intelligenz sind interne Bestandteile von sich selbst organisierenden, souveränen, lebenden Systemen. Weisheit ist der Wegweiser, der den Weg zur Fürsorge weist. Daten, die durch Überwachungsprogramme

* Finanzialisierung bedeutet, dass Güter, Waren, Dienstleistungen oder sonstige handelbare Werte in Finanzinstrumente oder Derivate von Finanzinstrumenten umgewandelt werden mit dem Ziel, ihren profitablen Handel zu erleichtern.

in Traktoren und Satelliten extrahiert werden, können ökologisches Wissen über den Nährstoffhaushalt des Bodens, die Ökologie der Pflanzen oder das Gleichgewicht zwischen Schädlingen und Nützlingen nicht ersetzen. Daten werden vom mechanistischen Verstand extrahiert, in Maschinen verarbeitet und an die Landwirte zurückverkauft. Systeme, die nichts über das Leben, über lebendige Prozesse wissen, verdrängen lebendige Systeme und lebendiges Wissen.

6. Von Gemeingütern zu Waren: Saatgut, Lebensmittel und Wissen werden von einem Gemeingut, an dem alle Arten im Nahrungsnetz und alle Menschen teilhaben, zu einer Ware, die aus Profitgründen von Konzernen gehandelt wird. Die biologische Vielfalt und das Wissen werden ausgehöhlt. Die Nahrungsmittel werden minderwertig und tragen zur Epidemie chronischer Krankheiten bei. Das Nahrungsnetz ist zerrissen. Nahrungsmittel werden von der Landwirtschaft abgespalten, und die Ernährung wird von der Nahrung getrennt. Lebensmittel werden in eine nährstoffarme, giftige Ware verwandelt.

Kulturen und Gesellschaften, die die Erde und den Menschen in den Mittelpunkt stellen, entwickeln Werkzeuge, die ökologisch effizient sind, ein Minimum an Ressourcen verbrauchen, sie stetig erneuern und auf der Grundlage des »Gesetzes der Rückführung« recyceln. Sie werden mit dem geringsten externen Energieaufwand umgewandelt und erfüllen die Vielfalt der Bedürfnisse einer größtmöglichen Anzahl von Menschen mit Qualität, Schönheit und Wohlbefinden. Sie *produzieren mehr mit weniger.*

Das Industriezeitalter, das Zeitalter des kolonialen Handels, entzieht der Natur ein Höchstmaß an Rohstoffen und vermehrt die technischen Geräte, welche die Natur von der Arbeit der Menschen und ihren Bedürfnissen entkoppelt. Es verbraucht große Mengen an externen Inputs und Energie und hat einen gewaltigen ökologischen Fußabdruck (der **externalisiert** wird), um Junk-Ware zu produzieren, die der Gesundheit der Menschen und des Planeten schadet. Solche Techniksysteme *produzieren weniger mit mehr* und degenerieren sowohl die natürliche Welt als auch die menschliche Gesellschaft.

Nehmen wir den Fall unserer Beziehung zu Pflanzen und zur Insektenwelt. Wenn wir eine gewaltfreie, biodiverse und ökologische Landwirtschaft betreiben, sind die Pflanzen resistent gegen Schädlinge. Sie können Schädlinge durch ihre pflanzliche Intelligenz abwehren. Wenn wir eine biodiverse Pflanzenwelt anbauen, gedeiht auch eine artenreiche Insektenwelt, die Schädlinge durch ein Gleichgewicht der Fressfeinde kontrolliert. Pflanzen gedeihen, Insekten gedeihen, Bestäuber gedeihen – und Menschen gedeihen durch giftfreie Lebensmittel.

Die Techniken der Natur und die ökologischen Techniken der Menschen werden vom gewalttätigen Verstand nicht gesehen. Die Gier, mit dem Verkauf von chemischen Düngemitteln Geld zu verdienen, schafft Monokulturen, die Schädlinge hervorbringen. Dann werden weitere Chemikalien als Pestizide und Gifte zur Schädlingsbekämpfung verkauft. Pestizide erzeugen mehr Schädlinge, und es werden mehr Pestizide verkauft. Pestizide werden als »Technik« verkauft, wobei man blind ist für die Schädlingsbekämpfungsmethoden der Natur und dafür, dass Pestizide bei der Schädlingsbekämpfung auf lange Sicht versagen. Oder man nutzt giftige Gene, die durch Gentechnik in Pflanzen eingeführt werden. Monsanto geht vor Gericht und behauptet, es handele sich um »Technik«. Doch Pestizide bringen Schädlinge erst hervor, und GVOs schaffen Superschädlinge. Als Technologien haben sie versagt. Darüber hinaus haben sie der biologischen Vielfalt geschadet – sie haben ein »Insektageddon« verursacht, zum Verschwinden von Bienen und Bestäubern geführt, Bodenorganismen getötet, unsere Lebensmittel vergiftet und eine Krebsepidemie ausgelöst.

Die technokratischen Systeme beruhen auf Gewinnmaximierung und Kontrolle über die Natur und die Menschen, statt ihnen zu dienen. Durch den eingeengten Blick auf ein einzelnes technologisches Element anstatt auf das ganze Wirtschaftssystem, in das es eingebettet ist, werden Ineffizienz, Risiken, Verschwendung und Verschmutzung ausgeblendet. Die Zerstörung des komplexen Netzes des Lebens wird als etwas davon Getrenntes betrachtet.

Abb. 2 **Technologischer Wandel und Ressourcen-Verschwendung**

T1

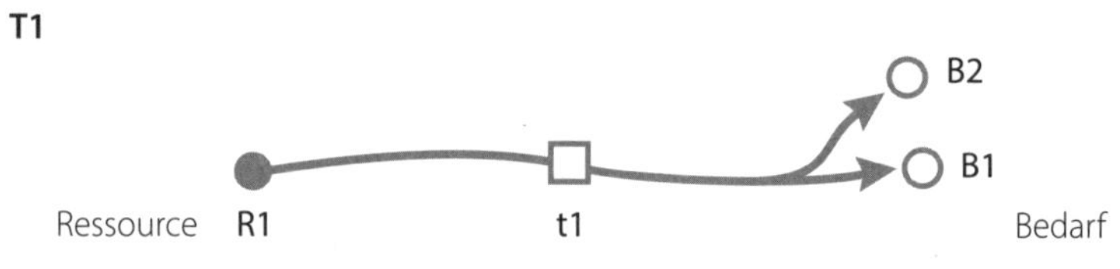

T2

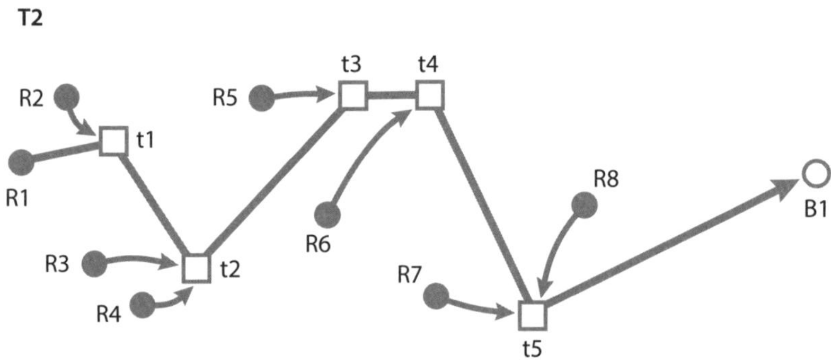

Fluss der Ressourcen mit rohstoffschonender T1 und rohstoffintensiver Technik T2

Die obige Grafik stellt auf geraden Linien die **tradionelle Herstellung** unter Einbeziehung der natürlichen Abläufe dar: Es gibt eine Quelle an einem Ort (R1), einfache Techniken (T1), und die Erzeugnisse decken den Bedarf (B1 und B2) im Hinblick auf *Nährwert* und *gesundheitlichen Wert.*

Die Grafik darunter stellt die **industrielle Fertigung** dar: Es werden zahlreiche Ressourcen aus unterschiedlichen Quellen (R1 bis R8) angeszapft, die in verschiedenen Verarbeitungsschritten an unterschiedlichen Orten unter Einbeziehung unterschiedlicher Techniken (t1 bis t5) zu einem Produkt (B1) verarbeitet werden, das nährt, aber keinen gesundheitliche Wert hat.

Die Blindheit gegenüber den Techniken der Natur und den erdverbundenen Techniken, die von den indigenen Kulturen zur Regeneration und Pflege der Erde entwickelt wurden, macht es möglich, dass

Techniken zur Gewinnung von Rohstoffen durchgesetzt werden – ohne eine soziale und ökologische Bewertung oder demokratische Entscheidung. Technik ist nicht mehr ein Mittel, ein Werkzeug, das evaluiert und über das demokratisch entschieden werden muss, sondern wird zu einer Religion erhoben, die von der neuen technokratischen »Kirche« der Konzerne und Milliardäre aufgezwungen wird.

Wir haben die Pflicht und das demokratische Recht, die Sicherheit und die unbeabsichtigten Auswirkungen einer neuen Technik auf die biologische Vielfalt, die öffentliche Gesundheit, die wirtschaftliche Existenz und das Wohlergehen der Menschen zu bewerten. Dies muss auf der Grundlage der Systemwissenschaft und der vierdimensionalen Kausalität geschehen, die der Komplexität und der Vernetzung lebendiger Systeme Rechnung trägt, und nicht auf der Grundlage der mechanistischen Wissenschaft und der kartesischen Kausalität, die lebende Systeme auf träge Materie und auf fragmentierte, unzusammenhängende Teile reduziert.

Zur Demokratie gehören Selbstbestimmung über unser Weltbild und unsere Art des Denkens und die demokratische Kontrolle über Techniken, die Auswirkungen auf Natur und Gesellschaft haben. Gesellschaften sind nur dann wirklich demokratisch, wenn sie den Bürgern Raum für einen demokratischen und interkulturellen Dialog bieten, um Entscheidungen über Techniken unter Berücksichtigung von Alternativen zu treffen und eine partizipative, demokratische Bewertung von Notwendigkeit, Ethik, Ökologie, Wirksamkeit und Sicherheit vorzunehmen.

Die demokratische Kontrolle und Fragen von Sicherheit, Verantwortung und Haftung wurden bei der Durchsetzung neuer Techniken, die dem Planeten und den Menschen Schaden zufügen, oft umgangen, ohne dass sie überhaupt geprüft wurden, nur weil einige wenige Verfügungsgewalt darüber haben, Geld damit verdienen und immer mehr Kontrolle über die Natur und die Gesellschaft ausüben.

Pestizide wurden für sicher erklärt. Heute weiß man, dass sie zu Krebs und zum Artensterben beitragen.[22] Der IUCN zufolge sind Raubbau und Landwirtschaft die »großen Killer« mit den derzeit größten Auswirkungen auf die biologische Vielfalt.[23] Eine aktuelle deutsche Studie zeigt, dass 75 Prozent der Insekten verschwunden sind.[24] Eine weitere Studie aus Frankreich hat das Verschwinden von Vögeln in Frankreich als Auslöschung der biologischen Vielfalt bezeichnet.[25]

Die miteinander verknüpften Aspekte der ökologischen Krise schaffen neue Schwachstellen für die Landwirtschaft und Lebensmittelversorgung. Laut einem aktuellen Living Planet-Bericht des WWF 2018 haben wir seit 1970, als sich die industrielle Landwirtschaft und Chemikalien ausbreiteten, 60 Prozent der Tierarten auf dem Planeten ausgerottet, und die Süßwasserarten sind im gleichen Zeitraum um 83 Prozent zurückgegangen. Seit 1960 hat sich der globale ökologische Fußabdruck um mehr als 190 Prozent vergrößert. Schätzungen zufolge ist die Ausdehnung der Feuchtgebiete seit 1970 weltweit um 87 Prozent zurückgegangen.[26] »Wir schlafwandeln auf den Rand einer Klippe zu«, sagt Mike Barrett.

FCKWs galten als sicher. Sie verursachten ein Loch in der Ozonschicht.[27]

Thalidomid wurde erstmals 1957 in Deutschland als rezeptfreies Mittel gegen Schwangerschaftsübelkeit eingeführt. Die Hersteller des Medikaments bewarben ihr Produkt als »völlig sicher« für jeden, einschließlich Mutter und Kind, »auch während der Schwangerschaft«. Bis 1960 wurde Thalidomid in 46 Ländern vermarktet. Es wurde 1961 verboten, nachdem über 10.000 Kinder mit einer Reihe von schweren Missbildungen geboren worden waren.[28] Riskante Arzneimittel sind eine der Hauptursachen für Schäden, Krankheiten und Todesfälle in der industrialisierten Medizin.

Die mit dem medizinischen Eingriff verbundenen Nebenwirkungen und Risiken werden als Iatrogenese bezeichnet. Diese Nebenwirkungen werden auch als unerwünschte Arzneimittelwirkungen (UAW) bezeichnet. Der Begriff Iatrogenese setzt sich aus den beiden griechischen Wörtern »iatros« für Arzt und »genesis« für Ursprung zusammen. Iatrogene Krankheiten sind also solche, bei denen Ärzte, Medikamente, Diagnostika, Krankenhäuser und andere medizinische Einrichtungen als »Krankheitserreger« oder »Krankmacher« fungieren.[29]

Die Iatrogenese ist die fünfhäufigste Todesursache in der Welt.[30] In Anbetracht der Geschichte der Schäden, die durch Chemikalien und Arzneimittel verursacht wurden, kann ihre Sicherheit nicht vorausgesetzt werden, sondern muss durch unabhängige, multidisziplinäre Wissenschaft in verschiedenen Traditionen und unter Beteiligung der betroffenen Menschen bewertet werden.

Während sich der Gesundheits- und Klimanotstand beschleunigt hat, treibt der militaristische, mechanistische Geist derjenigen, die durch Techniken der Extraktion und Kontrolle reich und mächtig geworden sind, gefährliche technologische Interventionen voran, »Techno-Fixes« genannt. Beispiele dafür sind neue GVO auf der Grundlage von Gene Editing und Gene Drives, Geoengineering und im Labor hergestellte Nahrungsmittel.[31] Die Sorge um die Erde und unsere Mitmenschen erfordert jedoch, dass wir uns das *Vorsorgeprinzip* zu eigen machen, um in Ermangelung vollständiger Kenntnisse über die Auswirkungen auf der sicheren Seite zu sein.

Selbstbestimmung über unser Weltbild ist die Grundlage einer Wissensdemokratie. Solange es keinen Nachweis für die Sicherheit gibt, müssen Entscheidungen auf der Grundlage des Vorsorgeprinzips getroffen werden – das wäre eine umfassende erkenntnistheoretische, philosophische und rechtliche Prüfung von Innovationen, die Schaden anrichten können.[32]

Das Vorsorgeprinzip wurde im Montrealer Protokoll und im Kyoto-Protokoll aufgeführt. Es wurde in der Rio-Erklärung auf dem Erdgipfel in Rio 1992 zu einem international anerkannten Grundsatz. Und es wurde von europäischen Gerichten herangezogen, um das Verbot von Neonicotinoiden, die für das Bienensterben verantwortlich sind, zu bestätigen.[33]

Der mechanistische Verstand, der in den letzten Jahrhunderten die Oberhand gewann, prägte das kolonialisierende, industrielle, **extraktivistische** System, das die Komplexität und Vielfalt lebender Systeme ebenso unsichtbar machte wie die reichhaltigen, erprobten und wissenschaftlich bewiesenen Alternativen zum mechanistischen Industrialismus für Landwirtschaft, Ernährung und Gesundheit, die unterschiedlichste Kulturen und Zivilisationen über Jahrtausende entwickelt haben. Die Blindheit gegenüber der biologischen und kulturellen Vielfalt ist mit einer Monokultur des Geistes verbunden. Die Gleichgültigkeit gegenüber dem Leben und seinen komplexen, sich selbst organisierenden Prozessen der Vernetzung und Beziehungen ermöglicht es dem militaristischen Geist, die subtilen Zyklen und Systeme der metabolischen Selbstregulierung der Natur zu stören, was zu Stoffwechselstörungen und chronischen Krankheiten führt. Da das mechanistische Denken die Grundlage von Extraktivismus und Profiten und der Kontrolle ist, berücksichtigt es nicht die sozialen, ökologischen und ethischen Auswirkungen der Techniken zur Rohstoffgewinnung. Nur der Profit zählt. Die Kosten werden sozialisiert und verbleiben als externe Effekte in Form von neuen Bedrohungen für die Gesundheit des Planeten und der Menschen.

Techniken als Werkzeuge der Gier werden patentiert. Patente beanspruchen Eigentum und Besitz über die **Allmende**. Sie treiben Techniken in Richtung Extraktivismus. Monsanto hat versucht, Saatgut durch gentechnische Verfahren zu patentieren, mit denen Gene extrahiert und in nicht verwandte Organismen eingebracht werden können.

In Indien haben wir dafür gesorgt, dass wir nicht der Illusion erliegen, Saatgut sei eine von Monsanto erfundene Maschine. Artikel 3 des indischen Patentgesetzes besagt eindeutig, dass Pflanzen, Tiere und Saatgut sowie deren Teile keine menschlichen Erfindungen und daher nicht patentierbar sind.

Das Dokument, mit dem Kolumbus in See stach, um Gebiete zu erobern, die nicht von weißen christlichen Fürsten regiert wurden, hieß »Patentbrief«. Ich nenne die Patente auf Leben und lebende Prozesse, einschließlich unseres Saatguts, unserer Nahrung und der Menschen, gerne die »Wiederkehr von Kolumbus«. Man versucht, das Leben selbst in eine neue Kolonie zu verwandeln, in einen Rohstoff, der für Profite abgebaut werden soll.

Patente schaffen Monopole, indem sie Alternativen zunichte machen. Monsanto hat versucht, den Bauern das Aufbewahren von Saatgut zu verbieten. Durch **Navdanya** haben wir die indische Kultur des Gewinnens und Teilens von Saatgut als unsere spirituelle Pflicht, unser Saatgut-Dharma, verteidigt und sie in Artikel 39 des Gesetzes zum Schutz von Pflanzensorten und Landwirten gesetzlich verankert.

Durch gesetzliche Maßnahmen, den Markt und die kulturelle Kolonialisierung werden Alternativen zerstört, indem man die extraktiven Techniken als überlegen und die bewährten, sicheren und zuverlässigen Systeme der Nahrungsmittelerzeugung, Ernährung und Gesundheit als minderwertig darstellt.

Heute nimmt Big Tech Patente auf Instrumente zur Extraktion von »Daten« aus unserer Gehirn- und Körperaktivität und macht sie zur Ware. Der nächste Schritt in die Sackgasse des mechanistischen **Paradigmas**, das mit Profiten und Patenten verbunden ist, wird nun von digitalen Giganten und Big Tech wie Microsoft und Google getan, die neue mechanistische Werkzeuge zur Manipulation unseres Saatguts, unserer Lebensmittel und unseres Geistes und Körpers entwickeln, ohne sich der Alternativen bewusst zu sein und ohne Verantwortung für Schäden zu übernehmen. Der immer schneller werdende Weg der gescheiterten kartesischen Mechanik mit immer gefährlicheren Techniken bedroht die biologische Vielfalt des Planeten, unsere Gesundheit, unsere Menschlichkeit und unsere Freiheit.

In den fünf Jahrzehnten meiner interdisziplinären, partizipativen Forschung in den Bereichen Ökologie und Wissenschafts- und Technikbewertung habe ich gelernt, dass Ethik und Gerechtigkeit, Intelligenz und Freiheit von uns verlangen, dass wir die folgenden Schritte unternehmen, um die richtigen Entscheidungen für die Gesundheit des Planeten und das Wohlergehen der Menschen zu treffen, wenn ein neues Instrument oder eine neue Technik eingeführt werden soll:

- Das Problem identifizieren und definieren, auf das die Technik abzielt.

- Ist sie notwendig? Brauchen wir sie?
- Gibt es Alternativen, um die Ressourcen umsichtiger zu nutzen, um denselben Bedarf zu decken und dasselbe Problem zu lösen, das die neue Technik zu lösen vorgibt?
- Bewertung der Wirksamkeit der vorgeschlagenen Technik im Vergleich zu Alternativen.
- Welche ökologischen Auswirkungen in Bezug auf den Ressourcen- und Energiebedarf hat das Technologiesystem im Ganzen, nicht nur ein Teil davon? Wie hoch ist die Umweltverschmutzung und der Müll, den es verursacht? Wie groß ist der ökologische Fußabdruck?
- Ist es besser für die Erde als alternative Möglichkeiten? Hat es einen kleineren oder größeren ökologischen Fußabdruck?
- Was sind die Auswirkungen auf die Gesellschaft und das Wohlergehen der Menschen? Was sind die Auswirkungen auf den Lebensunterhalt und die Arbeit der Menschen?
- Ist die Technik besser als Alternativen, wenn es darum geht, den Menschen eine Lebensgrundlage und Arbeitsmöglichkeiten zu bieten?
- Welche Qualität hat das, was produziert wird?
- Welche Auswirkungen hat die neue Technologie auf unsere Gesundheit? Ist sie sicher und frei von Risiken und Gesundheitsgefahren?
- Ist sie besser für unsere Gesundheit als die verfügbaren Alternativen?
- Welche Auswirkungen hat sie auf unsere Freiheit und unsere demokratischen Entscheidungen?
- Vergrößert oder verkleinert sie den Raum für menschliche Freiheit im Vergleich zu Alternativen?
- Ist sie für unseren Lebensunterhalt, unsere Gesundheit und unsere Freiheit besser als andere Möglichkeiten?
- Kommt sie der Natur und dem Allgemeinwohl zugute?
- Gibt es unabhängige Umwelt-, Gesundheits- und Sicherheitsvorschriften und Haftungsregelungen, bevor die Erforschung und

Kommerzialisierung neuer Technologien, die potentiell Schaden anrichten können, zugelassen wird?

Im Falle von GVO sind diese Fragen und Bewertungen in den Gesetzen über die biologische Sicherheit des internationalen Protokolls über die biologische Sicherheit und in den nationalen Gesetzen über die biologische Sicherheit verankert.

Sie müssen im Falle der Einführung digitaler Technologien und KI in der Landwirtschaft ganz genauso gestellt und beantwortet werden. Doch die Konzerne erklären ihre Werkzeuge des Extraktivismus für alternativlos und berauben die Gesellschaften des Denkens in Optionen und Alternativen. Es gibt jedoch keine Alternativlosigkeit bei den Werkzeugen, die der Mensch herstellt oder nutzt. Was der Mensch schafft, kann er auch wieder rückgängig machen. Chemikalien und die Grüne Revolution waren nicht alternativlos. Sie wurden durch Bedingungen, durch **Konditionalitäten*** aufgezwungen. Die Biobewegung ist dabei, die Schäden der Grünen Revolution rückgängig zu machen. GVO sind nicht unvermeidlich und versagen als Mittel zur Schädlings- und Unkrautbekämpfung und führen stattdessen zum Auftreten von Superschädlingen und Superunkräutern. Es gibt vielfältige und unterschiedliche Intelligenzen in der Natur und in der Gesellschaft. Künstliche Intelligenz oder maschinelles Lernen sind nicht alternativlos. Sie werden uns durch die forcierte Digitalisierung aufgezwungen, und das lässt uns die Intelligenz der Natur und ihrer vielfältigen Lebewesen ebenso vergessen wie die Intelligenz im Nahrungsnetz des Bodens, die ökologische Intelligenz der Bauern und Frauen, die Intelligenz der Mikroben in unserem Darm und des enterischen Nervensystems, unseres zweiten Gehirns.

Heute haben wir die Wahl zwischen der Entwicklung unserer menschlichen und ökologischen Intelligenz, um den Planeten und

* Konditionalität bezeichnet im Rahmen der Entwicklungszusammenarbeit die mit Kreditzusagen oder Zahlungen verbundene Erteilung von Auflagen durch Gläubigerinstitutionen oder Geberstaaten.

unsere Gesundheit zu schützen und wirklich demokratische Entscheidungen auf der Grundlage von Wissenssouveränität zu treffen, oder der Hyperindustrialisierung auf der Grundlage von künstlicher Intelligenz in der Landwirtschaft und der Gentechnik in unseren Nahrungsmittel, die Wissen, Verständnis, Freiheit und demokratische Entscheidungsfindung zerstört.

Echte Landwirtschaft beruht auf der Sorge für die Erde durch echte Landwirte, die echte Lebensmittel produzieren. *Fake Farming* beruht auf chemischen Düngemitteln, die die Bodenfruchtbarkeit zerstören, das Wasser verschmutzen, zur Klimazerrüttung beitragen und nährstoffarme Waren produzieren.

Wenn Technologien zur Erzielung von Gewinnen Menschen, Kulturen und Zivilisationen ohne Dialog, ohne demokratische Konsultationen, ohne Evaluierung, ohne Wahl und Freiheit aufgezwungen werden, sind die Instrumente der Profitmaximierung zu einer neuen fundamentalistischen Religion des Marktes und der Gier erhoben worden. Ein neues Narrativ* für eine neue zivilisatorische Mission wird erzählt, das auf Profiten und Geldmacherei beruht. Geld und Techniken sind jedoch Werkzeuge, die für höhere Zwecke eingesetzt werden müssten, nämlich, um die Natur und das Gemeinwohl zu bewahren. Geld und Technik sind nicht die Herren des menschlichen Schicksals. Sie sind Mittel, die höheren Werten unterworfen sein müssen. Deshalb kann die Einführung von unsicheren, patentierten, geldbringenden Techniken ohne demokratische Bewertung und interkulturellen Dialog unter den Bürgern als eine neue Form des Kolonialismus bezeichnet werden.

In den letzten Jahrzehnten wurde das reduktionistische mechanistische Paradigma ohne Evaluierung durchgesetzt. Die Kosten für die Natur und unsere Gesundheit waren sehr hoch, aber sie wurden externalisiert.

* Narrativ ist, was uns erzählt wird und was wir uns erzählen, es sind die Erzählungen, die selten hinterfragt und als selbstverständlich angesehen werden.

Werkzeuge sind Werkzeuge. Sie können unsere lebendige, auf Verbundenheit beruhende Intelligenz ergänzen. Aber sie können das Leben nicht ersetzen. Als Werkzeuge sollten sie einer demokratischen Beurteilung und Bewertung durch die Menschen unterzogen werden. Brauchen wir sie? Wofür werden sie verwendet? Von wem? Wer kontrolliert sie? Werden sie eingesetzt, um uns zu kontrollieren? Oder kontrollieren wir die Werkzeuge und diejenigen, die sie entwickeln? Wie schafft die Überschätzung der Werkzeuge als Ersatz für komplexe, vielfältige, selbstorganisierte, **autopoietische** Systeme eine neue Ebene von Illusionen, die zu neuen Gefängnissen werden?

Diese Fragen sind in jeder demokratischen Gesellschaft wichtig, um sicherzustellen, dass die Techniken unsere vernetzten Freiheiten und unsere Intelligenz erweitern und nicht schrumpfen lassen und einschränken.

Vier industrielle Revolutionen zur Kolonialisierung der Welt, zur Gewinnung von Profiten und zur Ausweitung der Macht sind vier Wellen der Externalisierung und ökologischer und sozialer Zerrüttung

Techniken, die auf dem **Paradigma** der Trennung, Beherrschung und Eroberung beruhen, definieren die Natur als tot, als bloßes Rohmaterial, das extrahiert und bearbeitet werden muss, um ihm einen Wert zu verleihen. Der intrinsische Wert, die Integrität und die Kreativität der Natur werden in einem von Öko-Apartheid und **Anthropozentrismus** geprägten Ansatz geleugnet.

Der Industrialismus war ein integraler Bestandteil des Kolonialismus. Der Industrialismus beruht darauf, die kreative Arbeit der Natur und der Menschen durch externe Kontrolle und externen Input zu ersetzen, um Ressourcen, Pachten und Werte abzusaugen. Die Ökonomie der Einhegung und der externen Inputs sowie die Instrumente der Extraktion werden unter Vernachlässigung ihrer sozialen und ökologischen Auswirkungen als Maßstab für den Fortschritt verwendet. So wird jede Welle der Industrialisierung als unausweichlich und als Befreiung der Menschheit von den durch die ökologischen Grenzen der Natur gesetzten Zwänge begründet und gerechtfertigt.

Wir haben vier industrielle Revolutionen erlebt, die darauf abzielten, die Natur und indigene Praktiken zu »verbessern«, Ressourcen der Erde »abzubauen« und zu extrahieren, um Waren für den Profit herzustellen. Die Auswirkungen auf die Natur und die Menschen werden als externe Effekte ignoriert. Der Abbau wird als »Wachstum« verbucht, die Erschöpfung der Ressourcen, die Unterbrechung der ökologischen Erneuerungszyklen und der riesige Fußabdruck der Verschmutzung werden nicht berücksichtigt. Die Kosten bleiben der Natur und den Menschen überlassen. Die ökologischen und sozialen Krisen verschärfen sich.

Die Industrie wird im allgemeinen als Gegensatz zur Landwirtschaft dargestellt. Doch die Landwirtschaft war während der vier industriellen Revolutionen der wichtigste Bereich der Industrialisierung.

Die erste industrielle Revolution, die auf fossilen Brennstoffen beruhte, war das Baumwollimperium, das durch Landraub, Einhegung der **Allmende**, Sklaverei und Zerstörung der lokalen Wirtschaft errichtet wurde.

Die zweite industrielle Revolution, die auch als Grüne Revolution bezeichnet wird, führte Kriegschemikalien auf der Grundlage fossiler Brennstoffe in die Landwirtschaft ein.

Mit der dritten industriellen Revolution kamen die Instrumente der Gentechnik und der Manipulation lebender Organismen auf genetischer Ebene hinzu, um gentechnisch verändertes Saatgut zu erzeugen, das mehr Chemikalien und mehr fossile Brennstoffe verbraucht, auch wenn es vorgibt, deren Verbrauch zu verringern.

Die vierte industrielle Revolution beruht auf der Digitalisierung und der Verschmelzung von Big Tech, Big Ag, Biotech und Big Finance. Auch hier wird behauptet, dass weniger Chemikalien eingesetzt werden, aber die Systeme, die gefördert werden, sind groß angelegte, chemieintensive Monokulturen zur Erzeugung von »Rohstoffen«

für »Labornahrung«, die mehr Chemikalien und mehr Energie verbrauchen und das Nahrungsmittel- und Landwirtschaftssystem immer weiter und schneller auf den Weg der Chemisierung, Mechanisierung, Industrialisierung und Globalisierung führen, der die Welt bereits an den Rand des Zusammenbruchs gebracht hat.

Die erste industrielle Revolution: Industrie auf Basis fossiler Brennstoffe, Klimazerrüttung, Zerstörung der Lebensgrundlagen

Die Natur hat Kohle und Öl durch die Ablagerung von Kohlenstoff aus Pflanzen und anderen lebenden Organismen geschaffen. Die Natur hat Kohle und Öl unter die Erde gebracht, also lassen wir sie unter der Erde. All die Kohle, das Erdöl und das Erdgas, die wir verbrennen und fördern, sind in 600 Millionen Jahren entstanden. Wir verbrennen jährlich 20 Millionen Jahre Arbeit der Natur.[34]

Im Industriezeitalter der fossilen Brennstoffe förderte man Kohle und bohrte nach Öl und Gas. Diese fossilen Brennstoffe wurden zur Grundlage von Produktion und Konsum, machten den Industrialismus zur eigentlichen Definition von Fortschritt und Entwicklung und entwerteten und verdrängten die auf fossile Brennstoffe verzichtende Biodiversitätswirtschaft der indigenen Völker. Die Erde und ihre Wälder und Bauernhöfe, ihr Boden und ihr Wasser, ihre Klimasysteme und ihre Artenvielfalt wurden zerstört, während wir der Illusion des Fortschritts nachjagten.

Das Zeitalter der fossilen Brennstoffe begann im britischen Empire. Doch entgegen dem Mythos, dass das Empire auf der technologischen Überlegenheit Großbritanniens beruhte, ging der Aufbau des Empire dem fossilen Industrialismus um zwei Jahrhunderte voraus. In »Empire of Cotton« hat Sven Beckett das britische Empire als »Kriegskapitalismus« bezeichnet. Erst kam das Empire, dann die Dampfmaschine. Andres Malm schreibt: »Die Dampfmaschine siegte, weil sie die Macht der einen über die anderen vergrößerte.«[35]

Es gab Streiks und Proteste gegen die Industrialisierung der Produktion. Partizipative Bewertungen und demokratische Entscheidungen hätten uns auf einen Produktionsweg ohne fossile Brennstoffe geführt. Wie die meisten Techniken, die der Ökologie und der Wirtschaft der Menschen schaden, wurde auch die Dampfmaschine den britischen Arbeitern mit Gewalt aufgezwungen.

Die Kohle ermöglichte es den Briten, schneller zu reisen und das Empire weiter auszubauen und zu vergrößern. Kohle führte zur Industrialisierung der Textilindustrie, die Hand in Hand ging mit der Kolonialisierung Amerikas für Baumwollplantagen, für die dann in Afrika eingefangene Sklaven benötigt wurden, um die Baumwolle zu pflücken und zu den Fabriken in England zu verschiffen, von wo aus Industriekleidung in andere Länder gebracht wurde, wo sie deren einheimische Textilindustrie zerstörte. Nachdem man sich die Arbeitskräfte und das Land angeeignet hatte, mussten Märkte geschaffen werden, und die reiche Textilindustrie Indiens wurde zerstört.

Im Jahr 1865 wurde William Stanley Jevons gebeten, die Auswirkungen der Abhängigkeit Großbritanniens von der Kohle zu untersuchen. Wie Jevons in *The Coal Question* schrieb: »Kohle steht in Wahrheit nicht neben, sondern völlig über allen anderen Rohstoffen. Sie ist die materielle Energie des Landes – das universelle Hilfsmittel – der eine Faktor bei allem, was wir tun.«

Klaus Schwab vom Weltwirtschaftsforum, der den »Great Reset« verfasst hat, beschreibt die erste industrielle Revolution als von »Wasser und Dampf« angetrieben und verschweigt dabei die Tatsache, dass fossile Brennstoffe die Triebkraft der ersten industriellen Revolution waren. Mit Kohle wurden die Dampfmaschinen angetrieben, die Wasser in Dampf verwandelten. Eine ähnliche Ausblendung der Ressourcenintensität und der potentiellen Verschmutzung und Verschwendung findet bei der Mythenbildung rund um die Digitalisierung und die vierte industrielle Revolution statt, der nächsten technologischen Phase der gierigen Wirtschaft, bei der Schwab, sein Weltwirtschaftsforum und Milliardäre wie Gates das Ruder führen.[36]

Die erste Industrialisierung hat nicht nur das Empire erweitert. Sie definierte »Wirtschaft« neu. Land und Menschen, die kreativen, materiellen, biologischen Kräfte, die Güter und Dienstleistungen schaffen, die das Leben erhalten, wurden auf träge Inputs reduziert, und der Wert dessen, was sie schufen und produzierten, wurde extrahiert und als die »geistige Arbeit« eines Konstrukts namens »Kapital« dargestellt.

Damit war Mutter Erde als Grundlage des Lebens als schöpferische Kraft verschwunden. Die Arbeit von Frauen, indigenen Völkern und Bauern verschwand als schöpferische Quelle für die Produktion der Lebensmittel, die wir essen, und der Kleidung, die wir tragen. Lebendige Volkswirtschaften, die sich auf die Allmende stützen, verschwanden, als Land privatisiert und der von der Erde und den Menschen geschaffene Reichtum ihnen entzogen wurde.

»Effizienz« und »Produktivität« wurden neu definiert, um die Ineffizienz und Pseudoproduktivität energieintensiver, entropieerhöhender Systeme zu verschleiern.

Fossiler Industrialismus und Pseudoeffizienz

Fossile Brennstoffe definierten »Wirtschaft« neu und schufen einen Rahmen und ein falsches Kalkül von Pseudoproduktivität und Pseudoeffizienz.

Effizienz leitet sich von Bewirken ab, vom Wirksam-Sein. Als Erdenbürger sind wir effektiv, wenn wir uns um die Erde kümmern, mit ihr zusammen etwas erschaffen, an ihren Lebenszyklen in Übereinstimmung mit ihren Gesetzen teilnehmen, um unsere Bedürfnisse zu befriedigen, ohne andere Wesen zu übergehen.

effizient (Adj.)

Spätes 14. Jh., »machen, unmittelbare Wirkung erzeugen, aktiv, wirksam«, von altfranzösisch *efficient* und direkt von lateinisch *efficientem* (Nominativ, *efficiens*) »wirksam, effizient, erzeugend, aktiv«, Partizip Präsens von *efficere*, »ausarbeiten, vollbringen«, von assimilierter Form von *ex* »aus« (siehe *ex-*) + *facere* »tun« (von Wurzel *dhe-* »setzen, stellen«). Die Bedeutung »produktiv, ausgeklügelt« stammt aus dem Jahr 1787.

»Effizienz« ist ein überstrapazierter und missbrauchter Begriff im Zusammenhang mit der sehr plumpen und ineffizienten Nutzung von Ressourcen und Energie im industriellen Produktionssystem. Die industrielle Landwirtschaft, die kleine landwirtschaftliche Betriebe zerstört, wurde mit dem Argument der »Effizienz« gerechtfertigt. Diese Pseudoeffizienz wird nun genutzt, um die digitale Landwirtschaft und die Landwirtschaft ohne Bauern voranzutreiben. Das Ersetzen von artenreichen, produktiven Systemen durch Monokulturen in Wäldern und landwirtschaftlichen Betrieben wird als effizient bezeichnet. Die Entnahme von mehr Wasser, als in unseren Flüssen und Böden regeneriert und erneuert werden kann, wird als effizient bezeichnet. Die Zerstörung der künstlerischen und handwerklichen Wirtschaft, die hochwertige Lebensmittel und Textilien herstellt, um von Arbeitern am Fließband in riesigen energie- und ressourcenverschlingenden Fabriken minderwertige Junk-Food und Wegwerfkleidung zu produzieren, wurde mit dem Argument der Effizienz gerechtfertigt. Jetzt werden Robotik und künstliche Intelligenz vorangetrieben, um Arbeiter in Fabriken, Lehrer in Schulen, Anwälte und Richter in Gerichten, Ärzte in Krankenhäusern zu ersetzen. Der elektronische Handel zerstört den Lebensunterhalt von kleinen Ladenbesitzern und Einzelhändlern, indem der Vertrieb aus Gründen der Effizienz industrialisiert wird.

In einem empfindlichen und allseits verbundenen Netz des Lebens, wie dem unserer Erde, ist dies jedoch nur Pseudoeffizienz.

Die lineare extraktive Wirtschaft beruht auf grenzenloser Auspressung und Kommerzialisierung und auf Profiten. Indem sie die ökologischen Erneuerungszyklen der Natur unterbricht, schafft sie einerseits Mangel und zugleich Verschwendung und damit einhergehend Verschmutzung. Sie hat keinen Sinn für die Pflege der Natur und der Gemeinschaft. Sie hat keinen Sinn für die Ethik des Teilens. Sie lässt die Natur und die Gesellschaft verarmen, sei es durch die Ausbeutung von Mineralien oder die Gewinnung von Wissen durch Biopiraterie, die Gewinnung von »Genen« durch genetisches Mining oder die Gewinnung von persönlichen Daten durch »Data Mining« oder die

Erzielung von Mieteinnahmen und Lizenzgebühren für Saatgut, Wasser, Kommunikation, privatisierte Bildung und Gesundheitsversorgung. Das schafft Armut und Verschuldung und führt zu Vertreibung. Und es schafft Verschwendung – Verschwendung in Form von Umweltverschmutzung, verschwendeten Ressourcen, verschwendeten Menschen und verschwendeten Leben. Sie schafft eine Welt ohne Arbeit, meint jedoch, dass Menschen ohne Arbeit »Konsumenten« von Junk-Food, Wegwerfkleidung und oberflächlicher Kommunikation sein werden. Es ist diese extraktive Geldmaschine, die zum Aufstieg des 1% und zur Verfügbarkeit der 99 Prozent geführt hat, über die ich in *Eine Erde für alle (Neue Erde Verlag, 2021)* geschrieben habe.

Da ökologische Agrarsysteme mit der Natur und nicht gegen ihre Gesetze arbeiten, regenerieren sie die Fähigkeit der Erde, uns zu ernähren. Sie erhöhen die ökologische Effizienz. Mit einer Einheit externer Energiezufuhr produzieren wir zehn Einheiten gesunder und guter Lebensmittel.

Auf der anderen Seite verbraucht die industrielle Landwirtschaft, die als »effizient« bezeichnet wird, zehn Energieeinheiten, um eine Einheit Nahrungsmittel zu erzeugen. In der als »effizient« bezeichneten Massentierhaltung werden einhundert Einheiten Eiweiß benötigt, um eine Einheit tierisches Eiweiß zu erzeugen. Die Tiere werden zwar auf engem Raum zusammengepfercht, aber die riesigen Flächen, die für den Anbau von GVO-Soja zur Fütterung der Tiere in der Massentierhaltung benötigt werden, werden dabei verschwiegen. Das gleiche gilt für die Aquakultur.

Amory Lovins hat den Begriff »Energiesklaven« für die versteckte Energie verwendet, die in ineffizienten Industriesystemen und Industriegesellschaften verbraucht wird, die die auf den Menschen ausgerichtete Produktion verdrängen. Ihm zufolge hatte ein durchschnittlicher Amerikaner im Jahr 1975 250-mal mehr Energiesklaven* als ein Nigerianer. »Gemessen an der Zahl der Arbeitskräfte beträgt die

* Mit Energiesklave ist hier das Energie-Äquivalent einer menschlichen Arbeitskraft gemeint, also in erster Linie der Verbrauch von fossilen Brennstoffen.

Erdbevölkerung also nicht 4 Milliarden [das war 1975, Anm. d. Ü.], sondern etwa 200 Milliarden, wobei der wichtige Punkt ist, dass etwa 98 Prozent von ihnen keine konventionellen Nahrungsmittel essen.[37]

Bei einer derzeitigen Bevölkerung von 7,7 Milliarden Menschen, die mit einer erzwungenen Industrialisierung und energieintensiven Digitalisierung leben, beträgt die Zahl der »Energiesklaven« inzwischen mehr als 3,35 Billionen. Jeder Schritt, bei dem echte Menschen verdrängt und durch 250 Energiesklaven ersetzt werden, treibt die Klimakrise ebenso voran wie die Zerstörung der Wälder und der biologischen Vielfalt, die Krise der Arbeitslosigkeit, die Verarmung der Landwirte und die Verfügbarkeit der Menschen. Die Erde und die Gesellschaft können diese unerträgliche Last der Pseudoeffizienz der industriellen Systeme nicht mehr tragen.

Die Pseudoeffizienz verschleiert den gesamten ökologischen Fußabdruck eines Produktionssystems. Sie verbirgt die wahren Kosten, die in externen Effekten und Subventionen bestehen. Für die »Effizienz« wird ein winziges technologisches Fragment eines ganzen Systems ausgewählt. So wird es als effizienter dargestellt, obwohl das System als Ganzes primitiv, gewalttätig, ineffizient und zerstörerisch ist.[38] Wie **Navdanya** in drei Jahrzehnten Praxis und Forschung gezeigt hat, ist bei Nahrungsmittelsystemen »weniger mehr«.

Wir können und müssen unseren ökologischen Fußabdruck verringern und unseren Herz-, Kopf- und Handabdruck vergrößern, um für unsere Bedürfnisse zu sorgen, indem wir die Erde regenerieren. In einer ökologisch vernetzten Welt gilt: Je weniger wir nehmen und je mehr wir der Natur und der Gemeinschaft geben, desto mehr haben wir.

Die Klimazerrüttung: Eine Auswirkung von fossilem Industrialismus und Kolonialismus

Die erste industrielle Revolution hat das Klimasystem der Erde zerstört und das Problem der Klimaveränderung geschaffen. Sie verlagerte die Produktion gewaltsam von einer lebendigen, regenerativen auf Biodiversität beruhenden Wirtschaft auf eine nicht nachhaltige, nicht erneuerbare fossile Wirtschaft. Fossile Brennstoffe haben unseren Geist verkalkt und den mechanistischen, linearen Verstand geschaffen. Sie ließen unsere Herzen verkalken und zerstörten Gemeinschaft und Solidarität. Sie ließen unsere Hände verkümmern in der Pseudoproduktivität, unter der man weniger Menschen und weniger Hände in der Produktion verstand, obwohl sie den Einsatz von »Energiesklaven« erforderte. Nach 200 Jahren der Ausbeutung wachen wir nun auf und erkennen, dass es keine gute Idee war, unseren Geist, unsere Produktionsmethoden und die Konsumgewohnheiten durch fossile Brennstoffe prägen zu lassen.

Die Abhängigkeit von fossilen Brennstoffen in den letzten zwei Jahrhunderten hat unser Weltbild, unsere Produktions- und Verbrauchssysteme, unsere Vorstellungen von Effizienz und Produktivität, unsere Vorstellungen von technologischem Fortschritt und die Art und Weise, wie wir unsere Lebensmittel produzieren und verteilen, auf vielfältige Weise verzerrt.

Wir verbrauchen mehr Ressourcen, um die von uns konsumierten Güter herzustellen, und nennen es »produktiver«. Wir erzeugen mehr Müll und mehr externe Effekte, die die Erde und andere zu tragen haben, und nennen das »effizienter«. Wir degradieren den Planeten, treiben das Aussterben von Arten um das Tausendfache der normalen Rate voran, wir machen den Planeten durch das Klimachaos unbewohnbar, und das nennen wir Fortschritt.

Die Emissionen aus der Wirtschaftstätigkeit auf der Grundlage fossiler Brennstoffe werden von den Wissenschaftlern, die sich mit den Klimaveränderungen befassen, als anthropogene Emissionen bezeichnet, das heißt, als vom Menschen verursachte Emissionen. Der Weltklimarat (IPCC) hat festgestellt, dass die Nettoauswirkungen menschlicher Aktivitäten auf das Klima der Erde seit 1750 alarmierend sind. Die Gewissheit, dass die Klimaveränderungen vom Menschen verursacht werden, ist von über 66 Prozent auf über 90 Prozent gestiegen. Wenn keine Maßnahmen zur Reduzierung der Treibhausgase ergriffen werden, könnte es bis zum Ende des Jahrhunderts zu einem katastrophalen Temperaturanstieg von bis zu 4°C kommen.

Die Daten der letzten 2000 Jahre zeigen, dass die atmosphärischen Konzentrationen von CO_2, CH_4 und N_2O – den drei wichtigen langlebigen Treibhausgasen – seit etwa 1750 erheblich gestiegen sind. Die Steigerungsraten der Konzentrationen dieser Gase sind dramatisch. Die CO_2-Konzentration beispielsweise ist in keinem der vorangegangenen Jahrtausende um mehr als 30 ppm gestiegen, in den letzten zwei Jahrzehnten jedoch bereits um 30 ppm. Durch Eiskernanalysen lassen sich diese Daten nun 800.000 Jahre zurückverfolgen, mit der gleichen Schlussfolgerung: dass die Konzentrationen dieser Treibhausgase vor der Industrialisierung immer niedriger waren. Dieser Anstieg der Treibhausgaskonzentrationen und die hohe Veränderungsrate sind weitgehend auf menschliche Aktivitäten seit der industriellen Revolution (1800) zurückzuführen.[39]

Kolonialismus und **Extraktivismus** ersetzten auch die biodiversen Landwirtschaftssysteme durch Monokulturen, die auf Sklaverei beruhen – Indigo in Indien, Baumwolle in Amerika, Zuckerrohr in Afrika und der Karibik. Monokulturen ermöglichen mehr Extraktion. Biologische Vielfalt hingegen schafft eine regenerative und gerechte Wirtschaft.

Europa war bei der Versorgung mit natürlichen Farbstoffen wie Indigo von Ländern wie Indien abhängig. Vor dem Kolonialismus wurde Indigo mit Gold aufgewogen. Deshalb gründete die Ostindien-Kompanie in Indien unter Sklavenbedingungen Indigo-Plantagen. Die Briten zwangen die indischen Bauern, Indigo für die englische Textilindustrie anzubauen, und zwar auf Kosten des Anbaus von Nahrungsmitteln für sie selbst. Das Ergebnis war, dass die Bauern hungerten, während England reich wurde. Wie R. W. Tower, der Magistrat von Faridpur in Bengalen, der Kommission über die Beschwerden der Indigo-Bauern sagte: »Nicht eine Kiste Indigo erreicht England, ohne mit menschlichem Blut befleckt zu sein.«[40]

Im Jahr 2017 wurde der hundertste Jahrestag des Indigo-Satyagraha in Champaran begangen. Der Indigo-Satyagraha beruhte auf der Weigerung der Bauern, die Pflanze anzubauen. Sie hatten immer wieder gesagt: »Wir würden lieber sterben, als Indigo anzubauen.« Der Auslöser für den Satyagraha war Gandhis Ankunft, um die Bauern von Champaran zu unterstützen, und die Tatsache, dass das Magistrat versucht hatte, ihn aufzuhalten. Im Jahr 1917 traf Gandhi in Champaran ein. Er weigerte sich, den Befehl, Champaran nicht zu betreten, zu befolgen, und sagte später vor Gericht: »Ich habe beschlossen, mich ohne Protest der Strafe des Ungehorsams zu unterwerfen [...] Ich wage diese Erklärung nicht, um die gegen mich verhängte Strafe zu mildern, sondern um zu zeigen, dass ich den mir erteilten Befehl nicht aus mangelndem Respekt vor der rechtmäßigen Autorität, sondern aus Gehorsam gegenüber dem höheren Gesetz unseres Seins, der Stimme des Gewissens, missachtet habe.«[41]

Die zweite industrielle Revolution: Kriegschemikalien, die zu Agrarchemikalien wurden

Die zweite industrielle Entwicklung war die chemisch-technische Revolution zur Herstellung synthetischer Chemikalien als Ersatz für natürliche Produkte, angefangen mit Farbstoffen wie Indigo. Alle synthetischen Chemikalien beruhten auf fossilen Brennstoffen. Das deutsche Kartell IG Farben stand an der Spitze der chemischen industriellen Revolution. Sie begannen mit Farbstoffen und gingen zur chemischen Herstellung von Gasen über, um Menschen in Vernichtungslagern und im Krieg zu töten. Deshalb nenne ich sie auch »das Giftkartell«. Die IG Farben hatte Partnerschaften mit der Standard Oil, dem Ölmonopol der Rockefellers, mit Monsanto und Dupont.[42]

Der Weg zur industriellen Landwirtschaft wurde vom Giftkartell geebnet, einer Gruppe von Konzernen, zu der auch die IG Farben und ihre Mitarbeiter gehörten und die während des Krieges gegründet wurde, um Chemikalien herzustellen, die Menschen töten können. Das Giftkartell hatte mit der Wirtschaft des Todes in Hitler-Deutschland und im Krieg Millionen verdient und wollte weiterhin Superprofite machen. Nach den Kriegen setzten sie die Kriegschemikalien als Agrarchemikalien ein – Düngemittel, Pestizide und Herbizide.

Man sagte uns, dass wir ohne Gifte keine Nahrungsmittel haben können. Folglich hat die industrielle Landwirtschaft in weniger als einem Jahrhundert die biologische Vielfalt untergraben, Arten zum Aussterben gebracht, das Klimasystem des Planeten gestört, Böden veröden lassen und Wassersysteme zerstört.

Seit einem Jahrhundert führt das Giftkartell einen Krieg gegen das Leben auf der Erde, gegen die Demokratie, gegen die Landwirte und die *Freiheit* der Menschen in Bezug auf *Saatgut und Lebensmittel.*

Die Nürnberger Prozesse wurden auch gegen die IG Farben wegen ihrer Verbrechen gegen die Menschlichkeit und des Völkermordes geführt. Mit der UN-Menschenrechtserklärung verpflichtete sich die Menschheit, solche Gewalt nie wieder zuzulassen. Nach dem Krieg wurden aus Kriegschemikalien Agrochemikalien. Die Gewalt der Kriegsführung übertrug sich nun auf unsere Bauernhöfe und Dörfer. Mein eigener Weg in der Landwirtschaft begann mit der Gewalt im Punjab und dem Massentod in Bhopal 1984, als eine Pestizidanlage von Union Carbide ein Leck hatte und Tausende tötete, Hunderttausende verstümmelte und verkrüppelte, einschließlich der ungeborenen Generationen. Die Verbreitung giftiger Chemikalien, deren Hauptziel darin besteht, Lebewesen zu töten, hat zum Aussterben und einem Gesundheitsnotstand geführt.

Das industrielle, auf fossilen Brennstoffen und Chemikalien beruhende Nahrungsmittelsystem, das auf der Illusion von grenzenlosem Wachstum und unbegrenzten Möglichkeiten in der Natur oder der Gesellschaft beruht, spielt eine wichtige Rolle im Zustandekommen der planetarischen Notlage.

In den letzten Jahrzehnten hat die auf der Deregulierung des Handels beruhende Globalisierung der Konzerne die Ausbreitung eines industriellen Nahrungsmittelsystems begünstigt. Ein industrielles, globalisiertes Nahrungsmittelsystem ist zur bedeutendsten anthropozentrischen Kraft geworden, die die planetarischen Grenzen, die ökologischen Grenzen, die Integrität von Arten, Kulturen und Gemeinschaften verletzt. Ein nicht nachhaltiges Nahrungsmittelsystem ist auch ein ungerechtes Nahrungsmittelsystem, das das Menschenrecht auf Nahrung und Gesundheit, auf Leben und Lebensunterhalt verletzt.

In den 1960er Jahren wurde Indien die »Grüne Revolution« aufgezwungen. Sie zerrüttet den Punjab, den wohlhabendsten Bundesstaat: Die Böden waren verödet, das Wasser erschöpft und die Artenvielfalt war durch zwei Monokulturen, Reis und Weizen, verdrängt worden. 1984 erhoben sich die Bauern aus Protest, und der Widerstand dauert bis heute an.

Es gab die völlig überzogene Behauptung, Kunstdünger würde die Nahrungsmittelproduktion steigern und alle ökologischen Grenzen, die der Landwirtschaft durch den Boden gesetzt sind, aufheben. Heute wird immer deutlicher, dass Kunstdünger die Bodenfruchtbarkeit verringert, die Nahrungsmittelproduktion verringert und zu Wüstenbildung, Wasserknappheit und Klimazerrüttung beigetragen haben. Sie haben tote Zonen in den Ozeanen geschaffen.

Die chemische Grüne Revolution war eine Revolution der Gier. Die Milliardäre versuchen ihr Bestes, um die Revolution der Gier fortzusetzen.

Justus von Liebig war der Vater der organischen Chemie und der erste Wissenschaftler, der die Rolle des Stickstoffs in den Pflanzen erklärte. Doch Liebigs Arbeit über den Stickstoff in den Pflanzen wurde von der Gier des Kommerzes vereinnahmt. Es entstand ein neuer Industriezweig für die externe Zufuhr von Stickstoff, die so genannten »Wachstumsstimulanzien«. Aus Empörung über die Verfälschung seiner wissenschaftlichen Erkenntnisse schrieb Liebig 1861 das Buch *Es ist ja dies die Spitze meines Lebens* (engl: The Search for Agricultural Recycling).

Liebigs Buch war die Stimme eines echten Wissenschaftlers, der seine Wahrheit vor den Verzerrungen einer von kommerziellen Interessen geschaffenen Pseudowissenschaft schützen wollte. Er schreibt: »Ich habe lange Zeit geglaubt, daß es in der Landwirtschaft genüge, die Wahrheit zu lehren, um sie zu verbreiten, wie es in der Wissenschaft üblich ist, und sich um den Irrtum nicht weiter zu bekümmern. Ich habe aber zuletzt gesehen, daß dies ein falscher Weg gewesen ist, und daß die Altäre der Lüge zertrümmert werden müssen, wenn der Wahrheit ein fester Boden geschaffen werden soll.«*

Die Wahrheit, die Liebig verteidigte, war, dass der Boden lebendig ist und sein Leben von der Wiederverwertung abhängt, beziehungsweise von dem, was Sir Albert Howard fast ein halbes Jahrhundert später im *Landwirtschaftlichen Testament* das »Gesetz der Rückführung« *(The Law of Return)* nannte. Die Lüge, die er zerstören wollte, nannte er den »chemischen Hokuspokus«, der besagt, dass man dem Boden ständig Nährstoffe entziehen und nichts zurückgeben kann und trotzdem »hohe Erträge« erzielt. Stickstoffdünger entziehen dem Boden Stickstoff, weil sie die stickstoffproduzierenden Bodenorganismen zerstören.

Die Ausscheidungen von Regenwürmern, die 1 bis 8 Tonnen pro Hektar und Jahr ausmachen können, enthalten fünfmal mehr Stickstoff als Erde.[43] Eine 20-jährige Studie im Doon Valley zeigt, dass der Stickstoffgehalt des Bodens in biologisch wirtschaftenden Betrieben um bis zu 100 Prozent zugenommen hat, während er in Betrieben, die mit Harnstoff / synthetischen Stickstoffdüngern gedüngt wurden, um bis zu 22 Prozent zurückgegangen ist.[44] Der Verkauf von immer mehr Düngemitteln ist gut für die Gewinne der chemischen Industrie, aber nicht für den Boden oder das Klima.

Der Anbau von Hülsenfrüchten bindet ohne Gewaltanwendung Stickstoff im Boden, anstatt die Abhängigkeit von synthetischen Düngemitteln zu erhöhen, die durch Erhitzen fossiler Brennstoffe auf 550 Grad Celsius gewaltsam hergestellt werden. Kichererbsen können bis zu 140 kg Stickstoff pro Hektar binden und Taubenerbsen können bis zu 200 kg Stickstoff pro Hektar binden. Unsere Linsen-Arten liefern uns Proteine und binden gleichzeitig Stickstoff für den

* Dieses unvergleichliche Dokument steht als PDF-Download unter www.neueerde.de/WahreWirtschaft zur Verfügung. Zitat: *Das größte Unheil haben die bisherigen landwirtschaftlichen Schulen hervorgebracht, der Raubbau wurde durch die Lehre sanktioniert und der Boden nicht vorbereitet für die Aufnahme wissenschaftlicher Wahrheiten und ihr Verständnis.*

Boden. Für Proteine brauchen wir keine im Labor hergestellten Nahrungsmittel.[45]

Indigene Völker in Mexiko haben eine Maissorte entwickelt, die Stickstoff bindet.[46] Unter völliger Ableugnung des einheimischen Wissens über die Stickstoffbindung durch Pflanzen und unter Missachtung der Kenntnisse über die Ökologie des Bodens, der Bodenorganismen und des Bodens als lebendes System, das Stickstoff produziert, fördert Gates Stickstoffdünger und chemieintensives GVO-Soja als Rohstoff für im Labor hergestellte Nahrungsmittel, die als »pflanzlich« bezeichnet werden.

Die dritte industrielle Revolution: Die Industrialisierung des Lebens durch Gentechnik zur Durchsetzung von GVO und Patenten auf Saatgut

In den 1960er Jahren sagte man uns, dass wir ohne Chemikalien verhungern würden. Chemikalien hungerten den Boden und die Menschen aus.

In den 1990er Jahren wurde uns gesagt, wir würden ohne GVO und ohne »Freihandel« und Globalisierung verhungern. Globalisierung und GVO wurden uns von demselben Giftkartell aufgezwungen, das half, Menschen in Vernichtungslagern zu töten, und uns die Grüne Revolution mit der falschen Behauptung aufzwang, die Welt ernähren zu können. Es gab die völlig überzogene Behauptung, dass GVO alle Grenzen der Umwelt aufheben und Lebensmittel in den Wüsten der Sahara oder auf Giftmülldeponien erzeugen würden. Heute gibt es nur zwei GVO-Anwendungen: Herbizidresistenz und Bt-Toxine in Nutzpflanzen. Bei ersterem wurde behauptet, dass es Unkraut bekämpft. Es hat Super-Unkräuter hervorgebracht. Bt-Pflanzen sollten Schädlinge bekämpfen. Sie haben neue Schädlinge und Superschädlinge hervorgebracht.

Es wurde behauptet, dass GVO eine Alternative zu Pestiziden und Chemikalien seien und dass wir keine Pestizide auf GVO-Bt-Baumwolle sprühen müssten. GVO wurden von Chemiekonzernen eingeführt, die das Saatgut so veränderten, dass mehr Chemikalien eingesetzt werden mussten. Der Einsatz von Roundup hat nach der Einführung von GVO um 1500 Prozent zugenommen.[47] GVO-Soja dringt in den Amazonas ein und zerstört das Ökosystem mit der größten biologischen Vielfalt, das als Lunge und Leber des Planeten fungiert. In Indien hat die Bt-Baumwolle bei der Schädlingsbekämpfung versagt. Sie hat zu Superschädlingen und einem erhöhten Einsatz von Pestiziden geführt. Die hohen Kosten für GVO-Saatgut haben die Landwirte in die Schuldenfalle und in den Selbstmord getrieben.[48]

In den 1980er Jahren mutierte das Giftkartell zur »Biowissenschafts-« oder Biotechnologie-Industrie und versuchte, seine toxische Realität und seine Wurzeln zu kaschieren, indem es die nächste industrielle Revolution vorantrieb – die gentechnische Veränderung des Lebens selbst, um lebende Organismen zu modifizieren und zu manipulieren, die als GVO (genetisch veränderte Organismen) bezeichnet werden. GVO werden auch als die Zweite Grüne Revolution bezeichnet.

Die dritte industrielle Revolution in der Landwirtschaft beruhte auf der Verschmelzung von Agrarchemikalien mit GVO-Saatgut und Patenten auf Saatgut zur Generierung von Patenteinnahmen aus dem Leben durch Lizenzgebühren.[49]

Als ich 1987 an einer Konferenz über die »Gesetze des Lebens« und die neuen Biotechnologien teilnahm, hörte ich zum ersten Mal, wie das Giftkartell (die Gruppe der Chemieunternehmen, zu der auch die ehemalige IG Farben gehörte) versuchte, lebende Organismen und Saatgut als Maschinen zu definieren, die sie erfunden hätten und patentieren lassen wollten. Mir war klar, dass Saatgut keine von Chemiekonzernen zusammengebaute Maschine ist. Es ist die Verkörperung der biologischen Vielfalt und des natürlichen Drangs, sich zu reproduzieren, zu erneuern und zu vermehren. Bei gentechnisch verändertem Saatgut handelt es sich um Saatgut, das den Landwirten gestohlen und durch Gene von in der Natur vorkommenden Bakterien verändert wurde. Die einzige »Erfindung« ist das Abschießen von Genen in einem Labor mit einer Genkanone oder die Infektion einer Zelle mit Agrobacterium, einem Pflanzenkrebs. Konzerne rauben Saatgut und schürfen Gene, um GVOs herzustellen. Die Patentierung von Saatgut war ökologisch, ethisch und ontologisch falsch. Es ist ein Fehler, der korrigiert werden muss. Vor 33 Jahren habe ich mich aufgemacht, um die Biodiversität, die Integrität und Vielfalt des Saatguts zu schützen und Biopiraterie und Patente auf Saatgut zu verhindern.[50]

Navdanya entstand aus diesem Engagement für den Schutz und die Regeneration der biologischen Vielfalt und den Wiederaufbau einer Wirtschaft der biologischen Vielfalt, die die Wirtschaft der Natur und die Wirtschaft der Menschen stärkt. Diese Bewegung hat Saatgut als Gemeingut zurückgewonnen und 150 gemeinschaftliche Saatgutbanken eingerichtet. Auf der ganzen Welt haben wir die Seed Freedom-Bewegung inspiriert. Es ist ein neues Bewusstsein für die Saatgut-Souveränität entstanden.

Die zweite Revolution der Gier auf der Grundlage von GVO sollte weltweit durchgesetzt werden, aber das Übereinkommen über die biologische Vielfalt und die Verordnungen über die biologische Sicherheit verhinderten ihren unkontrollierten Einsatz. Daher sind die meisten Länder GVO-frei. Dort, wo sie ohne Regulierung eingeführt wurden, wie in den USA, oder illegal, wie in Indien, versagt sie als Technik zur Schädlings- und Unkrautbekämpfung und hat stattdessen Superschädlinge und Superunkräuter hervorgebracht. Deshalb *gibt es einen Vorstoß für neue GVO auf der Grundlage von Gen-Editierung, sowohl um zu versuchen, die Vorschriften zu umgehen, als auch um den GVO ein »natürliches« Aussehen zu verleihen.*[51]

Neue GVO werden jetzt mit neuen Werkzeugen hergestellt, die fälschlicherweise als »Gene Editing« bezeichnet werden. Lebende Organismen sind komplexe, selbstorganisierte, selbstregulierende, evolutionäre Systeme und keine Word-Programme, wo man etwas ausschneiden und einfügen kann. Die Veränderung eines Gens an einer Stelle hat massive, unvorhersehbare Auswirkungen auf die Pflanze und ihre Umgebung. Die neuen GVO sind bereits gescheitert, und doch werden die Sicherheitsprüfungen dereguliert.[52] Neue GVO, die auf Gene Editing (CRISPR – Clustered Regularly Interspaced

Short Palindromic Repeats – Cas-9) und Gene Drives beruhen, werden trotz der Unsicherheiten im Zusammenhang mit dieser Technik in großer Eile auf den Markt gebracht.

Auch wenn die Wissenschaft unsicher ist und unvorhersehbare Auswirkungen zu beobachten sind, wird im Zusammenhang mit der noch jungen CRISPR-Technologie genetischer Veränderung ein falscher Anspruch auf Präzision erhoben, anstatt das Vorsorgeprinzip anzuwenden. Während die deterministische Annahme des genetischen **Reduktionismus** davon ausgeht, dass CRISPR »ein relativ einfacher Weg ist, die DNA eines beliebigen Organismus zu verändern, so wie ein Computerbenutzer ein Wort in einem Dokument bearbeiten kann« und präzise und vorhersehbar ist, hat eine neue, in *Nature Methods* veröffentlichte Studie gezeigt, dass CRISPR Hunderte von unbeabsichtigten Mutationen in das Genom von Mäusen einführte. Dabei wurden mehr als 1.500 Mutationen einzelner Nukleotide und mehr als 100 größere Deletionen und Insertionen [Entfernung oder Einfügung von Gensequenzen] gefunden. Keine dieser DNA-Mutationen wurde von den Computeralgorithmen vorhergesagt, die von Forschern häufig verwendet werden, um das Genom eines Organismus auf potentielle Off-Target-Effects [Effekte am Ziel vorbei] hin zu untersuchen.[53] Während CRISPR-Cas9 in die klinische Erprobung geht, hat eine neue Studie ergeben, dass diese Genomchirurgie Hunderte von unbeabsichtigten Mutationen in das Genom einbringen kann.

»Wir halten es für wichtig, dass die wissenschaftliche Gemeinschaft die potentiellen Gefahren aller durch CRISPR verursachten Off-Target-Mutationen berücksichtigt, einschließlich einzelner Nukleotid-Mutationen und Mutationen in nicht-kodierenden Regionen des Genoms«, sagt Mitautor Stephen Tsang, MD, PhD, Laszlo T Bito Associate Professor für Augenheilkunde und Associate Professor für Pathologie und Zellbiologie am Columbia University Medical Center und am Columbia Institute of Genomic Medicine und dem Institute of Human Nutrition.[54]

Die CRISPR-»Erfinderin« Jennifer Doudna, die für ihre Arbeit den Nobelpreis für Chemie erhielt, macht sich Sorgen über die unbeabsichtigten Folgen der Genbearbeitung: »Ich mache mir über einige Dinge Sorgen. Ich denke, es gibt ein Potential für unbeabsichtigte Folgen des Gene Editing bei Menschen für den klinischen Einsatz. Wie wollen Sie jemals bei der Art von Experimenten, die Sie vielleicht durchführen wollen, die Sicherheit gewährleisten? Und dann gibt es noch eine andere Anwendung des Gene Editing, den so genannten Gene Drive, bei dem es darum geht, ein genetisches Merkmal in einer Population sehr schnell zu verändern. In den Medien wurde über den Einsatz von Gene Drives bei Insekten wie Moskitos diskutiert, um die Ausbreitung von Krankheiten zu kontrollieren. Auf der einen Seite klingt das nach einer wünschenswerten Sache, auf der anderen Seite denke ich, dass man auch hier über mögliche unbeabsichtigte Folgen nachdenken muss, wenn man ein solches System in einer Umgebung freisetzt und man nicht vorhersagen kann, was passieren könnte.«[55]

Landwirtschaft als Agrarökologie beruht auf Vielfalt. Durch Vielfalt schafft die Natur Gleichgewicht und Harmonie und erbringt ökologische Leistungen zur Regulierung von Klima, Schädlingen, Unkraut und Krankheiten. Die »digitalisierte Landwirtschaft« wird auch als »Präzisionslandwirtschaft« bezeichnet, ein unangemessener Begriff für lebende Systeme, die auf Vielfalt beruhen, ein unangemessener Begriff für die gewaltsame Manipulation lebender Systeme, die auf Vielfalt, Komplexität und Selbstorganisation beruhen.

Die vierte industrielle Revolution: Digitale Technologien und das Giftkartell schaffen eine Dystopie: Landwirtschaft ohne Bauern, künstliche Nahrungsmittel und Überwachungskapitalismus

Die vierte industrielle Revolution beruht auf der Verschmelzung von digitalen Technologien mit Biotechnologien, GVO, Chemikalien und Maschinen. Sie intensiviert und beschleunigt die Machtkonzentration der Konzerne und die Verschmelzung von Big Tech, Big Biotech, Big Agrar, Big Pharma und Big Finance, um den Weg der Gier und des **Extraktivismus** fortzusetzen, indem lebende Organismen und lebende Systeme manipuliert werden: ein nächster Schritt der Kommerzialisierung von Natur, Menschheit und Gesellschaft. Es ist der nächste Schritt der Einhegung der **Allmende**, indem die Allmende des Lebens, die durch das Netz des Lebens geschaffen, geteilt und erhalten wird, eingehegt wird. Es ist der nächste Schritt bei der Zerschlagung des Lebensnetzes durch Techniken der Digitalisierung und **Finanzialisierung**, der Intensivierung des Chemieeinsatzes und GVO in der Landwirtschaft, mit Überwachungsdrohnen und Spionagesoftware zur Kontrolle der Landwirtschaft und der Landwirte, der Gewinnmaximierung durch Technologisierung, Digitalisierung und Patentierung von allem, was frei, selbstorganisiert, erneuerbar und regenerativ ist.

Klaus Schwab vom Weltwirtschaftsforum schreibt: »In der 4. industriellen Revolution verschwimmen die Grenzen zwischen ›physischer, digitaler und biologischer Sphäre‹. Diese aktuelle Revolution, die mit der digitalen Revolution begann, ist durch eine Verschmelzung von Technologien gekennzeichnet – KI, Robotik, Internet der Dinge, autonome Fahrzeuge, 3D-Druck, Nanotechnologie, Biotechnologie.« Er nennt dies den Great Reset, aber es ist der veraltete mechanistische Verstand, die überholte Gier-Ökonomie des Extraktivismus, in der Daten zum neuen Öl werden und der Mensch auf eine neue Mine für den »Abbau« von Daten reduziert wird.

Das ist nicht die Schaffung einer Infrastruktur des Lebens. Vielmehr baut sie auf der alten Infrastruktur von Tod und Zerstörung, Abhängigkeit und Verschuldung auf und schafft eine zusätzliche Infrastruktur der Kontrolle und Überwachung. Die ersten drei industriellen Landwirtschaftsrevolutionen sind gescheitert, weil sie die Gesetze der Natur, die Intelligenz der Natur und die Ökonomie der Natur sowie die hohen ökologischen Kosten der Zerstörung der biologischen Vielfalt und der Klimasysteme genauso wenig berücksichtigt haben wie die überlegenen ökologischen Alternativen, die zur Verfügung stehen. Und dennoch gibt es einen Vorstoß zur Beschleunigung und Ausweitung des gescheiterten industriellen Landwirtschaftsmodells als Teil der vierten industriellen Revolution, die auf derselben Gier, dem mechanistischen **Reduktionismus** und den Chemikalien und GVO beruht, die uns die Klimazerrüttung, das Artensterben und die Krankheiten erst beschert haben. Digitale Imperien, die mit Zwang und Angst, Überwachung und Kontrolle arbeiten, sind der nächste Versuch, die Natur durch digitale Techniken zu beherrschen und zu erobern. Es wird versucht, der Natur und den Menschen die nächste Stufe industrieller Nahrungsmittelsysteme aufzuzwingen, als ob die Definition der Konzerne von Fortschritt und die Agenda der Konzerne von Profiten um jeden Preis *alternativlos wären.*

Die vierte industrielle Revolution erhöht die Schulden und die Abhängigkeit der Landwirte von Konzernen und Finanzinstituten. Das Giftkartell mit dem fossilen Brennstoffgiganten Standard Oil hat zuerst fossile Brennstoffe in Kriegschemikalien und dann Kriegschemikalien in Agrochemikalien verwandelt. Dann propagierte es GVO als das Wundermittel für die Ernährung der Welt. Jetzt verkauft das Giftkartell mit den digitalen Raubrittern »Big Data« als das neue Öl, um das industrielle Landwirtschaftsmodell zu schmieren, das die Erde, unsere Bauern und unsere Gesundheit zerstört hat.

Aber Daten sind kein Wissen.

Big Data wird aus uns herausgeholt, dann in Algorithmen verarbeitet und als neuer externer Input an uns zurückverkauft. Big Data ist das Öl für das Zeitalter des Überwachungskapitalismus, so wie fossile Brennstoffe das Öl für das Industriezeitalter waren.

Big Oil hat die Klimasysteme der Erde zerrüttet und uns ein Klimachaos beschert.

Big Data in den Händen des Giftkartells und der digitalen Giganten wird den chemie- und energieintensiven Weg fortsetzen, der die Klimazerrüttung und das Artensterben vorantreibt. Es hat das Potential, unsere natürliche, ökologische Intelligenz zu zerstören, unsere Fähigkeit zu wissen und fundierte Entscheidungen über das Leben zu treffen.

Die Digitalisierung führt dazu, dass die Landwirte von Wissenslieferanten zu Datenkonsumenten werden. Sie verdrängt echtes Wissen über Böden, Pflanzen und Saatgut durch »Big Data« – Daten über Klima, Böden und genetische Ressourcen, die von Unternehmen kontrolliert und den Landwirten als neue Ware verkauft werden. Auf Daten reduziertes Wissen wird so zu einem neuen externen Input, der die Landwirte noch abhängiger macht und sie noch tiefer in die Schulden treibt.

Die digitalisierte Landwirtschaft schafft eine digitale Abhängigkeit der Landwirte. Sie müssen Daten als Ware kaufen, und daraus resultiert eine Aushöhlung der Wissenssouveränität, eine Kommodifizierung* von Nahrungsmitteln und die Aushöhlung der Ernährungssouveränität. Die Daten sind nur eine weitere Ware, die den Landwirt noch abhängiger von Konzernen und weniger verbunden mit der Erde macht. Den Landwirten wird gesagt, dass sie ihren Verstand an Microsoft/Monsanto/Bayer/Blackrock auslagern müssen. Dies ist der nächste Schritt in eine Sackgasse, die die Intelligenz von Saatgut, Pflanzen, Bodenorganismen, unseren Darmbakterien, unseren Bauern und Großmüttern ignoriert.

Das **Paradigma** der »digitalen Landwirtschaft« ist eine Kombination aus Digitalisierung der Landwirtschaft und aus Datenwissenschaft und Gentechnik, die eine noch stärkere Verknüpfung von Abstrahierungen und Kontrollinstrumenten schafft. Dies ist auch der Grund, warum sich heute nicht nur das alte Giftkartell durch Fusionen zu einem neuen Kartell zusammenschließt, sondern dass es über die Konvergenz von Saatgut, Pestiziden und Düngemitteln hinausgeht und auch landwirtschaftliche Geräte, Informationstechnologie, Klimadaten, Bodendaten und Versicherungen umfasst.

Es entsteht die Illusion, dass man effektiver mehr Nahrungsmittel produziert und die Hungernden ernährt, wenn man nur schneller läuft auf der Tretmühle des Chemie- und Giftkartells, das jetzt mit künstlicher Intelligenz und Robotern ausgestattet ist. Doch Fakt ist das Gegenteil: Die Werkzeuge und Technologien des Giftkartells haben den Planeten und das Leben der Landwirte an den Rand des Abgrunds gebracht, mit Klimakatastrophen, Artensterben, Wasserkrisen, Einkommenseinbrüchen bei den Landwirten und Krankheiten, an denen immer mehr Menschen sterben.

* Kommodifizierung beschreibt den Prozess, in dem eine Sache oder Dienstleistung – die zuvor nicht als Ware galt – zur Ware wird.

Die Gesundheitskosten, die sozialen Kosten, die Energiekosten und die Klimakosten dieses Systems wurden gar nicht eingerechnet. So, wie die Grüne Revolution den indischen Punjab verwüstete und die gentechnisch veränderte Bt-Baumwolle die Bauern in Maharashtra in den Selbstmord trieb, werden diese Illusionen neue ökologische Kosten für die Natur und neue soziale Kosten für die Gesellschaft verursachen.[56]

Die digitalisierte Landwirtschaft verwandelt das Wissen und die Kenntnisse aus einem partizipativen Prozess der gemeinsamen Schöpfung mit der Erde, ihrer Artenvielfalt und ihren Böden zur besseren Pflege des Bodens und des Saatguts auf der Grundlage der Saatgut- und Wissenssouveränität in »Daten«. Das läuft auf eine verstärkte Kontrolle der Landwirtschaft durch das Giftkartell und eine Fortsetzung des industriellen Nahrungsmittelsystems hinaus und ist die Grundlage für einen epistemischen (auf einem bestimmten Gedankengebäude beruhenden) Imperialismus.

Durch neue Überwachungstechnologien wird ein weiterer Versuch unternommen, das Saatgut zu besitzen und zu kontrollieren.[57] Die Bayer AG, die Monsanto gekauft hat, treibt die Digitalisierung der Landwirtschaft weiter voran. Der »Future of Farming Dialogue« 2019 von Bayer stand unter dem Motto: »Das Morgen gehört uns allen.« Es hieß: »Wir sind sehr stolz auf unsere führende F&E-Pipeline mit 75 Projekten in den Bereichen Saatgut und Traits, Pflanzenschutz und Digital Ag. Mit Hunderten von neuen Hybriden und Sorten, die wir jährlich auf den Markt bringen, sind wir bestens positioniert, um Lösungen für Landwirte auf der ganzen Welt zu finden, zu kombinieren und maßgeschneidert anzubieten.«[58]

Die Gifte des Giftkartells geben der Artenvielfalt von Pflanzen und Tieren, die in den Artentod getrieben werden, keine Chance auf eine Zukunft. Mit der Abhängigkeit von Daten als neuem externen Input, der zusammen mit Chemikalien und GVO gekauft werden muss, werden sich die Landwirte noch mehr verschulden. Und sie werden ihre Fähigkeit verlieren, ihren Boden, ihr Saatgut und ihre biologische Vielfalt zu kennen, ihre Fähigkeit, als souveräne, wissende

Wesen zu entscheiden. Für Bauern als intelligente, souveräne, wissende Wesen ist in der Vision des Giftkartells von einer digitalisierten Landwirtschaft kein Platz. Damit werden die Saatgutsouveränität und die Ernährungssouveränität der Bauern weiter ausgehöhlt und die Kontrolle der Konzerne über das Saatgut vertieft.

In agrarökologischen Systemen entwickeln die Bauern ihre eigenen Lösungen auf der Grundlage von Saatgutsouveränität und Wissenssouveränität. In der Welt der Bayer AG werden die Bauern auf Konsumenten von Bayer-Lösungen reduziert. Chemikalien und GVO waren »Lösungen« für die fiktive Angst vor Hunger und Hungersnot. Chemische und gentechnische »Lösungen« haben jedoch neue Probleme wie das Artensterben, die Kontrolle über Saatgut und Artenvielfalt und chronische Krankheiten geschaffen. Wir müssen uns fragen, welche Probleme Big Data, digitalisierte Landwirtschaft und Überwachungstechnologien für Natur und Gesellschaft schaffen werden. Das neue Geschäftsmodell beruht auf der Aneignung der Sprache der Volksbewegungen – die Kontrolle über das Saatgut wird jetzt als »Keimplasma-Bibliotheken« bezeichnet, und die neuen Pläne zur Kontrolle und Manipulation der biologischen Vielfalt der Erde heißen Oerth Bio (ausgesprochen »Earth«). Bayer hat 60 Kooperationen unterzeichnet, darunter die Gründung des Gemeinschaftsunternehmens Oerth Bio mit dem biopharmazeutischen Forschungsunternehmen Arvinas.

Souveräne, unabhängige Bauern, die ihr Saatgut, ihren Boden und ihre biologische Vielfalt kennen und über Kenntnisse der Agrarökologie verfügen, werden durch leere Köpfe ersetzt, die Daten verkaufen, die jedoch von einem landwirtschaftlichen Betrieb und von Landwirtschaft überhaupt nichts wissen. Noch den letzten Bauern zu erreichen und den letzten Acker zu einem »bezahlten Acker« zu machen, um durch die neue Abhängigkeit von deren Wissen Gewinne zu erzielen, wird als »personalisierte Lösung« bezeichnet.

Im Bayer-Dialog zur Zukunft der Landwirtschaft sagte Etherington: »Die digitalisierte Landwirtschaft ermöglicht individuelle, personalisierte Lösungen, die auf die Bedürfnisse jedes einzelnen Betriebs zugeschnitten sind. Im Jahr 2018 war FieldView auf mehr als 60 Millionen bezahlten Flächen weltweit im Einsatz. In diesem Jahr ist das Unternehmen auf dem besten Weg, sein Ziel von 90 Millionen bezahlten Anbauflächen zu erreichen. Die Plattform ermöglicht es Landwirten, auf einfache Weise Felddaten zu sammeln und zu visualisieren, die Leistung von Pflanzen zu analysieren und zu bewerten und ihre Feldvariabilität durch maßgeschneiderte Fruchtbarkeits- und Aussaatpläne zu verwalten, um die Produktivität der Ernte zu optimieren. Wir sehen das Potential von einer Milliarde Hektar, wo unsere digitalen Techniken eingesetzt werden können, um das weltweite Ernährungssystem positiv und nachhaltig zu verbessern.«[59]

Der Begriff »Präzision« ist in der digitalisierten Landwirtschaft fehl am Platze. So wie Chemikalien und GVO gescheitert sind, scheitert die digitalisierte Landwirtschaft bereits. Denn lebende Systeme sind keine Maschinen. Die Evolution findet fortwährend statt. Und mechanistische Intelligenz ist in der lebendigen, komplexen, sich entwickelnden Welt der Selbstorganisation und Vernetzung unvollständig und fehlbar.

Bayer/Monsanto arbeiten bei der digitalisierten Landwirtschaft mit Landmaschinenherstellern wie John Deere zusammen. Die Datenerfassung durch Maschinen kann falsche Daten liefern. »Die John Deere-Tochter Blue River schickte Roboter durch australische Baumwollfelder, um mehr als 100.000 digitale Fotos von der Ernte in allen Stadien zu machen. Doch als das Unternehmen zu den Baumwollfeldern im amerikanischen Süden zurückkehrte, spritzten die Roboter mit ihrer ›See and Spray‹-Technik gesunde Baumwollpflanzen ab und verschonten das Unkraut. Ob die Technik die Bilder aufgrund der Sonnen- und Klimabedingungen oder aus einem anderen Grund falsch interpretierte, ist unklar, aber die Folgen waren katastrophal.«[60]

Während das Hauptgeschäft von Bayer in der Herstellung und dem Verkauf von Giften besteht, die einen sehr großen ökologischen Fußabdruck auf dem Planeten hinterlassen, wird die irrige Behauptung aufgestellt, dass die digitalisierte Landwirtschaft diesen Fußabdruck verringern wird.

Liam Condon, Mitglied des Vorstands der Bayer AG und Leiter der Division Crop Science, stellte in einem Beitrag in *Politico* falsche Behauptungen auf: »Wir wissen, dass Innovation der Schlüssel für die Zukunft der Landwirtschaft ist, und wir sehen bereits, wie neue Techniken – einschließlich digitalisierter Landwirtschaft, Präzisionslandwirtschaft und Pflanzenzüchtungstools – den ökologischen Fußabdruck der Landwirtschaft verringern [...] Und heute nutzen immer mehr Landwirte die neuesten digitalen Analysen, um Probleme zu verhüten, bevor sie entstehen, so dass sie mehr Nahrungsmittel anbauen können, während sie weniger Land, Energie und Wasser verbrauchen.«

Bayer hat auch falsche Behauptungen aufgestellt, als es ankündigte, »unsere Umweltauswirkungen bei der Pflanzenproduktion um 30 Prozent zu reduzieren, auf eine kohlenstoffneutrale Zukunft für die Landwirtschaft in den wichtigsten Regionen, in denen wir tätig sind, hinzuarbeiten und 100 Millionen Kleinbauern auf der ganzen Welt durch einen besseren Zugang zu nachhaltigen landwirtschaftlichen Lösungen zu unterstützen – und das alles bis zum Jahr 2030«.[61]

Das Giftkartell, das zur Biotech-Industrie wurde, verschmilzt mit Big Tech wie Microsoft und Facebook und Big Fintech, einschließlich Vermögensverwaltungsfonds wie Blackrock und Vanguard, um eine digitale, genetische und chemische Diktatur über Nahrungsmittel zu errichten. Ich nenne das Nahrungsmittel-Totalitarismus.

Gates arbeitet eng mit Bayer und dem Giftkartell zusammen, um mit seiner dystopischen Vision von Gates Ag One auf der ganzen Welt eine zentralisierte, industrielle, giftige, energieintensive digitale Landwirtschaft zu schaffen, deren Zweck nicht die Versorgung der lokalen Gemeinschaften mit frischen Lebensmitteln ist, sondern die Produktion von Rohmaterial für Labornahrung.[62]

Die Kontrolle unserer Nahrungsmittelsysteme durch die Konzerne führt zu einer neuen Konzentration wirtschaftlicher Macht, sowohl durch Fusionen innerhalb der einzelnen Sektoren als auch durch die sektorenübergreifende technologische Integration von Biotechnologie, Informations- und Digitaltechnologie und Finanztechnologie zu einem technologischen Kontinuum. Dies führt zu einer weiteren Entfremdung und Trennung zwischen der Ware »Lebensmittel« und ihren Ursprüngen in Saatgut, Boden, Wasser und den kreativen Beiträgen von Kleinbauern, die sich um die Erde kümmern. Sie spaltet »Daten« von der Realität ab und verdrängt echtes Wissen, das in Erfahrung, Praxis, Sorgfalt und verschiedenen Intelligenzen verwurzelt ist und Raum für Entscheidungen lässt, die die Evolution leiten und zur Resilienz beitragen.

Die Erde und unsere Nahrungsmittelsysteme werden immer verletzlicher und undemokratischer, da Ressourcen und Macht aus den Erd- und Nahrungsmittelgemeinschaften abgezogen und unter der Kontrolle globaler Konzerne zusammengefasst werden. Konzentration und Zentralisierung, Entfremdung und Trennung von Lebensmittelerzeugern und Verbrauchern sowie von Daten und Wissen schaffen eine umgekehrte Pyramide instabiler Macht, die bei kleinen Störungen, welche sich aufgrund von Konzentration und Integration rasch verstärken, umkippen kann. Die Intensität der Konzentration führt zu einem Anstieg der verschiedenen Dimensionen der sozialen und ökologischen Verwundbarkeit.

Das mechanistische **Paradigma** überschätzt die Fähigkeit, lebende Systeme vorherzusagen und zu kontrollieren, wie der immer wiederholte, aber irreführende Verweis auf »Präzisionstechnologie« sowohl für GVO als auch für die Digitalisierung zeigt. Die Politik wird von Illusionen geleitet, statt von Prüfung, Bewertung und Beweisen. Dies macht das Nahrungsmittelsystem sehr anfällig. Ebenso nimmt die Anfälligkeit der Kleinbauern zu, je mehr die Integration und Monopolkontrolle von Big Biotech, Big Trade, Big Retail, Big IT und Big Finance über das Nahrungsmittelsystem wächst. Größe fördert auch Zentralisierung. Und durch Zentralisierung geht die Anpassungsfähigkeit verloren, die Systeme werden anfälliger. Denn Größe fördert Monokulturen. Monokulturen und Uniformität sind stets anfälliger.

Der Weg, der zur Klimakatastrophe, zum Artensterben, zu Hunger, Armut und Krankheit geführt hat, wird immer weiter fortgesetzt, ohne dass sich Lösungen für diese lebensbedrohlichen Probleme abzeichnen. Das industrielle System propagiert jetzt künstliche Nahrungsmittel – im Labor hergestelltes Fleisch, Labormilch, Laborkäse, Laborfisch, sogar im Labor hergestellte Muttermilch.

Und während die industrielle Landwirtschaft den Planeten und unsere Volkswirtschaften an den Rand des Zusammenbruchs bringt, erfindet sie ihre Zukunft auf der Grundlage von »Fake Farming« mit »Fake Food« neu, mit mehr Chemisierung und mehr GVO, mehr Mechanisierung und fahrerlosen Traktoren, digitalisierter Landwirtschaft, Überwachungsdrohnen und Spionageprogrammen. Landwirtschaft ohne Landwirte, Landwirtschaft ohne Artenvielfalt, Landwirtschaft ohne Boden ist die Vision derer, die uns bereits an den Rand der Katastrophe gebracht haben und den ökologischen Kollaps weiter beschleunigen. Digitalisierte Landwirtschaft und künstliche Intelligenz verleugnen das Wissen und die Intelligenz der Bauern und der biologischen Vielfalt, die sie mitgestalten und mit der sie sich gemeinsam entwickeln.

Der Weg der Industrie wurde durch die falsche Behauptung geebnet, dass externe Inputs notwendig sind:

- Der erste externe Input waren chemische Düngemittel, die die Bodenfruchtbarkeit zerstörten, und synthetische Pestizide, die zu mehr Schädlingen führten.
- Der zweite externe Beitrag war das Hinzufügen von toxischen Bt- und herbizidresistenten Roundup Ready-Genen zum Saatgut durch Gentechnik (GVO).
- Der dritte externe Input, der uns jetzt aufgezwungen wird, besteht darin, unseren Verstand mit Daten zu füllen, unserem Verstand souveränes Wissen und lebendige Intelligenz zu rauben.
- Außerdem wird jetzt versucht, echte Lebensmittel durch gefälschte Nahrungsmittel und echte, auf Ökologie basierende Ökonomien durch gefälschte Ökonomien mit »Null-Budget« zu ersetzen.

Gates lässt jahrhundertealte Kenntnisse und Praktiken der nachhaltigen Landwirtschaft außer acht und fördert in Zusammenarbeit mit dem Giftkartell die digitalisierte Landwirtschaft. Die Mythen der Grünen Revolution werden in Gates Ag One fortgesetzt, wonach die chemisch-industrielle Landwirtschaft mehr Nahrungsmittel erzeugt. »Die amerikanische Landwirtschaft befindet sich im Umbruch, da die Landwirte neue Techniken und Big Data einsetzen, um ihre Ernten zu verbessern.«[63]

Die Zukunftsvision der industriellen Landwirtschaft ist eine Landwirtschaft ohne Landwirte, mit Chemikalien und Maschinen mit Spionagesoftware, mit Überwachungsdrohnen, die Daten sammeln, und Nahrungsmitteln, die sich immer weiter vom ökologischen Netz des Lebens, das ein Nahrungsnetz ist, entfernen. Getrennt von den ökologischen und sozialen Systemen, die echte Lebensmittel produzieren und bereitstellen, die die Artenvielfalt im Boden und in unserem Darm nähren, werden Nahrungsmittel zu Non-Food, Anti-Food, Fake Food.

Die Vision der Konzerne für die Zukunft der Nahrungsmittel und der Landwirtschaft ist das Ende der Landwirtschaft, das Ende der Lebensmittel, das Ende der Freiheit, das Ende der menschlichen Zukunft auf der Erde. Wenn Technik nicht mehr als Werkzeug betrachtet wird, das es zu prüfen gilt, bei dem man sich entscheidet, ob man es annimmt oder ablehnt, sondern zu einer Religion wird, zu einer zivilisatorischen Mission, die den Menschen auf undemokratische Weise aufgezwungen werden soll, und wenn Mittel zum Geldverdienen zum menschlichen Ziel erhoben werden, jenseits ethischer, sozialer, ökologischer und demokratischer Bewertung, dann haben wir es mit einer Rekolonialisierung im modernen Gewand zu tun. Damals wie heute geht es darum, die Vielfalt des Lebens und der Kulturen, des Wissens und der Volkswirtschaften, der Eigenständigkeit und der Demokratien mit Gewalt auszulöschen, um wirtschaftliche und politische Macht zu erlangen.

Das Verschmelzen von Wirtschaftsbereichen und Techniken führt zu einer noch nie dagewesenen Kontrolle über die Natur und die Menschheit und zu einer noch nie dagewesenen Gewinnmaximierung. Im Zeitalter des Überwachungskapitalismus wird der Mensch zum neuen Rohstoff degradiert. Shoshana Zuboff, emeritierte Professorin an der Harvard Business School, schreibt in ihrem Buch über den Überwachungskapitalismus: »Der Überwachungskapitalismus ist keine Technik, sondern eine Logik, die der Technik innewohnt und sie zum Handeln zwingt.« Zuboff bekräftigt dies in ihrem Buch, wenn sie sagt: »Der Überwachungskapitalismus ist eine schurkische Kraft, die von neuartigen wirtschaftlichen Imperativen angetrieben wird, die soziale Normen missachtet und die elementaren Rechte, die mit der individuellen Autonomie verbunden und für die Möglichkeit einer demokratischen Gesellschaft unerlässlich sind, außer Kraft setzt.« Falsche Erzählungen über die Ernährung der Welt waren die irreführenden Wegweiser in die Sackgasse.

- ***Zuerst hieß es, Chemikalien würden uns ernähren.***
  Die Grüne Revolution wurde uns aufgezwungen. Die Grüne Revolution ist gescheitert.
- ***Dann sagten sie, GVO würden uns ernähren.***
  GVOs scheiterten. Die Menschen und der Planet wurden vergiftet.
- ***Jetzt wird uns gesagt, dass »Big Data« uns ernähren wird.***
  Aber Daten sind kein Wissen, und digitale Daten sind kein Ersatz für das reale Leben und lebendige Systeme, die miteinander verbunden sind. Sie können Kohärenz und Harmonie, Energieflüsse und Nahrung nicht ersetzen.

Die letzten drei industriellen Revolutionen haben uns gezeigt, dass wir uns immer weiter von den Gesetzen, Zyklen und Regenerationsprozessen der Natur entfernen und dadurch immer mehr ökologische und gesundheitliche Probleme heraufbeschwören. Die ressourcen- und energieintensive Umwandlung der Gaben der Natur zur Befriedigung unserer Bedürfnisse führt zu ökologischen **Externalitäten***, die ökologische Anfälligkeit schaffen. Zentralisierung schafft Anfälligkeit, Monokulturen und Uniformität schaffen Anfälligkeit, Globalisierung und lange Lieferketten sind anfällig für Zusammenbrüche.

* **Externalitäten** bezeichnen Kosten oder Nutzen, die sich nicht auf den Verursacher, sondern auf unbeteiligte Personen auswirken. Diese externen Effekte entstehen bei Konsum oder Produktion eines Gutes und sind nicht im Marktpreis enthalten.

Die vierte industrielle Revolution verschärft den **Anthropozentrismus** und die ökologische Apartheid, die Illusion von Herrschaft und Eroberung, die unkontrollierbare Geld- und Machtgier, die die existenzielle Notlage geschaffen haben. Die Leugnung der Tatsache, dass wir Teil einer lebendigen Erde sind, hat die Krisen verursacht. Eine tiefere Verleugnung wird die Krisen noch beschleunigen.

Wir können die Probleme, die durch Gier und Hybris entstanden sind, nicht durch noch mehr Gier und noch mehr Hybris lösen, indem wir versuchen, lebende, selbstorganisierte Systeme zu kontrollieren.

Mächtige Umweltverschmutzer bieten falsche Lösungen für die Klimaveränderungen an und setzen den Weg fort, der die Krise verursacht hat. Falsche Lösungen für mehr Profit und Kontrolle werden die Klima- und Gesundheitskrise verschlimmern: künstliche Nahrung, Geoengineering, Scheinwirtschaft

Die Erde als Ganzes ist ein selbstorganisiertes lebendiges System. Der NASA-Wissenschaftler James Lovelock erkannte dies und nannte sie Gaia, nach der Erdgöttin im alten Griechenland. Die Gaia-Theorie »besagt, dass sich lebende Organismen und ihre anorganische Umgebung gemeinsam als ein einziges lebendes System entwickelt haben, das die Chemie und die Bedingungen der Erdoberfläche stark beeinflusst«.[64] Alle lebenden Systeme sind selbstorganisiert und regulieren sich selbst. Die lebenden Systeme der Erde, das »gaianische System«, reguliert alles selbst – die globale Temperatur, den atmosphärischen Gehalt und den Salzgehalt der Ozeane – und erhält so die Infrastruktur für das Fortbestehen und die Entwicklung des Lebens. Dies unterscheidet sich sehr von dem mechanistischen, industriellen **Paradigma**, das die Erde als tote Materie, als reines Rohmaterial für die industrielle Ausbeutung betrachtet.

Terra Madre, Mutter Erde, hat über 4 Milliarden Jahre hinweg die Bedingungen für die Evolution der Vielfalt des Lebens geschaffen. Vor 200.000 Jahren schuf sie die Bedingungen für die Entwicklung unserer Spezies. In nur 200 Jahren haben wir gelernt, 600 Millionen Jahre ihres fossilen Kohlenstoffs abzubauen und zu verbrennen, und nennen das »Fortschritt«. Das Kolonialzeitalter ging in das fossile Zeitalter über.

Die Klimazerrüttung ist die Folge der Blindheit gegenüber den lebenden Systemen der Erde und der biologischen Vielfalt, die die Infrastruktur des Lebens aufrechterhalten und gleichzeitig alle menschlichen Bedürfnisse und die Bedürfnisse aller Lebewesen befriedigen. Sie ist das Ergebnis der Verletzung der planetarischen Grenzen und der Grenzen des Ökosystems durch die Verschmutzung, die durch die auf fossilen Brennstoffen basierende Wirtschaft und die auf fossilen Brennstoffen basierende chemieintensive Ernährung und Landwirtschaft verursacht wird. Sie ist das Ergebnis der gewaltsamen Durchsetzung des fossilen Imperialismus, indem indigene Wirtschaftssysteme für »primitiv« erklärt werden, weil sie gewaltfrei ohne fossile Brennstoffe und daraus abgeleitete Pestizide und Gifte leben. Ökologische Zivilisationen und ökologische Gesellschaften leben innerhalb ihrer ökologischen Grenzen, angetrieben von ihrer eigenen endosomatischen Energie, der Energie ihrer Verwandten, der arbeitenden Tiere, der regenerativen photosynthetischen Energie der Pflanzen, der Pflegeökonomie der Insekten und Mikroben.

Die wirklichen Lösungen für die Klimazerrüttung bestehen darin, anzuerkennen, dass die Erde lebt, dass wir ein Teil von ihr sind und nicht ihre Herren und Manipulatoren. Ein Leben nach ihren Gesetzen, innerhalb ihrer planetarischen Grenzen und der Grenzen ihrer Ökosysteme ist der Weg zu Nachhaltigkeit und Gerechtigkeit. Die Fürsorge für die Erde ist eine Lösung für das Klimaproblem. Die Regeneration von Biodiversität und lebendigen Böden ist eine Lösung für das Klimaproblem.[65]

Der Übergang und der Wandel, den die Menschheit braucht, um die durch die auf fossilen Brennstoffen basierende Industrie verursachte Klimazerrüttung zu bewältigen, besteht darin, die Techniken der Natur zur Wiederverwertung von Kohlenstoff zu erkennen, um die Infrastruktur des Lebens zu schaffen. Die biologische Vielfalt bietet ebenso vielfältige ökologische Funktionen, die es uns ermöglichen, ohne lebenszerstörende synthetische Chemikalien und fossile Brennstoffe zu wirtschaften. Wir müssen uns von dem durch Kohlenwasserstoffe geschaffenen fossilen Geist lösen und eine Welt schaffen, die reich an Pflanzen und den von ihnen produzierten Kohlenhydraten ist, um unsere Bedürfnisse und die Bedürfnisse aller Lebewesen zu erfüllen. Eine Welt ohne fossile Brennstoffe kann eine Welt des Überflusses für alle sein. Eine Umstellung von Öl auf Erdboden, von Kohlenwasserstoffen auf Kohlenhydrate (das Molekül des Lebens nach André Leu) ist die gerechte und dauerhafte Lösung für die Klimazerrüttung, indem sie sowohl der Verschmutzung durch fossile Brennstoffe und Chemikalien ein Ende setzt als auch die Lebenszyklen und -prozesse der Erde regeneriert.

Wir müssen von fossilem Kohlenstoff auf Biodiversität umsteigen, von Monokulturen auf Vielfalt, und von synthetischen, künstlichen Düngemitteln und denaturierten Lebensmitteln auf biodiverse organische Nahrung: für ein gesundes Bodenmikrobiom und für ein gesundes Darmmikrobiom.

Doch anstatt den evidenzbasierten wissenschaftlichen Weg einzuschlagen, der die Klimakrise und die Erosion der biologischen Vielfalt auf eine vernetzte Art und Weise angeht, versuchen die Superreichen, die Menschheit noch schneller auf dem bisherigen Weg voranzutreiben. Es ist der Weg der Degeneration und ökologischen Zerstörung, der Vertreibung und Enteignung der Bewirtschafter des Landes, das den Klima- und Biodiversitätsnotstand ebenso verursacht hat wie den menschlichen Notstand einer sehr großen Klasse von »Wegwerfmenschen«.

Die Geldmacher, Milliardäre und Oligarchen bieten plötzlich Scheinlösungen für die Klimazerrüttung und die von ihnen verursachten Probleme an, um noch mehr Geld zu verdienen, indem sie sich die Ressourcen der Natur und der Menschen aneignen und sie weiter ausbeuten. Zu den führenden falschen Lösungen für die Klimazerrüttung, die von den Tech-Milliardären vorangetrieben werden, gehören Fake Food, Geoengineering und gefälschte Wissenschaft, gefälschte Buchhaltung und die gefälschte Wirtschaft von Net Zero sowie die **Finanzialisierung** der Natur.[66]

Das große Geld mit seiner Macht, kombiniert mit Deregulierung und Aushöhlung der Demokratie, beeinflusst Wissenschaft und die Forschung in Richtung riskanter Technologien wie Gentechnik, Gene Drives und Geoengineering sowie Herstellung künstlicher Nahrungsmittel in Labors.

Forschung, Technologie und Wirtschaft immer schneller und weiter auf den mechanistischen, industriellen Weg zu lenken, der den Notstand der biologischen Vielfalt und des Artensterbens, den Gesundheitsnotstand und den Klimanotstand verursacht hat, ist für die **Chrematistik** profitabel, untergräbt aber die reale Wirtschaft lebender Systeme, die auf Fürsorge, Mitgefühl, Gerechtigkeit und Solidarität beruht.

Auri sacra fames: *Künstliche Labornahrung und der »verfluchte Hunger nach Gold«*

Künstliche Labornahrung soll das neue Rezept für den *auri sacra fames*, den *verfluchten Hunger nach Gold sein*. Die Lösung sowohl für den Gesundheitsnotstand als auch für den Klimanotstand besteht in Wahrheit darin, zur Erde zurückzukehren und ihre biologische Vielfalt zu regenerieren, in den Böden, in unseren Landwirtschaftsbetrieben und Wäldern, in unserer Ernährung und in unserem Darm. Natürliche Lebensmittel und natürliche Landwirtschaft bieten Lösungen für die vielfältigen Notlagen, die die Gier-Ökonomie geschaffen hat.

Ein symbiotischer Nährstoffaustausch zwischen Biosphäre und Atmosphäre heilt die gestörten Klimazyklen. Der Fluss der biologischen Vielfalt und ihrer Nahrung – vom Mikrobiom des Bodens zu unserem Darmmikrobiom – heilt unsere gestörte Gesundheit.

Ziel der vierten industriellen Revolution ist es, Kleinbauern zu verdrängen, die echte lebendige Lebensmittel anbauen, die uns mit der Erde und miteinander verbinden, und sie durch Labornahrung und künstliche Nahrungsmittel zu ersetzen, die mit energieintensiven Systemen verarbeitet werden, bei denen Pflanzen aus chemieintensiven industriellen Großbetrieben als Rohmaterial verwendet werden.

Unser Brot ist unsere Freiheit. Wenn Konzerne und Milliardäre die Kontrolle über das tägliche Brot übernehmen, bedeutet das nicht nur das Ende der Freiheit. Es ist das Ende des Brotes als Währung des Lebens, als nährender Strom von Nahrung, der uns mit allem Leben verbindet.

Ultra-verarbeitete Nahrungsmittel haben zur Pandemie der chronischen Krankheiten beigetragen. Die Nahrungsmittelindustrie und die industrielle Landwirtschaft verursachen 50 Prozent der Treibhausgase. Eine intensivere Industrialisierung der Landwirtschaft und eine stärkere Verarbeitung werden sowohl den Klima- als auch den Gesundheitsnotstand verschlimmern. Fake Food wird die Industrialisierung von Nahrungsmitteln und Landwirtschaft weiter vorantreiben und die Gesundheits- und Klimakrise, die die industriellen Nahrungsmittelsysteme verursacht haben, noch verschärfen.

Die Förderung von Lab-Food steigert die Nachfrage nach Nutzpflanzen aus industriellen Monokulturen und reduziert echte Lebensmittel, die von den Menschen direkt verzehrt werden können, auf Rohmaterial für verfälschte, ultra-verarbeitete Lab-Foods mit gentechnisch veränderten Zutaten und den jeweils zugehörigen Patenten. Die digitalisierte Landwirtschaft und die verfälschten Nahrungsmittel werden als »nachhaltig« angepriesen, führen aber die ökologischen und sozialen Schäden früherer industrieller Revolutionen fort und beschleunigen sie, weil sie den Einsatz von fossilen Brennstoffen, Chemikalien, Giften und GVOs intensivieren, während sie neue Formen der Geldgewinnung durch neue Formen der Lizenzeinnahmen hinzufügen, mehr Kontrolle durch Überwachungssysteme ausüben und – zusätzlich zu der Verschmutzung durch fossile Brennstoffe, Gifte und GVOs – neue Quellen der Verschmutzung in Form von elektromagnetischer Verschmutzung hinzufügen.

Künstliche Düngemittel: Die Krankheit als Heilmittel propagieren

Künstliche Industrienahrung ist eine Verleugnung der tatsächlichen Ursachen der Klimaveränderungen, die in der fossilen und chemieintensiven industriellen Landwirtschaft liegen.

Es ist eine Verleugnung der Krankheitslast, die durch die industrielle Landwirtschaft und industrielle, ultra-verarbeitete Nahrungsmittel verursacht wird. Labornahrung ist hyper-verarbeitete Nahrung und wird die Pandemie chronischer Krankheiten befördern. Gesundheit ist ein Kontinuum, das sich aus der Artenvielfalt im Boden, auf dem Land und in unserem Darmmikrobiom ergibt. Das Rezept der Landwirtschaft ohne Bauern und Nahrungsmittel ohne Bauernhöfe ist ein Rezept zur Zerstörung der Gesundheit des Planeten wie der menschlichen Gesundheit. Wenn die Landwirtschaft auf den Anbau chemie- und energieintensiver, finanzintensiver Monokulturen von »Rohstoffen« aus Proteinen und Kohlenhydraten für Labornahrung reduziert wird, werden sowohl der Boden als auch unser Darm veröden. Die Zerstörung der Artenvielfalt ist eine Krankheit für die Erde und ihre Lebewesen, einschließlich der Menschen.

Das Rezept der Milliardäre besteht darin, größere chemieintensive Monokulturen mit synthetischen Stickstoffdüngern künstlich zu düngen, wodurch Distickstoffmonoxid, ein Treibhausgas, freigesetzt wird. In völliger Verleugnung der Klimawissenschaft und der Bodenökologie setzt Gates den »chemischen Hokuspokus« fort, wenn er sagt, wir müssten mehr Dünger verwenden. »Um Nutzpflanzen anzubauen, braucht man tonnenweise Stickstoff – viel mehr, als man in der Natur je finden würde. Durch die Zugabe von Stickstoff kann man Mais bis zu drei Meter hoch wachsen lassen und enorme Mengen an Saatgut produzieren.«[67] Der Verkauf von mehr Düngemitteln ist gut für die Gewinne der chemischen Industrie, aber nicht für den Boden oder das Klima. Wir brauchen keine im Labor hergestellten Nahrungsmittel für Proteine. Unsere Hülsenfrüchte liefern uns Proteine und binden gleichzeitig Stickstoff im Boden.[68]

GVO-Labornahrung als neuer Goldrausch

Im Labor hergestellte, künstliche Nahrung (auf pflanzlicher Basis) wird als Lösung für das Klimaproblem promotet. In einem kürzlich erschienenen Artikel mit dem Titel »Wie unser Engagement für die Verbraucher und unseren Planeten uns dazu brachte, gentechnisch verändertes Soja zu verwenden«, erklärt Pat Brown, CEO und Gründer von Impossible Foods, Folgendes: »Wir haben nach der sichersten und umweltfreundlichsten Option gesucht, die es möglich macht, unsere Produktion zu skalieren und den Verbrauchern den ›Impossible Burger‹ zu einem vernünftigen Preis anzubieten.«[69]

In Anbetracht der Tatsache, dass 90 Prozent der Monarchfalter aufgrund von Roundup Ready-Kulturen verschwunden sind und wir ein von Wissenschaftlern so genanntes »Insektensterben« erleben, ist die Verwendung von GVO-Soja wohl kaum eine »umweltfreundliche Option«. Mit Roundup gespritztes GVO-Soja hat bereits massive ökologische Zerstörungen verursacht. Mit Roundup besprühtes GVO-Soja, das durch die Zerstörung des Amazonas, Argentiniens oder der US-Farmen angebaut wird, ist zwar »pflanzlich«, hat aber verheerende Auswirkungen auf den Planeten und die Gesundheit der Menschen, wie die vorsätzliche Brandrodung des Amazonas, der Lunge der Welt, beweist. Die Zerstörung von Wäldern wie dem Amazonas trägt nicht nur zum Klimanotstand bei, sondern auch zu Pandemien und dem Gesundheitsnotstand.[70] Die Abholzung von Wäldern für die Agrarindustrie, einschließlich GVO-Soja, ist für 20 Prozent der Treibhausgasemissionen verantwortlich.

Zudem ist Roundup ein bekanntes Karzinogen. Jüngste Gerichtsverfahren haben die Verbindung von Roundup zu Krebs bestätigt. Die jüngste Zahl der Gerichtsverfahren im Zusammenhang mit Glyphosat gegen die Bayer AG, die Monsanto, den Hersteller von Roundup, aufgekauft hat, beläuft sich auf 125.000 in den USA.[71] Bayer hat die Verfahren und auch die Berufungsverfahren verloren.

Die Investition in Roundup Ready GVO-Sojaprodukte »auf pflanzlicher Basis« ist nicht nur unverantwortlich gegenüber der Gesundheit der Menschen, sondern auch blind gegenüber dem Markt, da sich die Schadenersatzzahlungen im Zusammenhang mit Krebsfällen häufen.[72]

GVO-Soja ist eine Bedrohung für die Gesundheit des Planeten und der Menschen; es kann nicht die Lösung für den Klimanotstand und den Gesundheitsnotstand sein. In einer Zeit, in der weltweit die

Bewegung für ein Verbot von GVO und Roundup wächst, führt die Werbung für GVO-Soja als pflanzliches »Kunstfleisch« den Esser in die Irre, sowohl was die Benennung des Burgers als auch die Behauptung der Sicherheit angeht. Verfälschte »pflanzliche« Nahrungsmittel, die auf mit Roundup gespritztem GVO-Soja basieren, erhöhen das Krebsrisiko. Der »Impossible Burger« hat den Spitznamen »Krebs-Burger« erhalten.[73]

Es gibt eine begriffliche Verwirrung im Zusammenhang mit gefälschten Nahrungsmitteln. Während behauptet wird, durch »pflanzliche« Nahrungsmittel vom Fleisch wegzukommen, geht es bei »Fleischersatz« um den Verkauf fleischähnlicher Produkte. Die im Labor hergestellten Zutaten wurden nicht auf Sicherheit geprüft. Pat Brown erklärt: »Wir verwenden gentechnisch veränderte Hefe, um Häm zu produzieren, das ›magische‹ Molekül, das Fleisch wie Fleisch schmecken lässt – und den Impossible Burger zum einzigen pflanzlichen Produkt macht, das die köstliche Geschmacks- und Aromaexplosion liefert, nach der Fleischesser verlangen.«[74]

Ich dachte, pflanzliche Ernährung sei etwas für Veganer und Vegetarier, nicht für Fleischliebhaber. Bei dem »pflanzenbasierten« wirtschaftlichen Goldrausch geht es um Gewinne, nicht um Sorge um den Planeten und die Menschen, um die Pflanzen und Tiere, die uns ernähren, auch nicht um den Lebensunterhalt unserer Kleinbauern und die kleinen Molkereien, die unsere Versorger sind.

Fabrikfarmen sind das Problem, nicht die Kühe

Die Symbiose und Synergie zwischen Tieren und Pflanzen ist für die Erneuerung der Bodenfruchtbarkeit von entscheidender Bedeutung. Tiere fressen Stroh und Gras und geben uns organischen Dünger, der die Bodenorganismen nährt, die wiederum Nahrung für die Pflanzen liefern, die uns ernähren.

Kühe sind Pflanzenfresser. Ihre Nahrung besteht aus Gras und Stroh. Um faserreiche Nahrung zu verdauen, haben Kühe und andere Pflanzenfresser vier Mägen. Künstliche Futtermittel tun der Kuh

Gewalt an. Kühe, die mit ausgelassenem Fleisch toter infizierter Kühe gefüttert wurden, haben uns den Rinderwahnsinn beschert.[75]

Das Verdauungssystem der Kühe ist nicht an Getreide-Kraftfutter angepasst. Deshalb stinken die Tiere in Massentierhaltung und verursachen Luft- und Wasserverschmutzung. Massentierhaltungsbetriebe stoßen das Treibhausgas Methan aus, weil die Tiere in großen Konzentrationen gehalten und mit Soja-Kraftfutter gefüttert werden. Bill Gates leugnet die Biologie der Pflanzenfresser, die Synergie zwischen Pflanzen, Tieren und Menschen, und gibt der Kuh und nicht der Massentierhaltung die Schuld für die Klimazerrüttung.

»Wenn man in den Magen eines Menschen schaut, findet man nur eine Kammer, in der die Nahrung verdaut wird, bevor sie in den Verdauungstrakt gelangt. Aber wenn Sie in den Magen einer Kuh schauen, finden Sie vier Kammern [...], die Methan produzieren.«[76]

Bill Gates unwissenschaftliche Behauptung, dass die Mägen von Pflanzenfressern Methanemissionen verursachen, ist eindeutig falsch. Sonst würden Pflanzenfresser und Wiederkäuer wie Hirsche und Rentiere, Bisons, Schafe und Ziegen Methan ausstoßen. Die Wälder und Prärien stinken nicht so wie die Fabrikbetriebe. Das Methanproblem der Massentierhaltung hat nichts damit zu tun, dass Kühe Pflanzenfresser sind, sondern damit, dass ihnen echte Nahrung vorenthalten wird, sie in Fabriken eingesperrt sind und mit verfälschtem Kraftfutter gefüttert werden. Falsches Essen für Menschen zu fördern, weil falsches Essen für Kühe in Massentierhaltung ein Methanproblem verursacht hat, bedeutet, die Krankheit als Heilmittel zu verkaufen.

Die Methanemissionen von Kühen, die auf natürliche Weise mit Gras und Stroh gefüttert werden, sind sehr gering und werden von den methanotrophen Mikrooranismen, die sich von Methan ernähren, abgebaut – sie sind also kein Problem für die Klimaveränderungen. Methan stinkt. Die Kühe auf unseren kleinen Bauernhöfen und in kleinen Molkereien stinken nicht. Sie haben ein wunderbares natürliches Aroma. Alle ökologischen Systeme beruhen auf dem Zusammenwirken von

Pflanzen und Tieren. Regenerative ökologische Systeme, die auf der Wissenschaft der Agrarökologie beruhen, kehren die Klimakrise um.

Es gibt eine Synergie zwischen Tieren, Böden und Landwirtschaft. Die Landwirte versorgen die Tiere mit Nahrung, und die Tiere versorgen den Boden mit Dünger, was die Bodenfruchtbarkeit erhöht und verbessert. Außerdem erhöhen richtige Tierhaltungssysteme die organische Substanz des Bodens, indem sie der Atmosphäre CO_2 entziehen, so dass Kühe eine Lösung für die Umkehrung der Klimazerrüttung darstellen.

Hingegen machen in der industriellen Landwirtschaft aus Chemiedünger stammende Stickoxide und Ammoniak, das CO_2 aus dem Verlust organischer Bodensubstanz, der Diesel aus den riesigen Traktoren und dergleichen einen erheblichen Teil – bis zu 50 Prozent – der anthropogenen Treibhausgasemissionen aus. Falsche Nahrungsmittel nähren die Klimakrise. Regenerativ gehaltene Kühe kehren die Klimakrise um.[77] Das industrielle, konzerngesteuerte System, das uns die Klimazerrüttung beschert hat, wird als Scheinlösung hingestellt, und die wirklichen Lösungen werden auf die lange Bank geschoben, damit Konzerne und Milliardäre weiter Profit machen können. Die ökologischen, kleinen, dezentralisierten Systeme, die die Lösung sind, werden auf Grundlage von falscher Wissenschaft und falschen Medien kriminalisiert.

Die Alternative zur Massentierhaltung besteht nicht darin, die Tiere loszuwerden. Sie besteht darin, sie mit Sorgfalt, Liebe und Respekt zu behandeln, wie es indigene Kulturen tun. Die Grausamkeit gegenüber Tieren ist in das industrielle Nahrungsmittelsystem eingebaut. Die Gewalt gegen Tiere in der Massentierhaltung ist von Profit und Gier getrieben. Wir können der Tierquälerei ein Ende setzen, indem wir die Massentierhaltung abschaffen und die Subventionen beenden, die die Massentierhaltung fördern und die kleinen Bauernhöfe zugrunderichten.

Wenn man zulässt, dass Profite und Gier falsche Nahrungsmittel fördern, echte Lebensmittel verdrängen und Nutztiere und souveräne Kleinbauern in den Ruin treiben, dann ist das Gewalt gegen die

Tiere und die Kleinerzeuger, die auf sie angewiesen sind, um ihren Lebensunterhalt zu verdienen. Fake-Labornahrung zu promoten und dadurch die kleinen Bauernhöfe auszulöschen, die wiederum kleine Molkereien beliefern, ist nicht das Ende der Grausamkeit. Diese geplante Auslöschung ist die größte Grausamkeit.

Fake Food ist eine Vergewaltigung des Lebensmittels als lebendiges System, welches uns mit dem Ökosystem und anderen Lebewesen verbindet. Künstliche Nahrungsmittel zu fördern, zeugt von Unkenntnis der Vielfalt der Kulturen, die eine Vielfalt von Pflanzen und Tieren in ihrer Ernährung verwendet haben. Die Menschen haben über Jahrtausende hinweg gewaltfreie Beziehungen zu Tieren gepflegt. Unsere Kühe sind heilig. Wir haben Zeremonien für sie. Wir haben Ehrfurcht vor ihnen. Wir kümmern uns um sie als Teil unserer Familie.

Die gewalttätige Beziehung ist Teil des industriellen Zeitalters der Massentierhaltung. Gewalt oder Gewaltlosigkeit, das ist der wahre Prüfstein für unsere Beziehung zu unseren Verwandten in der Pflanzen- und Tierwelt.

Der Weg zu künstlicher Nahrung beginnt mit Fleisch. Aber auch künstliche Milch wird gefördert. Kürzlich brachte das von Ryan Pandya und Perumal Gandhi mitgegründete Start-up-Unternehmen Perfect Day die erste »tierfreie« Eiscreme auf den Markt. Sie haben Mikroben mit Hilfe der Gentechnik tierische Proteine zugeführt und sie zur Herstellung von Proteinen verwendet, »die mit denen einer Kuh identisch sind«. Wie Pandya erklärt, hat ihr synthetisches Produkt das »Herz und die Seele einer Pflanze, ist aber ein tierisches Protein«.[78] Gates wirbt sogar für künstliche Muttermilch als Lösung für die Klimazerrüttung!

Trotz der bekannten Gefahren, die von Muttermilchersatzprodukten ausgehen, und ungeachtet der Vorschriften hat sich der Wettlauf um die Entwicklung von Muttermilchersatzprodukten verschärft. Die auf die Klimakrise spezialisierte Investmentfirma von Bill Gates, Breakthrough Energy Ventures, hat 3,5 Millionen Dollar in das Unternehmen BIOMILQ investiert, das auf die Ernährung von Säuglingen abzielt, indem es versucht, Muttermilch im Labor zu reproduzieren und so eine Lösung für die Klimazerrüttung zu finden! Es überrascht natürlich nicht, dass für BIOMILQ ein Patent angemeldet wurde. Der Trend der letzten Jahrzehnte, aus dem Leben und seinen Prozessen Profit zu schlagen, besteht darin, Ersatz für natürliche ökologische Prozesse zu finden und diese dann zu patentieren.[79]

Künstliche Nahrungsmittel werfen zahlreiche ethische und begriffliche, ökologische und wirtschaftliche Fragen auf. Ist im Labor hergestellte synthetische Milch »Muttermilch«? Ist Kuheiweiß, das mit Hilfe von Mikroben im Labor hergestellt wird, ein »pflanzliches Produkt«? Ist es Tierschutz, Kühe und andere Tiere abzuschaffen und sie aussterben zu lassen? Handelt es sich hier um Gewalt oder Gewaltlosigkeit?

Die schiefe Bahn von Fake Food, auf die wir heute durch Fleisch und Milchprodukte ohne die lebenden Tiere als empfindungsfähige Wesen und unsere Verwandten in der Erdenfamilie geraten, wird morgen dazu führen, dass wir keine Pflanzen mehr brauchen. Alle Lebensmittel können im Labor synthetisiert und gentechnisch verändert werden. Die Monsantos und Gates sprechen bereits von einer Landwirtschaft ohne Landwirte und von Nahrungsmitteln ohne Landwirtschaft. Und Big Tech spricht bereits davon, dass 99 Prozent der Menschen in Zukunft nutzlos sein werden, weil KI und Roboter sie ersetzen werden. Anderen Lebewesen das Recht auf Leben abzusprechen und Arten und Menschen als Wegwerfartikel zu behandeln, ist die äußerste Form von Gewalt.

Wenn wir zulassen, dass Gier und Gewalt regieren, werden wir eine weitere Zerstörung der biologischen Vielfalt, eine weitere Zerstörung des Klimas, mehr Pandemien und mehr chronische Krankheiten haben.

Wir können uns entweder für eine Zukunft entscheiden, die die Gewalt der industriellen Nahrungsmittelsysteme gegen Bauern, Tiere, Pflanzen und den Planeten verstärkt, indem wir uns an der Konzernvision einer Landwirtschaft ohne Landwirte, ohne Tiere und ohne Artenvielfalt beteiligen – oder wir können uns für eine gewaltfreie Zukunft entscheiden, die auf Erddemokratie beruht: gewaltfrei mit allen Lebewesen zusammenzuleben, ihr Recht auf ein gewaltfreies Leben und unsere Pflicht anzuerkennen, sie zu respektieren und ihnen Liebe und Fürsorge zuteil werden zu lassen. Anstelle der von Gier getriebenen Nahrungsmittelsysteme, die uns Klimazerrüttung und Krankheitspandemien beschert haben, müssen wir unsere kleinbäuerliche Wirtschaft mit kleinen Viehbeständen als Lösung sowohl für die Katastrophe der öffentlichen Gesundheit als auch für den Klimanotstand schützen und fördern.

Nutztiere, die in biodiverse agrarökologische Systeme integriert sind, bieten eine Alternative zu einem auf fossilen Brennstoffen beruhenden Nahrungsmittel- und Landwirtschaftssystem, das uns 50 Prozent der Emissionen beschert hat. Sie sorgen für Bodenfruchtbarkeit und erneuerbare Energie. Und wenn sie mit gesundem Gras gefüttert werden, stoßen die Nutztiere kein Methan aus.

Gates Ag One ist der Plan, eine Handvoll Pflanzen auf sehr großen Farmen mit Drohnen und Robotern, intensivem Chemieeinsatz und GVO anzubauen, um »Rohstoffe« aus Kohlenhydraten und Proteinen für Labornahrung zu produzieren. Der Landraub bedeutet das Ende der Landwirte und das Ende echter Lebensmittel, die mit dem Land verbunden sind und uns ernähren.

Der Goldrausch mit künstlich im Labor hergestellten Nahrungsmitteln dient dem Gold, nicht unserer Gesundheit oder der Gesundheit des Planeten. Er wird den Gesundheitsnotstand und den Klimanotstand verschlimmern.

Industrielle Betriebe verbrauchen zehn bis hundert Mal mehr Energie als ökologische Betriebe. Mit energieintensiver Digitalisierung und Überwachung könnten industrielle Betriebe eintausend bis zehntausend Mal mehr Energie verbrauchen als kleine ökologische Betriebe.

Frisches Gemüse verbraucht bei der Produktion und Verarbeitung keine externe Energie. Die Hyper-Verarbeitung von Labornahrungsmitteln wird hunderttausendmal mehr Energie verbrauchen, um das Rohmaterial zu erzeugen, es in Labors zu verarbeiten, zu verpacken und über weite Strecken zu transportieren.

Ultra-verarbeitete Nahrungsmittel haben uns krank gemacht. Gefälschte, synthetische, künstliche Nahrungsmittel, die von Big Tech als Innovation angepriesen werden, machen uns noch kränker.

Unsere Ländereien wurden von den Kolonisatoren angeeignet, indem sie sie als unterentwickelt bezeichneten.

Das Giftkartell hat sich unser Saatgut unter den Nagel gerissen, indem es als unterentwickelt bezeichnet wurde.

Jetzt wird unsere Nahrung von Big Tech vereinnahmt, indem Lebewesen, die uns ernähren, als »unterentwickelte Technologie« bezeichnet werden.

Pat Brown von Impossible Food erklärt weiter: »Wenn wir eines wissen, dann, dass es nur eine Frage der Zeit ist, bis das Spiel vorbei ist, wenn eine uralte, unterentwickelte Technik auf eine bessere Technik trifft, die ständig verbessert werden kann.« Er fügte hinzu: »Ich denke, unsere Investoren sehen darin eine Chance von drei Billionen Dollar.«[80]

Dies ist der verdammte Hunger nach Gold.

Tiere als »unterentwicklte Technologie« zu bezeichnen, bedeutet, ihre Autonomie, ihren Eigenwert, ihr Recht zu leben und ihr Recht, uns Nahrung zu geben, zu leugnen. Tiere sind fühlende Wesen, keine »unterentwickelte Technologie«. In unserer Kultur ist die Kuh unsere Mutter, unsere Gau Mata. Lebewesen als »unterentwickelte Technik« zu bezeichnen, ist eine Erklärung der Entbehrlichkeit, der Entsorgbarkeit, der Ausrottung von Menschen und Tieren. Die Durchführung des Aussterbens ist ein sehr lukratives Geschäft, da die künstlichen Ersatzstoffe gewaltsam durchgesetzt und durch Patente monopolisiert werden. So gibt es zum Beispiel 14 Patente im Zusammenhang mit Impossible Burger.[81]

Die Tech-Milliardäre nutzen die steigenden Lebensmittelpreise, um einen Markt für falsche, künstliche Labornahrung zu schaffen, die sie als »Food Tech« bezeichnen. Mehr Industrialisierung von Nahrungsmitteln bedeutet schlechtere Nahrungsmittel und mehr Krankheiten, nicht bessere Lebensmittel und mehr Gesundheit. Die Größe des Marktes für künstliche Nahrungsmittel oder FoodTech wurde für

2020 auf 369 Milliarden Dollar geschätzt. Pitchbook prognostiziert, dass dieser Markt bis 2025 auf 777 Milliarden Dollar ansteigen wird – ein Zuwachs von 47 Prozent innerhalb eines halben Jahrzehnts.[82]

Mehr falsche Nahrungsmittel bedeuten mehr Krankheit für die Menschen und mehr Gewinne für die gierige Wirtschaft. Da dieselben Milliardäre, die in falsche Nahrungsmittel investieren, auch große Anteile an Big Pharma halten, werden mehr chronische Krankheiten aufgrund von künstlichen Nahrungsmittel ihre Gewinne steigen lassen, während die Menschen leiden.

Das ist das Gegenteil von Ernährungssouveränität, Ernährungsautonomie und Ernährungsautarkie. Es ist die Verfestigung der Kontrolle der Milliardäre und des Giftkartells darüber, was wir anbauen, wie wir es anbauen und was wir essen. Und es wird das Desaster des allgemeinen Gesundheitszustandes vergrößern, da die Menschheit bereits mit ultra-verarbeiteten Nahrungsmitteln belastet ist, die die Integrität unseres Körpers und unseres Darmmikrobioms verletzen.

* * *

Diese Annahme, dass wir von den Bedingungen unseres Lebens und unseres Wohlergehens getrennt sind, ist die Ursache für die Verletzung der Rechte der Erde und das Recht der Menschen auf Leben, Land, Nahrung und Wasser.

Die Öko-Apartheid beschleunigt und vertieft sich, weil falsche Lösungen für die planetarischen Krisen propagiert werden, die durch die Verletzung der Grenzen und Gesetze der Natur entstanden sind. Hinzu kommen weitere Verstöße gegen die Gesetze der Erde, die Rechte der Erde und die Menschenrechte.

Das industrielle System fördert nun die **Dystopie** einer digitalisierten Landwirtschaft und der »Landwirtschaft ohne Landwirte« sowie gefälschte »bauernhoffreie« Nahrungsmittel – im Labor hergestelltes Fleisch, Labormilch, Laborkäse, Laborfisch und sogar im Labor hergestellte Muttermilch. Die Daten der Landwirte werden abgesaugt, durch Algorithmen verarbeitet und als externer Input zurückverkauft. Aus diesem Grund sind »Daten das neue Öl«, der neue »fossile

Brennstoff«, der die Landwirtschaft nicht erneuerbar macht, der Lebensmittel und das Wissen über den Anbau von Lebensmitteln zu knappen Ressourcen werden lässt, die teuer gekauft werden müssen.

Die Ideen der »Landwirtschaft ohne Landwirte« und »Nahrungsmittel ohne Bauernhöfe« sind eine Fortsetzung der falschen Annahme der ökologischen Apartheid – dass wir von der Natur getrennt sind und außerhalb der lebensspendenden Prozesse der Erde leben können.[83]

Essen ist Nahrung. Gutes Essen ist Gesundheit. Nahrung ist der Fluss, der unsere Beziehung zur Erde verkörpert, materiell, biologisch, ernährungsmäßig und ökologisch.

Lebensmittel sind die Währung des Lebens. Sie sind die Verbindung zwischen uns, der Erde und anderen Arten. Wir sind Teil des Lebensnetzes, das ein Nahrungsnetz ist. Das Nahrungsnetz webt das Netz des Lebens: in Zusammenarbeit und auf Gegenseitigkeit. Nahrung ist der Stoffwechsel, der die Menschen mit der Erde, dem Land und der Stadt, der biologischen und kulturellen Vielfalt verbindet. Lebensmittel können den metabolischen Riss* zwischen Mensch und Natur, Individuum und Gemeinschaft, Stadt und Land überwinden. Lebensmittel können die tiefe Spaltung und Ungleichheit in der Gesellschaft überwinden. Lebensmittel sind ein Menschenrecht. Durch Lebensmittel können wir gerechte und nachhaltige Gemeinschaften und Gesellschaften schaffen.

Die Kommerzialisierung von Lebensmitteln und globalisierte Lieferketten über weite Wege, die von einer Handvoll Konzerne kontrolliert werden, haben die Beziehung zwischen dem Land und der Stadt zerrissen und den Riss im Stoffwechsel vertieft. Dies hat zur Klimazerrüttung als einer Stoffwechselstörung von Gaia, einem sich selbst regulierenden lebenden Organismus, und zu Stoffwechselstörungen bei den Menschen beigetragen, die zu einer explosionsartigen Zunahme nicht übertragbarer chronischer Krankheiten führen.

* Der metabolische Riss bezeichnet eine Unterbrechung des Stoffkreislaufs, des Stoffwechsels.

Landwirtschaft im Sinne von Earth Care [Fürsorge für die Erde] verbindet den Respekt vor der Erde mit der Gerechtigkeit für die Bauern, ihrem Recht auf ihre Ressourcen, ihr Saatgut, ihr Land, ihr Wasser, ihr Wissen, dem Recht auf eine unabhängige, souveräne Lebensgrundlage und dem Recht aller Menschen auf gesunde, vielfältige, chemiefreie Lebensmittel, das im Recht auf Nahrung und im Recht auf Gesundheit verankert ist.

Das grüne Blatt ist die Grundlage des Lebens und der Nahrung. Es wird dann von Tieren, einschließlich des Menschen, verarbeitet, um die Nahrung zu liefern, die das Leben der verschiedenen Arten erhält. Die Eingeweide der verschiedenen Arten sind komplexe Ökosysteme, die auf unterschiedliche Weise so gestaltet sind, dass sie verschiedene Nahrungsmittel verdauen, um die verschiedenen Enzyme, Proteine und Nährstoffe zu produzieren, die Gesundheit schaffen. Biodiversität ist die Gesundheit des Planeten und seiner vielfältigen Arten. Die meisten chronischen Krankheiten werden mit der Zerstörung des Darmmikrobioms in Verbindung gebracht, und zwar sowohl durch die Einwirkung von Giftstoffen als auch durch die Einseitigkeit der Ernährung. Die mediterrane und die indische Ernährung tragen anerkanntermaßen zur Gesundheit bei, weil sie biodivers sind.[84]

Ökologische Wissenschaften und ökologische Technologien beruhen auf der Erkenntnis, dass zwischen Mensch und Natur, zwischen verschiedenen Organismen und innerhalb aller lebenden Systeme, einschließlich des menschlichen Körpers, Verbindungen und Wechselbeziehungen bestehen. Die ökologischen Wissenschaften haben sich daher als ökologische und systemische Wissenschaften entwikkelt, nicht als fragmentierte und reduktionistische Wissenschaften. Die Ernährungsgewohnheiten haben sich entsprechend dem Klima und der lokalen Artenvielfalt der Pflanzen entwickelt, die das Klima zulässt. Die Artenvielfalt von Boden, Pflanzen und unserem Darmmikrobiom ist ein Kontinuum. In der indischen Zivilisation sind Techniken Werkzeuge. Werkzeuge müssen nach ethischen, sozialen und ökologischen Kriterien beurteilt werden. Werkzeuge und Techniken wurden nie als Selbstzweck betrachtet. Sie wurden im Zusammenhang mit ihrem Beitrag zum Wohlergehen aller bewertet.

Durch künstliche Nahrungsmittel werden die Evolution, die biologische Vielfalt und das Netz des Lebens in eine »veraltete, unterentwickelte Technik« umdefiniert, in Unkenntnis des hochentwickelten Wissens, das sich zusammen mit den Pflanzen in verschiedenen Landwirtschafts- und Lebensmittelkulturen, in verschiedenen Klimazonen und Ökosystemen entwickelt hat, um die biologische Vielfalt, die Ökosysteme, die Gesundheit der Menschen und des Planeten zu erhalten und zu erneuern.

Künstliche Nahrungsmittel bauen somit auf anderthalb Jahrhunderten Nahrungsmittelimperialismus und Nahrungsmittelkolonialisierung unserer vielfältigen Nahrungsmittelkenntnisse und -kulturen sowie der Kolonialisierung von Pflanzen auf, wobei die biologische Vielfalt von Pflanzen, Kenntnissen und Intelligenzen außer acht gelassen wird.

Wir müssen unsere Ernährungskulturen und unsere Köpfe vom Nahrungsmittelimperialismus entkolonialisieren!

Zu den neuen Akteuren, die die Fake Food-Agenda vorantreiben, gehören Unternehmen wie Beyond Meat und Impossible Foods, aber auch traditionelle Fleischhersteller wie Tyson Foods Inc, Maple Leaf Foods Inc und Perdue Farms.[85]

Big Tech investiert auch in Fake Food, Lab Food, synthetische Nahrungsmittel. Synthetische Biologie bedeutet, dass die DNA eines Organismus umgestaltet wird, um etwas völlig Neues zu schaffen, was grenzenlose Anwendungen in verschiedenen Bereichen ermöglicht, wie zum Beispiel »künstliches Fleisch« und andere »künstliche Nahrungsmittel«, Landwirtschaft, neue technische Rohstoffe und Arzneimittel.

Einer der größten Investoren in diesem Sektor ist Microsoft-Gründer Bill Gates. Zu seinen frühen Investitionen gehören Beyond Meat, Ginkgo Biowork – ein Unternehmen, das maßgeschneiderte Mikroben entwickelt – sowie Pivot Bio, ein Biotech-Startup, das sich auf die Herstellung stickstoffbindender Mikroben konzentriert.

Eric Schmidt, Mitbegründer von Google, hat über die Risikokapitalfirma Innovation Endeavors in mehrere Unternehmen der synthetischen Biologie investiert. Zu seinem Portfolio im Bereich der synthetischen Biologie gehören Zymergen, Bolt Threads, GRO Biosciences und Ukko.

Peter Thiel, Mitbegründer von PayPal, Palantir Technologies und Founders Fund, einer weltbekannten Venture Capital-Firma* und auch der erste Investor in Facebook, hat zusammen mit Schmidt in Bolt Threads investiert und unterstützt auch Synthego und Emerald Cloud Lab.

Marc Andreessen, Gründer von Netscape und Andreessen-Horowitz, investierte in Benchling, ein Unternehmen, das Tools für die digitale Entwicklung von DNA anbietet. Weitere namhafte Investoren im Bereich der synthetischen Biologie sind Vinod Khosla (Sun Microsystems), Jerry Yang (Yahoo!), Bryan Johnson (Venmo) und Max Levchin (PayPal).[86]

Die Hybris des Geoengineering als Lösung für die Klimazerrüttung: Verschmutzung kann keine Lösung für Probleme sein, die durch Verschmutzung verursacht werden

Gaia ist ein lebendiger Organismus. Leben ist selbstorganisierte Komplexität in Beziehungen.

Die Erde hat ihr Klima und ihre Temperatur über 4 Milliarden Jahre hinweg reguliert.

Die Verschmutzung der Atmosphäre durch die Freisetzung von Treibhausgasen aus Kohle, Öl und Gas hat zu einer Verstärkung des Treibhauseffekts geführt, der zusätzliche Wärme festhält. Dies ist die Ursache der »globalen Erwärmung« und der Klimainstabilität.

* Venture Capital, zu deutsch Wagniskapital, ist einem riskanten Unternehmen bereitgestelltes Geld (Kapital). Der Beweggrund für die Geldgeber ist die Aussicht auf außerordentliche Profite. Beispiel: Kolumbus Ausstattung für den Seeweg nach Indien. Heutige VC-Gesellschaften sorgen durch ihre Verflechtungen nicht selten dafür, dass die Unternehmen, in die investiert wird, zum Erfolg werden.

Die Verschmutzung durch fossile Brennstoffe ist die Hauptursache der Klimazerrüttung. Gier und Herrschaft und der mechanistische reduktionistische Verstand bieten nun neue Verschmutzung als Lösung für die bisherige Verschmutzung an.

Die planetarische Notlage veranlasst die Milliardäre dazu, nach neuen Möglichkeiten der Kontrolle und des Geldverdienens zu suchen, um die Erde in planetarischem Maßstab zu manipulieren. Geoengineering ist das jüngste Beispiel dafür, wie der mechanistische Verstand versucht, das Leben auf der Erde zu »konstruieren«.[87]

Das mechanistisch-reduktionistische **Paradigma** behandelt lebende Organismen, einschließlich der Erde, als Maschinen, die man manipulieren kann. Die gentechnische Veränderung von Organismen und das Geoengineering sind eine Fortsetzung des **Anthropozentrismus** und der ökologischen Apartheid. Die Gates-Stiftung und die Harvard-Universität planen, Sulfat-Aerosole in die Stratosphäre einzubringen, um die Sonne abzuhalten und so die Klimazerrüttungzu bekämpfen und die Atmosphäre und das Klima der Erde zu beeinflussen.

Diejenigen, die uns in die Sackgasse geführt haben und uns nun im Eiltempo auf den Abgrund zusteuern, sind geblendet von grenzenloser Gier, Profit und Kontrolle, gleichgültig gegenüber den Kosten und lebensbedrohlichen Gefahren, die sie der Erde und den Menschen aufhalsen. Die Schwachstellen liegen im reduktionistischen, mechanistischen wissenschaftlichen Paradigma begründet, das die Komplexität und Vielfalt lebender Systeme nicht berücksichtigt und falsche Erzählungen über das Nahrungsmittelsystem kreiert, die Schaden anrichten, und diesen Schaden dann vertuschen.

So wie jedes Jahr nicht erneuerbares gentechnisch verändertes Saatgut gekauft werden muss, müsste auch jedes Jahr eine gezielte Klimaveränderung durch Geoengineering vorgenommen werden. Laut Jennie Stephens und Kevin Surprise wären für diese Scheinlösung 95 Flugzeuge mit 41 Flügen pro Tag und 60.109 Flügen pro Jahr von vier Basen aus erforderlich, um 1,5 Milliarden Tonnen Schwefel in die Stratosphäre zu bringen, was 36 Milliarden Dollar kosten würde.[88]

Die Verschmutzung durch Aerosole in der Atmosphäre zu erhöhen, um die Sonne zu blockieren, beruht auf Hybris, Ignoranz und Arroganz. Das Leben auf der Erde wird durch die Energie erst ermöglicht, die wir von der Sonne erhalten. Diese Energie wird vom grünen Blatt durch Photosynthese umgewandelt, bei der aus Kohlendioxid Sauerstoff und Kohlenhydrate entstehen, die den Bedarf aller Lebewesen decken.

Ökologisch gesehen beruht alles Leben auf Pflanzen. Sie sind die Grundlage des Lebens auf der Erde. Wie Sir Albert Howard im *Testament der Landwirtschaft* schreibt: »Die Energie für die Wachstumsmaschinerie kommt von der Sonne, das Chlorophyll im grünen Blatt ist der Mechanismus, durch den diese Energie aufgefangen wird; die Pflanze wird dadurch in die Lage versetzt, Nahrung herzustellen, Kohlenhydrate und Proteine aus dem Wasser und anderen von den Wurzeln aufgenommenen Stoffen und dem Kohlendioxid der Atmosphäre zu synthetisieren. Die Effizienz des grünen Blattes ist daher von größter Bedeutung: Von ihr hängen die Ernährung des Planeten, unser Wohlbefinden und unsere Aktivitäten ab. Es gibt keine alternative Nährstoffquelle. Ohne das Sonnenlicht und das grüne Blatt wären unsere Industrien, unser Handel, unsere Besitztümer bald nutzlos.«

Das Saatgut wächst mit dem Segen der Sonne zu Pflanzen heran, die zum grünen Mantel der Erde werden und einen Teil der Pflanzen als organisches Material in den Boden zurückgeben, um lebendigen Mutterboden zu schaffen und den Menschen und allen Lebewesen all ihre Bedürfnisse nach Nahrung, Kleidung und Unterkunft zu erfüllen.

Pflanzen als Grundlage des Lebens lehren uns Gesundheit und Wohlbefinden. Sie lehren uns das Leben: was Leben ist; wie man lebt. Doch ein profitorientiertes, mechanistisches, industrielles Nahrungsmittel- und Landwirtschaftssystem, das auf der Manipulation und Versachlichung von Pflanzen beruht, hat uns Krankheiten und Hunger beschert.

Das technische Denken ignoriert sowohl den Segen der Sonne als auch die neue Umweltverschmutzung. Die Blockierung der Sonne verringert die Photosynthese, die Fähigkeit der Biosphäre, Kohlendioxid zu absorbieren, und die Nahrungsmittelproduktion. Die Blockierung der Sonneneinstrahlung verhindert die Bildung von Vitamin D, des Sonnenscheinvitamins, und verschlimmert den Vitamin-D-Mangel, der zu Osteoporose und Muskelschwäche beiträgt, und führt zu einem Anstieg der entzündlichen Zytokine, die das Risiko von Lungenentzündungen und viralen Infektionen der oberen Atemwege erhöhen. Sulfat-Aerosole vermischen sich mit Wasser, Sauerstoff und anderen Chemikalien und bilden sauren Regen.

Die Sami haben das Gates-Harvard-Geoengineering-Projekt in Schweden gestoppt und mobilisieren indigene Gemeinschaften weltweit, um diesen Krieg gegen die Erde zu stoppen, der eine falsche Lösung für die Klimazerrüttung darstellt und das Problem durch weitere Störungen des Klimas und der Biosphäre verschlimmern wird.[89]

»Net Zero« und die Finanzialisierung der Natur: Fake Green, Fake Science und Fake Economics schützen weder den Planeten noch die Menschen

Eine Wirtschaft der Gier ist für die Luftverschmutzung verantwortlich, die zur Klimazerrüttung führt. Die Reichen, die das Problem geschaffen haben, wollen nun mit falschen Klimalösungen und der Verschärfung der Klimaungerechtigkeit noch mehr Geld verdienen. Genau die Leute, die die Verschmutzung verursacht haben, fahren fort, die Umwelt zu verschmutzen, fliegen in Privatjets und segeln auf riesigen Yachten, während sie ihre Macht nutzen, um falsche technische und finanzielle Lösungen für die Klimazerrüttung durchzusetzen.

Die Milliardäre und das Giftkartell, die für die Probleme der Luftverschmutzung und der Klimazerrüttung verantwortlich sind, sprechen von Net Zero (»Netto-Null«) als Lösung für das Problem der Klimazerrüttung, anstatt von »Real Zero«. Real Zero ist die Pflicht, die Verschmutzung zu stoppen. CO_2-Kompensationen und der neue Buchhaltungstrick »Netto-Null« bedeuten nicht null Emissionen. Es bedeutet, dass die reichen Umweltverschmutzer weiterhin die Umwelt verschmutzen und sich auch das Land und die Ressourcen derjenigen aneignen, die nicht verschmutzt haben – indigene Völker und Kleinbauern – für Kohlenstoffausgleichsmaßnahmen, für die sie die Berechnungen und Regeln schreiben.[90]

Echte Landwirtschaft ist die Pflege des Bodens und der Anbau von echten Lebensmitteln für die Versorgung der Menschen.

Echte Landwirtschaft beruht auf biologischer Vielfalt und erzeugt biologische Vielfalt.

Mehr biologische Vielfalt regeneriert den Boden und unsere Gesundheit, indem sie die Vielfalt an Nährstoffen, Spurenelementen und sekundären Pflanzenstoffen liefert, die Pflanzen und unser Darmmikrobiom benötigen.

In der neuen »Netto-Null«-Welt wird die Souveränität der Bauern nicht verteidigt, sie erhalten keinen fairen und gerechten Preis dafür, dass sie Hüter des Landes sind, sich um die Erde kümmern, gesunde, biodiverse Lebensmittel durch ökologische Prozesse anbauen, die unsere Gesundheit und die landwirtschaftlichen Systeme als Ganzes schützen und regenerieren. Sie werden für Fragmente der ökologischen Funktionen des Systems bezahlt, die extrahiert, gemessen, quantifiziert, bewertet und in der neuen »Net Zero«-Fake-Lösung für das Klima gehandelt werden können, die auf einer falschen Kalkulation und einer falschen Wissenschaft beruht. Diese erlaubt es den Verursachern, ihre Emissionen fortzusetzen, während sie die Kontrolle über das Land der Ureinwohner und Kleinbauern übernehmen. Net Zero ist eine neue Strategie, um Kleinbauern über eine gefälschte Kohlenstoffbilanzierung loszuwerden.

Die Bayer AG hat eine Kohlenstoff-Initiative, um Bauern dazu zu bringen, sich an Kohlenstoffmärkten zu beteiligen, anstatt gute und gesunde Lebensmittel anzubauen und dafür einen fairen Preis zu erhalten.[91] Bayer-Monsanto und Syngenta, die aufgrund des von ihnen geförderten industriellen Nahrungsmittelsystems für etwa 50 Prozent der Treibhausgasemissionen verantwortlich sind, unterstützen in den USA den Growing Climate Solutions Act (GCSA), einen Gesetzesentwurf, der die regenerative Landwirtschaft davon abhalten würde, die Erde in ihrer Vielfalt und Integrität zu regenerieren, und stattdessen den Boden zu einer Kohlenstoffsenke für Bodenkohlenstoffmärkte und Kohlenstoffkompensationen reduzieren würde, damit die Konzerne und die Reichen weiter verschmutzen können.

Bayer/Monsanto/Gates sagen den Bauern nichts darüber, dass die Lösung für die Klimazerrüttung in einer wachsenden biologischen Vielfalt liegt, die der Atmosphäre Kohlenstoff und Stickstoff entzieht und in den Boden einbringt. Sie arbeiten nicht mit den Bauern zusammen, um das reiche Nahrungsnetz des Bodens zu verstehen: die Bakterien, die Pilze, die Regenwürmer.

Sie verkaufen Gifte und GVOs.

Sie sammeln und verkaufen Daten.

Kendra Klein und Anna Lappe beschreiben, wie der Kohlenstoffhandel in Verbindung mit der digitalisierten Landwirtschaft die Landwirte in eine totale Abhängigkeit vom Giftkartell bringen würde:

»Landwirte würden sich bei der digitalen Landwirtschaftsplattform von Bayer, Climate FieldView, anmelden und bestimmte – von Bayer vorgegebene – Praktiken anwenden, um eine Vergütung zu erhalten. Bayer würde dann Gutschriften für den in der Landwirtschaft gebundenen Kohlenstoff an Verursacher verkaufen. Programme wie das von Bayer sind jedoch auf die großen industriellen Landwirtschaftsbetriebe zugeschnitten und hängen von der Verwendung des patentierten Saatguts des Unternehmens und von giftigen Pestiziden wie Glyphosat ab, einem Unkrautvernichtungsmittel mit bekannten Auswirkungen auf Bodenorganismen wie Regenwürmer. Noch perverser ist, dass Bayer die Landwirte möglicherweise in Form von Gutschriften bezahlt, die auf der Bayer PLUS Rewards-Plattform eingelöst werden können – Gutschriften, die am effizientesten für weitere Bayer-Produkte ausgegeben werden.«[92]

Vielfalt und dezentrale Selbstorganisation sind Merkmale lebendiger Systeme und ihrer Widerstandsfähigkeit, einschließlich lebendigen Saatguts, lebendigen Bodens, lebendiger Lebensmittel, lebendigen Wissens, lebendiger Volkswirtschaften und lebendiger Demokratien. Externe Inputs, externe Kontrolle, Uniformität, Monokulturen, Zentralisierung und Konzentration führen zu Anfälligkeit, instabilen und nicht nachhaltigen Systemen, die zum Zusammenbruch neigen.

Die Verwundbarkeit der Bauern und ihre Verschuldung werden sich weiter verschärfen, da sie in kostspielige externe Inputsysteme – von Saatgut und Chemikalien bis hin zu Big Data – eingebunden sind und die Erlöse sinken, da Supermärkte, der große Einzelhandel und Big Ag die Gewinne auf Kosten des Überlebens der Landwirte drücken.

Die Unsicherheit der Armen im Hinblick auf Nahrungsmittel und Ernährung wird zunehmen, da die finanzielle Anfälligkeit zu einer Nahrungsmittelkrise führt. Die biologische Vielfalt von Kulturen, Nutzpflanzen und Ökosystemen wird weiter ausgehöhlt, damit Monokulturen von Rohstoffen für globale Konzerne angebaut werden, die seit jeher ihre Gewinne maximieren, indem sie die Landwirte ihres Einkommens berauben.

Ein industrielles, globalisiertes Nahrungsmittelsystem führt zu einem Auseinanderdriften der Preise. Die Verbraucherpreise steigen, die Preise der Landwirte brechen ein. In den globalisierten Wertschöpfungsketten erhalten die Landwirte nur 1 bis 5 Prozent dessen, was der Verbraucher zahlt.[93]

Die Milliardäre, die chemische Industrie und die Finanzwelt betrachten den Handel mit Kohlenstoff als die nächste große Chance. Auf einer Tagung über die Herausforderungen der Klimaveränderungen, die vom Circle of Economists in Frankreich organisiert wurde, sagte Mark Carney, Vorsitzender der Bank of England und am 1. Dezember 2019 zum UN-Sonderbeauftragten für Klimapolitik und -finanzierung ernannt, zu mir: »Wir brauchen neue Märkte für Kohlenstoffkompensationen.«[94] Die Konzerne und das Finanzsystem versuchen verzweifelt, neue Wege zu finden, um aus der von ihnen verursachten Katastrophe der Klimaveränderungen Geld zu machen. Kohlenstoffkompensationen sind ein »neuer« Markt für das alte Finanzsystem, das die Welt in den Ruin getrieben hat. Tom Goldtooth bezeichnet dies als »Kohlenstoffkolonialisierung«. Nnimmo Bassey nennt es »Kohlenstoffsklaverei«.[95]

Es gibt zahlreiche ökologische, ethische und wirtschaftliche Gründe, warum Net Zero und Carbon Trade falsch sind.

- Erstens verletzen die Verschmutzung durch fossile Brennstoffe und die Überschreitung der planetarischen Grenzen die Rechte von Mutter Erde, von Gaia. Der Kohlenstoffhandel verletzt die Rechte der Natur, indem er die Integrität der ökologischen Prozesse der Erde leugnet. Die Erde existiert nicht für die Milliardäre, damit sie sie weiter ausbeuten können, um grenzenlose Profite herauszuschlagen. Die Erde ist die Grundlage für unser Leben und unser Wohlergehen. Sie schafft die Infrastruktur durch ihre komplexen, selbst organisierten ökologischen Prozesse, um damit Leben zu schaffen, zu erhalten und zu regenerieren. Der Handel mit Kohlenstoff ist eine Verletzung des Rechts der Erde an ihrem lebenden Kohlenstoff, der die Grundlage des Lebens ist.
- Zweitens können der tote, fossile Kohlenstoff und seine Verschmutzung nicht mit dem lebenden Kohlenstoff in Pflanzen und Böden gleichgesetzt werden. Ein »Schlechtes« kann nicht gegen ein »Gutes« ausgetauscht werden.

  Die Rede von der Dekarbonisierung verkennt, dass »wir kohlenstoffbasierte Lebensformen sind« (André Leu). Leben ist lebendiger Kohlenstoff. Die Gleichsetzung von lebendem Kohlenstoff mit totem fossilem Kohlenstoff ist eine falsche Gleichsetzung.

  Darüber hinaus ignoriert dieser **Reduktionismus** die Tatsache, dass »Wälder, das Land und Ökosysteme so viel mehr sind als nur der in ihnen gespeicherte Kohlenstoff. Sie sind lebende, atmende Ökosysteme, kulturelle und spirituelle Stätten und lebensspendend für Millionen von Menschen auf dem ganzen Planeten.[96]
- Drittens werden die Kohlenstoffmärkte ein falsches Buchhaltungssystem schaffen, das bereits während des Kyoto-Protokolls als Grundlage des Emissionshandels gescheitert ist. Die Konzerne haben sich die Ressourcen indigener Gemeinschaften angeeignet und mit Hilfe des »Mechanismus für umweltverträgliche Entwicklung« umweltschädliche Techniken durchgesetzt.[97]

- Viertens wird der Kohlenstoffhandel den Bauern neue Bedingungen auferlegen. Um dieses krankmachende Ernährungs- und Landwirtschaftsmodell indigenen Völkern und Kleinbauern auf der ganzen Welt aufzuzwingen, werden mit »Net Zero« und »naturbasierten Lösungen« neue Bedingungen geschaffen. Wenn die Ernährung der Welt durch Chemikalien und für Chemikalien gezüchtete Zwergsorten das falsche **Narrativ** war, das geschaffen wurde, um die Grüne Revolution durchzusetzen, lautet das neue falsche Narrativ: Nachhaltigkeit und Rettung des Planeten.

Die mit Gates verbundene Cottonwood Ag ist eines der Gründungsmitglieder einer neuen Koalition von Ackerlandbesitzern, Netzbetreibern und Umweltgruppen mit dem Namen »Leading Harvest«, die der Welt eine globale Monokultur nicht nachhaltiger industrieller Landwirtschaft aufzwingen will, indem sie daran arbeitet, »überprüfbare Standards für nachhaltige Landwirtschaft« zu entwickeln und »eine Art Nachhaltigkeitssiegel zu schaffen, das bescheinigt, dass ein bestimmter Betrieb Umweltstandards erfüllt«.[98]

Ein globales »Gütesiegel«, das auf einer gefälschten Wissenschaft und einer gefälschten Ökonomie der Gewinnmaximierung durch Extraktion (extremer Ausbeutung) beruht, wird eine neue »Datensklaverei« für Landwirte errichten. Anstatt ihren eigenen Kopf zu benutzen, werden sie gezwungen sein, »Big Data« zu kaufen. Anstatt mit der Erde zusammenzuarbeiten, werden sie gezwungen sein, Algorithmen zu gehorchen. Anstatt den Gesetzen von Mutter Erde zu gehorchen, sie zu respektieren und zu regenerieren, als nahrungsmittelsouveräne Kleinerzeuger, die mit nahrungsmittelsouveränen Verbrauchern in den Städten in Beziehung stehen, werden sie in eine neue »Kohlenstoffsklaverei« gesperrt, die von Big Poison, Big Ag und Big Tech kontrolliert wird.

Anstatt dafür zu sorgen, dass die Bauern faire Preise für die Lebensmittel erhalten, die sie anbauen, um uns zu ernähren, will Gates die Landwirte in neue Systeme, Kontrollen und Abhängigkeiten einbinden und sie in eine Null-Budget-Wirtschaft drängen, in der sie nichts für die Nahrung, die Lebensmittel und die Gesundheit erhalten, die sie der Gesellschaft zur Verfügung stellen.

Anstatt die Bauern für den Anbau gesunder, biologisch vielfältiger Lebensmittel zu belohnen, wird die Landwirtschaft auf eine »Kohlenstoffwirtschaft« reduziert, die durch neue »Kohlenstoffmärkte« kontrolliert wird.[99]

Anstatt den von Landwirten, Verbrauchern und Ökologen geforderten Weg der Saatgut-, Lebensmittel- und Bodensouveränität zu unterstützen, wollen Big Tech und Big Poison die Landwirtschaft weiter zersplittern, die Artenvielfalt zugunsten größerer Betriebe, die Rohstoffe für Fake Food produzieren, weiter zerstören, die Kontrolle zentralisieren und eine Scheinwissenschaft der Nachhaltigkeit fördern.

In der **Dystopie** der digitalisierten Landwirtschaft und der im Labor hergestellten Nahrungsmittel verschwinden die Bauern, die Lebensmittel und die Freiheit. Die digitalisierte Landwirtschaft und die vierte industrielle Revolution werden durch ein neues Kalkül von »Netto-Null« mit falschen Nachhaltigkeitslösungen verknüpft, für das die Erde und die Bauern doppelt zahlen werden. Die Verursacher werden weiterhin das Land verschmutzen und zerstören. Sie werden dann die Landwirte mit Hilfe von **Konditionalitäten** kontrollieren, um deren Verschmutzung »auszugleichen«.

Konditionalitäten, egal unter welcher Bedingung, verstoßen gegen demokratische Grundsätze und Menschenrechte. Bauern werden von der Sorge um die Erde geleitet. Die Kultur der Erdpflege muss respektiert und belohnt werden, weil sie auf den Rechten der Erde und den Rechten aller ihrer Nachkommen beruht.

Bedingungen, die den Nicht-Verschmutzern von den Verschmutzern auferlegt werden, die weiterhin verschmutzen wollen, sind ungerecht und ökologisch, moralisch und ethisch bankrott. Es ist das moderne Äquivalent zum Ablasshandel. Umweltverschmutzung ist eine Sünde. Das Verursacherprinzip ist ein Rechtsgrundsatz auch in der Ökologie. Wenn Verschmutzer für die Arbeit von Kleinbauern und indigenen Völkern belohnt werden, während sie sich deren Ressourcen aneignen, ist das ein Verbrechen an der Natur, den indigenen Völkern und den Bauern.

Konditionalitäten, die auf falscher Wissenschaft, falscher Buchführung und falschen Lösungen beruhen, werden die Gewalt gegen das Land, die Erde und die Bauern beschleunigen. Aber natürlich werden dadurch neue Märkte, neue Lizenzeinnahmen und neue Profite für die Milliardäre geschaffen.[100]

Wir sind lebendig, weil die Natur lebendig ist: Die Erde gibt uns Leben. Sie ist kein Rohmaterial für unseren Gebrauch. Die ökologische Krise hat ihre Wurzeln in der Leugnung der Erde als lebendig und im **Anthropozentrismus**. Die Ungerechtigkeit in der Umwelt und die Verletzung der Menschenrechte haben ihre Wurzeln in der Leugnung, dass wir Teil der lebendigen Erde sind und dass alle Menschen als Erdenbürger die gleichen Rechte haben.

Während das Bewusstsein für die Erde als Lebewesen und das Bewusstsein für die Rechte von Mutter Erde und die Bewegung für Umweltgerechtigkeit wächst, erweitert und vertieft das herrschende System die falschen Narrative von ökologischer und menschlicher Apartheid und Anthropozentrismus. Das 1 % bietet die Krankheit als Heilmittel an.

Die neue Rede von der »Hälfte für die Natur« setzt den Anthropozentrismus und die Instrumentalisierung der Natur fort. Die neuen Vorschläge zur Bewältigung der ökologischen Notlagen sind weder nachhaltig noch gerecht. Sie leugnen sowohl die Rechte von Mutter Erde als auch die Menschenrechte von indigenen Völkern, Bauern, Fischern, Frauen, Arbeitern und Armen, Kindern und zukünftigen Generationen.

Sie leugnen die Rechte der ökologischen Kulturen, die 80 Prozent der biologischen Vielfalt des Planeten auf den 22 Prozent der ihnen verbliebenen ursprünglichen Heimatgebiete bewahrt haben, die noch unter ihrer Obhut stehen.[101]

Zuerst wurde nach Kohle gegraben, nach Öl gebohrt, nach Gas gefrackt und 600 Millionen Jahre Arbeit der Natur für die Fossilisierung ihres Kohlenstoffs verbrannt. Jetzt wollen sie die ökologischen

Funktionen und Dienstleistungen der Natur als »naturbasierte Lösungen« ausbeuten, ebenso wie die Daten von Menschen, einschließlich Bauern, die Daten von verschiedenen Nahrungsmittelkulturen und die Daten von Saatgut und Biodiversität. Dies ist die »**Finanzialisierung** der Natur«, der endgültige Angriff auf die Integrität der Natur und die Naturwirtschaft. Während die Natur ihrer Integrität beraubt wird, wird die »Finanzialisierung« der Natur als Schutz der Natur ausgegeben.

Die Finanzialisierung der Natur ist eine neue »grün gewaschene« **extraktive** Wirtschaft, die sich die biologische Vielfalt, die Wälder und das Land, das die indigenen Völker gehütet haben, aneignet.

Sie ist eine anthropozentrische Anmaßung und Verleugnung der Tatsache, dass alles Leben, alle Ressourcen aus der Natur kommen. Um die Rechte von Mutter Erde und die Menschenrechte zu schützen, müssen wir die lebendige Wirtschaft indigener Kulturen schützen, denn sie erkennen an, dass wir alle verwandt sind, dass wir alle Mitglieder einer Erdenfamilie sind. Die Erde ist unsere Mutter. Unser lebendiger Planet ist unser gemeinsames Zuhause.

Wir sind nicht von der Natur getrennt. Und die Natur ist nicht teilbar. Alles ist miteinander verbunden. Wir können keine Zukunft haben, in der das 1% alle Ressourcen des Planeten an sich reißt und den Weg der Trennung und Apartheid, des Ressourcenabbaus und der Verschmutzung weitergeht.

Die Rede von der »Hälfte für die Natur« ist ökologisch und ethisch fehlerhaft. Sie ist ökologisch fehlerhaft, weil sie auf dem kartesischen **Paradigma** der Trennung und Aufteilung beruht, das blind ist für die Vernetzung der ökologischen Prozesse des Planeten. Auf Farmen in Asien versprühte Pestizide gelangen in die Muttermilch von Frauen in Grönland.[102]

Die Idee von »die Hälfte für die Natur« leugnet, dass der Planet und seine Atmosphäre eine Einheit sind und dass die Verschmutzung durch fossile Brennstoffe und Treibhausgase durch die Reichen Klimakatastrophen für diejenigen verursacht, die nie zur Klimazerrüttung beigetragen haben.

Während die Öko-Apartheid den Milliardären erlaubt, von der »Hälfte für die Natur« zu sprechen, sagen wir in der Erddemokratie: *Alles für die Natur, alles von der Natur – für das Wohl aller.*

Alle Lebewesen und Kulturen verfügen über Technologien, um die Bedingungen ihres Lebens durch Beziehungen der Gegenseitigkeit und Synergie zu schaffen.

Das Leben schafft selbst die Infrastruktur des Lebens.

Wie David Korten schreibt: »Alle Lebewesen sind abhängig von lebenden Gemeinschaften von Organismen, die sich selbst organisieren, um durch ihre Arbeit die lebensnotwendigen Bedingungen zu schaffen und miteinander zu teilen.«

Kapitel 4

Fürsorge kultivieren, die Erde regenerieren

Covid-Lektionen über Fürsorge und die Anerkennung und Respektierung ökologischer Grenzen und der Integrität des Lebens – Der Weg der industriellen Landwirtschaft als Gewalt wider die Erde und die Menschen

Die COVID-19-Krise und die Lockdowns sind ein Weckruf zur Fürsorge. Covid hatte sehr hohe soziale und menschliche Kosten in Form von mehr als 3 Millionen verlorenen Menschenleben und einer Verschärfung der Krisen durch Hunger, Verlust von Lebensunterhalt und Arbeit, Angst und Hoffnungslosigkeit.

Während der COVID-19-Krise im Jahr 2021 haben wir erlebt, wie Menschen wegen Sauerstoffmangels starben. Sie konnten nicht atmen.

Menschen sterben aus Mangel an Nahrung. Menschen haben ihre Lebensgrundlage verloren. Die Wirtschaft der Gier, die schon vor COVID-19 weder für den Planeten noch für die Menschen funktionierte, hat beim Schutz des Lebens und der Versorgung völlig versagt.

Die Covid-Pandemie hat uns die Realität vor Augen geführt, dass wir »eine Menschheit auf einem einzigen Planeten« sind. Wir sind

Teil der Natur. Wir sind lebendig, weil die Natur lebendig ist. Wir bestehen aus denselben Elementen, aus denen auch die Erde besteht – den *Panchamahabhutas* – Erde, Wasser, Feuer, Luft und Raum.

Leben ist Teilhabe an den Prozessen der lebendigen Erde.

Wir sind Luft und Atem. Wir sind Wasser. Wir sind Erde. Wir sind Nahrung.

Die Luft, der Boden und die biologische Vielfalt, das Wasser und die Nahrung sind die Lebensströme, die unser Leben mit dem Leben von Mutter Erde verbinden. Atem, Wasser und Nahrung geben uns Leben.

Wir atmen den Sauerstoff ein, den die Pflanzen erzeugen.

Wir trinken das Wasser, das die Erde durch den Wasserkreislauf zirkulieren lässt, indem sie einen Teil in ihren Grundwasseradern und im Boden speichert, einen Teil in unseren Quellen, Bächen und Flüssen bis zu den Ozeanen fließen lässt, wo es verdunstet, um als Tau, Regen und Schnee zu fallen.

Wir ernähren uns von der Nahrung, die der Boden und die Erde liefern. Nahrung ist die Währung des Lebens. Sie ist die Verbindung zwischen uns, der Erde und anderen Arten, die das Netz des Lebens in Zusammenarbeit und Gegenseitigkeit weben. Ich wiederhole: Wir sind Teil des Lebensnetzes, das ein Nahrungsnetz ist.

Die vielfältigen Krisen, mit denen wir konfrontiert sind, haben ihre Wurzeln in unserem gewalttätigen und arroganten Versuch, außerhalb des Lebensnetzes zu leben: als Herren und Besitzer der Natur. Die Krisen, die durch die Trennung von der Erde entstanden sind, können durch die Rückkehr zur Erde überwunden werden: in unserem Geist und in unseren Herzen und durch unsere Hände.

Covid erinnerte uns daran, dass die Gier zwar Leben kostete, indem sie Krankheiten verursachte, Gesundheitsfürsorge, Nahrung und Lebensunterhalt vorenthielt, dass aber die Ökonomie der Fürsorge – die Fürsorge unserer Lieben und unserer Gemeinschaften, die Fürsorge der Gesundheitsdienstleister – uns durch den Gesundheitsnotstand half. Überall wurden Bio-Gärten angelegt. Gemeinschaftsküchen wurden eingerichtet, um die Kranken und Hungrigen zu versorgen. In Indien fügten die Sikh-Gurdwaras ihren regulären Essens-Langars, den Gemeinschaftsküchen, »Sauerstoff-Langars« hinzu, um alle kostenlos mit Mahlzeiten und Sauerstoff zu versorgen, unabhängig von Religion, Kaste, Geschlecht, wirtschaftlichem Status oder ethnischer Herkunft. Dieser Geist des Dienens und der Fürsorge ist es, der das Leben in der Natur und in der Gemeinschaft aufrechterhält. Wir sind lebendig, weil wir eine Wirtschaft der Fürsorge haben.

Der Corona-Lockdown lehrte uns den Unterschied zwischen dem Wesentlichen und dem Unwesentlichen, zwischen Fürsorge und Gleichgültigkeit. Er hat uns gezwungen, das Durcheinander und die Hektik hinter uns zu lassen. Er ist eine Einladung an die Menschheit, zur Erde zurückzukehren, zu unserem Platz in der Erdenfamilie, als Erdenwesen. Er hat uns gelehrt, zwischen dem zu unterscheiden, was für das Leben und die Gesundheit notwendig ist, zwischen Gesundheit und Ganzheit in Körper und Geist und körperlicher und geistiger Krankheit, zwischen unserem Potential zu arbeiten und dem Dasein ohne Arbeit.

Während sich die Bewegungen für Gerechtigkeit und Entkolonialisierung in den Corona-Zeiten weltweit ausbreiten, sollten wir uns daran erinnern, dass der gesundheitliche Notstand, der ökologische Notstand und der wirtschaftliche Notstand einer brutalen Ungleichheit alle dieselben Wurzeln haben: Gier, Macht und die Ausbeutung dessen, was anderen zusteht, die Verletzung der Grenzen und Rechte der Erdenfamilie.

Der erzwungene Lockdown bietet die Gelegenheit, unseren ökologischen Fußabdruck zu verringern, innerhalb der ökologischen Grenzen zu leben und leichtfüßig in die Zukunft zu gehen, indem wir alles Leben in dem Bewusstsein annehmen, dass wir trotz unserer Unterschiedlichkeit miteinander verbunden sind.

Indem sie uns dazu bringt, zu Hause zu bleiben, schafft die Covid-Krise die Möglichkeit, uns bewusstzumachen, dass wir, ganz gleich, wer wir sind und wo wir sind, Mitglieder einer Erdenfamilie sind und ein gemeinsames Zuhause miteinander teilen, unsere schöne Erde.

Bei *Lebenskunst* geht es um das Leben – das Leben aller Wesen auf der Erde, einschließlich unserer menschlichen Familie. Lebendiges Wirtschaften erhält das Netz des Lebens durch Regeneration, Fürsorge und Teilen. Lebendige Ökonomien beruhen auf ständiger Erneuerung und Rückführung. Sie sind Kreislaufwirtschaften in der ökologischen und sozialen Dimension.

Die Erde wird durch die Gier an den Rand des Abgrunds getrieben, durch riesige Konzerne, die auf Kosten der Natur und der Menschen Superprofite erzielen, und durch normale Bürger, die als »Verbraucher« blindlings an der Wirtschaft der Gier teilhaben, die das Land und die Atmosphäre verschmutzt und dazu beiträgt, die Selbstregulierungsprozesse zu destabilisieren, durch die Gaia, die lebendige Erde, die Biosphäre und das Klimasystem aufrechterhält.

Mehr als seinen eigenen Anteil zu nehmen, mit Blindheit und Gleichgültigkeit gegenüber den Rechten der Natur und den Rechten anderer, ist »**Extraktivismus**«. Er ist ein ökologisches und ethisches Verbrechen. Der Extraktivismus wurde in 500 Jahren Kolonialismus, 300 Jahren fossilem Industrialismus und einigen Jahrzehnten Konzernglobalisierung, die eine Rekolonialisierung darstellt, zur »neuen Normalität«.

Das Leben, die Gesellschaft und die Demokratie sind bedroht. Der Planet und unser Leben werden durch brachiale Gewalt, die irreführenderweise »Wirtschaft« genannt wird, zerstört. Sowohl Ökonomie als auch Ökologie leiten sich vom griechischen »oikos« ab, unserem Zuhause, der Erde. Eine Wirtschaft, die unser Zuhause zerstört, ist keine Wirtschaft mehr. Gewalt gegen die Erde und Gewalt gegen Menschen sind ein und dieselbe Gewalt. Es ist ein Krieg gegen den Planeten, die Menschen und unsere Zukunft.

Die Hopi bezeichnen das Phänomen der Zerstörung all dessen, was eine Gesellschaft trägt, als Powaqqatsi – *eine Entität, eine Lebensweise, die die Lebenskräfte der Wesen verzehrt, um ihr eigenes Leben durchzusetzen.*

Das zeigt sich heute ganz deutlich: Wir haben es mit einem *zerstörerischen extraktiven System* zu tun, das die Reichen und diejenigen, die es kontrollieren, bereichert und die Menschen ihrer Rechte, ihrer Gesundheit und ihres Wohlergehens beraubt. Wenn wir auf diesem Weg weitermachen und zulassen, dass Konzerne den Planeten weiter ausbeuten und degradieren und seine Böden und Bürger verarmen lassen, wird unser zerbrechliches Lebensnetz vergiftet und zerrissen, die Artenvielfalt wird zum Aussterben gebracht, die Menschen werden alle Freiheiten in Bezug auf ihr Saatgut, ihre Ernährungssouveränität, ihr Wissen und ihre Entscheidungen verlieren; alle sozialen Beziehungen werden zerstört.

Lösungen für die Notlagen werden wir erst finden, wenn wir uns den Anmaßungen der Reichen und ihrer grenzenlosen Gier widersetzen. Es gibt Optionen jenseits der Kolonialisierung, jenseits der Ausrottung, welche zuerst andere Arten und andere Kulturen zum Aussterben gebracht haben – und nun das Leben der gesamten Menschheit bedrohen. Armut und Hunger sind eine Folge des Kolonialismus und das Ergebnis von Exklusivität und egoistischen Praktiken, die Gemeindeland, Wälder und Weiden, Saatgut und biologische Vielfalt für die Anhäufung von Reichtum einhegen (privatisieren).

Armut und Hunger sind das Ergebnis eines extraktivistischen Systems der industriellen, globalisierten Landwirtschaft, das den Böden die Fruchtbarkeit und den hart arbeitenden Bauern ihre Erträge entzieht, sie in die Verschuldung drängt und enteignet und am Ende in den Selbstmord treibt. Die meisten Krisen, mit denen wir konfrontiert sind, haben ihre Wurzeln in einem militarisierten, industriellen und globalisierten Nahrungsmittelsystem, das von Gier getrieben ist. In einer Weltwirtschaft, die auf dem Mythos des grenzenlosen Wachstums und der grenzenlosen Gier beruht, gibt es keine Grenzen. Es besteht eine ständige Nachfrage nach mehr Land für den Abbau von mehr Rohstoffen und den Anbau von mehr Waren.

Der Amazonas wird nicht von seinen indigenen Völkern zerstört. In ihn wird eingedrungen, um GVO-Soja für Biokraftstoff und Tierfutter anzubauen, nicht um Lebensmittel zu erzeugen. Wenn nicht die Erde und die Menschen im Mittelpunkt der Wirtschaft stehen, sondern nur die Unternehmensgewinne, sind Umweltzerstörung und Umweltungerechtigkeit die Folge. Die Corona-Krise ist ein Produkt des Extraktivismus.[1]

Aber wir können die Samen für eine andere Zukunft säen.

Lösungen entstehen durch die Rückbesinnung auf die Erde: in unseren Köpfen, in unserem Leben, in der Art, wie wir produzieren und konsumieren. Eine Erddemokratie, die auf einer lebendigen Wirtschaft, lebendigen Demokratien und lebendigen Kulturen beruht, ermöglicht es uns, die Rechte der Erde und damit die Menschenrechte aller Menschen zu schützen.

Gerechtigkeit und Nachhaltigkeit sind Teil eines zusammenhängenden Prozesses. Ökologie und Gerechtigkeit gehen Hand in Hand. Die Rechte der Menschen ergeben sich aus den Rechten von Mutter Erde. Wir können uns von dem **Paradigma** und dem Wirtschaftsmodell, die die Notlagen geschaffen haben, zu Paradigmen und Praktiken bewegen, die unseren ökologischen Fußabdruck verringern und gleichzeitig unseren Hand-, Herz- und Kopfabdruck stärken und vertiefen, verbunden als eine Erdenfamilie durch Kooperation und auf Gegenseitigkeit, durch Mitgefühl und Fürsorge.

Der industrielle Weg, der auf fossilen Brennstoffen und Giften beruht, ist *der Weg der Gewalt gegen die Erde und die Menschen*. Er verstößt gegen die Prinzipien der Natur und des Lebens. Er verstößt gegen das Prinzip der Vielfalt und erzwingt Monokulturen und Uniformität. Er verstößt gegen das Prinzip der Rückführung und entzieht der Natur und den Bauern etwas, wodurch die ökologische Nachhaltigkeit und die soziale Gerechtigkeit gestört werden. Er ist der Weg zum Aussterben und zur Klimakatastrophe, zur Zerstörung von Kleinbetrieben und zur Vertreibung von Bauern sowie zur Verbreitung von Hunger, Unterernährung und chronischen Krankheiten.

Wir sind mit einer dreifachen Krise konfrontiert, die unseren Planeten und unser Lebensmittelsystem bedroht.

- Die **erste** ist die **ökologische Krise**, zu der das Verschwinden der biologischen Vielfalt und vieler Arten, Klimaveränderungen mit Klimainstabilität und Klimaextremen ebenso gehören wie Bodenerosion, Bodendegradation, Wüstenbildung, Wasserknappheit und -verschmutzung sowie Umweltgifte und die Verbreitung von Giftstoffen im gesamten Nahrungsmittelsystem.

- Die **zweite** ist die **Krise der öffentlichen Gesundheit** durch Hunger, Unterernährung, Epidemien nicht übertragbarer chronischer Krankheiten in Verbindung mit Pandemien, die ihre Wurzeln ebenfalls in der Gier und dem grenzenlosen Eindringen in Waldökosysteme und in der Manipulation lebender Organismen haben, womit deren Rechte und ihre Integrität verletzt werden.
- Die **dritte** ist die **Krise der Lebensgrundlagen, der Armut.** Bauern, die in der industriellen, globalisierten Tretmühle gefangen sind, sehen sich mit einer Schuldenspirale konfrontiert und werden nicht selten in den Selbstmord getrieben, weil die Betriebsmittel zu teuer sind, die Preise für ihre Erzeugnisse sinken oder sie aufgrund von Bodendegradation, Wüstenbildung und dem Verschwinden des Wassers vertrieben werden. Der Lockdown der lokalen Wirtschaft durch Covid hat zu einer Existenz- und Arbeitslosigkeitskrise für die 99 Prozent der Bevölkerung geführt.

Alle drei Krisen sind *miteinander verknüpft*, auch wenn man sie als getrennt betrachtet. Und der wichtigste Grund für alle drei Krisen liegt in einem fossilbrennstoffintensiven, chemieintensiven, kapitalintensiven System der *nicht nachhaltigen industriellen globalisierten Landwirtschaft*, das die Umwelt, die öffentliche Gesundheit und die Lebensgrundlagen der Menschen zerstört.

Nahrung ist der Nährstoff- und Energiekreislauf des Lebens. Sie ist die Verbindung zwischen uns, der Erde und anderen Arten, die das Netz des Lebens in Zusammenarbeit und Wechselseitigkeit weben. Wir sind Teil des Lebensnetzes, das ein Nahrungsnetz ist.

Durch die Zerstörung des Lebensnetzes ist das industrielle Nahrungsmittelsystem die Ursache für die Krise des Planeten und der Menschheit. Auf das Konto der industriellen Landwirtschaft gehen 75 Prozent der Zerstörung der Böden, 75 Prozent der Zerstörung der Wasserressourcen und die Verschmutzung unserer Seen, Flüsse und Ozeane.

Die chemische Landwirtschaft führt keine organische Substanz und Fruchtbarkeit in den Boden zurück. Stattdessen trägt sie zur Wüstenbildung und Bodendegradation bei. Außerdem verbraucht sie mehr Wasser, weil sie die Wasserspeicherkapazität des Bodens zerstört. Industrielle Nahrungsmittelsysteme haben die biologische Vielfalt des Planeten zerstört, sowohl durch die Ausbreitung von Monokulturen als auch durch den Einsatz von Giftstoffen, die Bienen, Schmetterlinge, Insekten und Vögel töten und zum sechsten Massenaussterben führen.

90 Prozent der Vielfalt der Nahrungspflanzen wurde durch die industrielle Landwirtschaft ausgerottet.[2]

Pflanzen- und Tierarten bilden die Grundlage für unsere Nahrungsmittelversorgung. Doch trotz ihrer lebenswichtigen Bedeutung für das Überleben der Menschheit geht die biologische Vielfalt in alarmierendem Tempo verloren, denn mit der Ausbreitung der kapitalintensiven, chemieintensiven industriellen Landwirtschaft verschwinden täglich 200 Arten (!). Diese vergiftete, auf Monokulturen beruhende industrielle Landwirtschaft ist der größte Treiber des Artensterbens, von Vögeln und Bienen über Wälder (Amazonas) bis hin zu Bodenorganismen und lebenswichtigen Arten in unserer Darmflora. Sie vernichtet die Vielfalt der von uns angebauten und gegessenen Nutzpflanzen. Vor der industriellen, globalisierten Landwirtschaft ernährten sich die Menschen von mehr als 10.000 Pflanzenarten. Die Kommerzialisierung der Lebensmittel hat die angebauten Pflanzen auf ein Dutzend weltweit gehandelter Waren reduziert.[3]

Die industrielle Landwirtschaft produziert nährstofflose, giftige »Nahrungsmittel«. Sie haben nicht nur keinen Nährstoffgehalt, sondern ernähren in der Hauptsache auch nicht die Menschen. 90 Prozent des Mais und Soja werden für Biokraftstoff und Tierfutter verwendet. Dieses toxische industrielle Nahrungsmittelsystem trägt zu Hunger, Unterernährung und chronischen Krankheiten bei.

Entgegen dem Mythos, dass Kleinbauern und ihre agrarökologischen Systeme unproduktiv seien und abgeschafft werden sollten und dass wir die Zukunft unserer Lebensmittel dem Giftkartell überlassen sollten, das angeblich die landwirtschaftliche Produktivität und die Nahrungsmittelproduktion steigert, produziert die industrielle Landwirtschaft nur 20 Prozent der Nahrungsmittel, die wir essen, nutzt jedoch 75 Prozent des Landes. In Wirklichkeit liefern Kleinbauern 80 Prozent der Lebensmittel, die wir essen, und sie nutzen dabei nur 25 Prozent der Ressourcen, die in die Landwirtschaft fließen.[4]

Die industrielle Landwirtschaft beansprucht nicht nur 75 Prozent des Bodens, sondern hat auch einen Großteil des Bodens, des Wasserkreislaufs und der Artenvielfalt zerstört. Wenn der Anteil der industriellen Landwirtschaft und der industriellen Nahrungsmittel an unserer Ernährung von 20 Prozent auf 30 Prozent ansteigt, werden wir einen toten Planeten haben, einen Planeten ohne Leben und ohne Nahrung. Andererseits werden die kleinen ökologischen Betriebe, die uns heute ernähren, uns auch morgen ernähren, indem sie die biologische Vielfalt des Bodens und des Wassers sowie das Klimasystem regenerieren.

Während »Wir ernähren die Welt« die Rhetorik des Giftkartells ist, hat die profitorientierte industrielle Landwirtschaft eine Milliarde Menschen in permanenten Hunger getrieben, wobei die Hälfte der Hungernden Bauern sind. In Indien ist jeder vierte Inder und jedes zweite Kind unterernährt. Mehr als 3 Milliarden Menschen leiden an ernährungsbedingten chronischen Krankheiten. Kleinbauern, die für die Erde und unsere Gesundheit sorgen, indem sie echte Lebensmittel anbauen, die uns ernähren, sterben aus. Landwirtschaft mit giftigen Chemikalien bedeutet Verschuldung und Vertreibung von Bauern und Kleinbauern, was zu einer beispiellosen Epidemie von Bauernsterben und Selbstmorden in Indien und zu den Flüchtlingskrisen in Afrika, Syrien und anderen gefährdeten Ländern führt.[5] Eine Milliarde Menschen leiden in diesem System ständig an Hunger, eine Krise, die sich durch die Pandemie noch verschärft hat.[6]

Die intensive industrielle Landwirtschaft verursacht zudem eine Gesundheitskrise, da sie nährstoffarme, gifthaltige Produkte erzeugt. Mehr als 2 Milliarden Menschen leiden an ernährungsbedingten Krankheiten. Auch Pandemien haben ihre Wurzeln in der grenzenlosen

Ausdehnung der Agrarindustrie in die Wälder, um dort Rohstoffe anzubauen.[7]

Dieser Weg der Ernährung und der Landwirtschaft führt zu einem toten Planeten, auf dem sich Gifte und chemische Monokulturen ausbreiten, Bauern aufgrund von Schulden Selbstmord begehen, Kinder aus Mangel an Nahrung sterben, Menschen an Pandemien und chronischen Krankheiten sterben, die durch die als »Nahrungsmittel« verkauften, nährstoffarmen, giftigen Waren verschlimmert werden. Darüber hinaus vernichtet die Klimakatastrophe die Bedingungen für das menschliche Leben auf der Erde. Die industrielle Landwirtschaft und extrem verarbeitete Nahrungsmittel tragen außerdem zu 75 Prozent der ernährungsbedingten *chronischen Krankheiten* bei.

Die Gifte in unseren Nahrungsmitteln und in unserer Umwelt wirken sich stark auf die Gesundheit unserer Kinder aus. Dazu gehören ADHS, Autismus, mangelnde körperliche Koordination, das bipolare/schizophrene Krankheitsspektrum, Depressionen und Fettleibigkeit und führen zu nicht ansteckenden chronischen Krankheiten wie Leber- und Nierenschäden, Fruchtbarkeitsproblemen, Geburtsfehlern, Krebs, schädliche Veränderungen der Struktur oder Funktion des Nervensystems bei Kindern und Störungen des Hormonsystems.

Die industrielle Landwirtschaft beruht auf den Mythen und falschen Annahmen der auf fossilen Brennstoffen basierenden mechanistischen Philosophie und des Industrialismus. Zu diesen Mythen gehören:

- Die falsche Annahme, dass Boden und Saatgut leere Behälter seien, die von externen Inputs in Form von fossilen Brennstoffen, Chemikalien und GVO abhängig sind, die zu hohen Kosten von Konzernen gekauft werden müssen.
- Die falsche Annahme, dass Bauern kein Wissen hätten und leere Köpfe seien, und die Leugnung des jahrhundertelangen agrarökologischen Wissens, das die Bauern entwickelt haben.
- Die falsche Annahme einer Pseudoproduktivität, die hohe Kosten für extern zugekaufte Betriebsmittel ausklammert und die Land-

wirte als den einzigen Input behandelt, der reduziert werden muss. Diese falsche Logik führt zu der **Dystopie** einer »Landwirtschaft ohne Landwirte«.

- Das falsche Effizienzkalkül, das die 10 Einheiten externer Energie verbirgt, die in industriellen Landwirtschaftssystemen verwendet werden, um 1 Einheit Energieäquivalent im Nahrungsmittel zu produzieren. Dies ist ein verminderter, kein höherer Wirkungsgrad. Die Massentierhaltung erhöht die negative Effizienz um den Faktor 10. Die Ultra-Verarbeitung erhöht die Verschwendung und die Entstehung von Entropie noch weiter. Labornahrung wird den Energieverbrauch und die negativen Auswirkungen auf unsere Gesundheit noch weiter erhöhen.
- Die falsche Metrik des »Ertrags« als extraktives Maß, das misst, was dem Boden und dem Bauern entzogen werden kann, und nicht die gesamte Nahrung, die im Nahrungsmittelsystem zirkuliert, und nicht die Gesundheit von Boden und Menschen.
- Die falsche Annahme, dass Lebensmittel eine Ware seien, die aus Profitgründen angebaut und gehandelt wird, führt zum Vorenthalten des Rechts auf Nahrung und des Rechts auf Gesundheit.
- Die falsche Annahme von Wettbewerb und die Leugnung von Wechselseitigkeit, Zurückgeben, Zusammenarbeit und Ernährungssouveränität.

Wenn wir eine Landwirtschaft betreiben, die in einer militarisierten Monokultur des Geistes, in Technologien des Krieges und in einer Wirtschaft der Gier wurzelt, zerstören wir sowohl die Gesundheit des Planeten als auch unsere Gesundheit.

Wenn wir eine Landwirtschaft betreiben, die im Einklang mit den ökologischen Prozessen der Erde steht und sich an den ökologischen Gesetzen der Natur und der Erde orientiert, entwickeln wir eine Landwirtschaft, die das Land und den Boden schont. Wir beteiligen uns an den Prozessen der Regeneration von Saatgut und biologischer Vielfalt, von Boden und Wasser.

Lebensmittel sind keine Ware, die über weite Strecken transportiert wird, um Biokraftstoff, Tierfutter oder industrielle Nahrungsmittel zu produzieren. Lebensmittel sind Nahrung. Lebensmittel sind Gesundheit. Landwirtschaft ist kein industrielles Produktionssystem zur Herstellung von Waren durch gewalttätige und rücksichtslose Techniken, die das Land als träge, tote Materie behandeln. Bauern sind keine Wegwerfarbeiter, die durch Maschinen und Chemikalien, Drohnen und künstliche Intelligenz ersetzt werden können. Bauern sind Kümmerer. Sie sind Verwalter und Hüter von Saatgut, Land, Wasser und Lebensmitteln.

Wenn wir gut wirtschaften, können wir zu Mutter Erde zurückkehren, für sie sorgen, ihr in Dankbarkeit etwas zurückgeben, und sie wird uns im Überfluss beschenken.

Landwirtschaft ist die Wissenschaft, die Technik und die Kunst, sich um die Erde zu kümmern. Agrikultur ist Pflege des Ackers, der Erde. Für echte Landwirte als Hüter der Erde sind die Gesundheit des Bodens, eine große Vielfalt, der Nährwert und die Qualität der Lebensmittel sowie die Schönheit des Landes wichtig, nicht der Ertrag in Form von Ware.

Ein indigener Bauer in Indien sagte, als er zu seinem Feld ging: »Ich werde Mutter Erde verschönern.«

Wendell Berry stellt fest: »Die industrielle Landwirtschaft neigt dazu, den Bauern als ›Arbeiter‹ zu betrachten – eine Art veraltete, aber noch nicht verzichtbare Maschine –, die auf Anraten von Wissenschaftlern und Ökonomen handelt. Wir haben die Wahrheit vernachlässigt, dass ein guter Bauer ein Handwerker von höchstem Rang ist, eine Art Künstler.«

Ich möchte hinzufügen, dass ein guter Landwirt über die besten Kenntnisse und Fähigkeiten verfügt, um Ökonomien der Fürsorge zu kultivieren – Fürsorge für die Erde und Pflege der Gemeinschaft.

Was wir essen, wie wir die Lebensmittel anbauen, wie wir sie verarbeiten und wie wir sie verteilen, wird darüber entscheiden, ob die Menschheit überlebt oder sich selbst und andere Arten in den Untergang treibt.

Lebensmittel sind die Währung des Lebens. Der Anbau von Lebensmitteln durch Erdpflege ist unsere ökologische und ethische

Pflicht. Der Anbau von Nahrungsmitteln nach den Gesetzen der Erde schafft die Möglichkeit, unsere Rolle als Glieder der Erdgemeinschaft zu spielen und alles Leben zu nähren – Bodenorganismen, Insekten, Bienen und Schmetterlinge, Vögel und Tiere, einschließlich des Menschen. Die Verleugnung der Tatsache, dass wir Teil der Erde, ihrer Lebensprozesse und ihrer Ernährungszyklen sind, ist Öko-Apartheid.

Das Maß der Wahrheit im Leben wie in der Ernährung und der Landwirtschaft ist die Natur, ihre lebendigen Prozesse und ihre lebendige Intelligenz, die auf **Autopoiesis** und Selbstorganisation beruht. Die Unwahrheit der industriellen Landwirtschaft und der industriellen Nahrungsmittel ist die systematische Verletzung der Naturgesetze, die Untergrabung und Zerrüttung der selbstorganisierenden Fähigkeit des Lebens, sich zu erneuern und ohne Inputs von außen etwas hervorzubringen.

Wir haben also eine eindeutige Wahl vor uns.

Wir haben die Wahl zwischen echtem oder falschem Wissen, echtem oder falschem Essen, echter Wirtschaft als Wirtschaft des Lebens und Wirtschaft der Fürsorge oder einer falschen Wirtschaft, die nur auf Unternehmensgewinne, Gier und Kontrolle ausgerichtet ist.

Wenn wir den zerstörerischen Weg, den das Giftkartell und die Gier der Konzerne und Milliardäre eingeschlagen haben, weitergehen, verbauen wir uns unsere Zukunft.

Der Wechsel von einem auf Gier und Gewalt beruhenden Paradigma des Wettbewerbs und der Nahrungsmittelproduktion zu einem kooperativen und gewaltfreien Denken und Leben mit den Mitmenschen und der Natur ist zu einem ökologischen und sozialen Imperativ geworden.

Wenn wir mit echtem Wissen über die Pflege der Erde und ihrer Artenvielfalt wirtschaften, wenn wir echte Lebensmittel essen, die die Artenvielfalt der Erde, unserer Kulturen und unseres Darmmikrobioms nähren, wenn wir uns an einer echten und lebendigen Wirtschaft beteiligen, die das Wohlergehen aller stets erneuert, dann säen wir die Samen für unsere Zukunft.

Indem wir den Boden regenerieren und das Gesetz der Rückführung praktizieren, werden wir Teil des großen Nährstoff- und Lebensmittelkreislaufs, der das Leben auf der Erde, einschließlich des menschlichen Lebens, erhält.

Wenn wir uns als Mitglieder einer Erdenfamilie erkennen, sind andere Arten keine Objekte, die manipuliert, ausgebeutet oder zum Aussterben verurteilt werden, sondern unsere Verwandten, die eine wichtige Rolle bei der Erhaltung und Regeneration des Lebensnetzes spielen.

Unser Bewusstsein wandelt sich von Herrschern und Manipulatoren des Lebens zu Partnern und Mitgestaltern im Netz des Lebens, in dem Bewusstsein, dass wir nicht getrennt sind von der biologischen Vielfalt, dem Boden und dem Wasser, sondern Teil der Erde: ihrer Systeme, ihrer Prozesse, ihres ganzen Lebens.

Unser Wissen verlagert sich von der Fragmentierung und Zerstörung der ökologisch integrierten lebendigen Systeme der Natur und der Entwicklung von gewaltsamen Technologien der **Extraktion** und Invasion zu dem Bewusstsein, dass die Natur intelligent ist und ihre Funktionsweise ökologische Techniken sind.

Indem wir von der Erde lernen, können wir die Erde regenerieren.

Wir müssen Schüler von Mutter Erde werden und dürfen nicht versuchen, sie zu beherrschen.

Der Weg, den wir als Menschheit beschreiten sollten, ist die Rückkehr zur Erde: in unseren Köpfen, in unseren Herzen und in unserem Leben – als eine Erdgemeinschaft mit dem Potential, gemeinsam zu schaffen, zu produzieren und zu regenerieren und die Erde für alle sorgen zu lassen. Dies bedeutet, unsere schöpferischen Kräfte wieder einzufordern, um unsere Volkswirtschaften und Demokratien von unten nach oben umzugestalten. Dies ist die Praxis der Erddemokratie.

Wir müssen vom **Anthropozentrismus** wegkommen und zu der Erkenntnis gelangen, dass alle Menschen wie auch alle anderen Lebewesen Mitglieder der einen Erdenfamilie sind. Die Annahme, dass der Mensch anderen Arten gegenüber überlegen ist und manche Menschen anderen Menschen von anderer Hautfarbe, anderem Geschlecht oder anderer Religion überlegen sind, ist die Ursache für Gewalt gegen Frauen, Schwarze und indigene Völker. Sie hat die Ausrottung von Arten und Kulturen gerechtfertigt. Sie hat zu der brutalen Ermordung von George Floyd und vielen anderen vor ihm geführt. Dieses **Narrativ** vom Anthropozentrismus ist die Wurzel der Ausrottungskrise.

Wir müssen uns von der Annahme verabschieden, dass die Verletzung der planetarischen Grenzen, der Grenzen des Ökosystems, der Grenzen der Arten und der Menschenrechte ein Maß für Fortschritt und Überlegenheit ist, und stattdessen eine Wirtschaft schaffen, die auf der Einhaltung ökologischer Gesetze und der Wahrung ökologischer Grenzen beruht und die Rechte aller Menschen und vor allem aller Kinder respektiert.

Wir müssen uns davon verabschieden, Geld und Technik als Heiligtümer einer neuen Religion des Geldmachens, der »**Chrematistik**«, zu betrachten, und erkennen, dass sie lediglich Mittel sind, die im Interesse höherer ökologischer und menschlicher Ziele demokratisch gesteuert und reguliert werden müssen.

Wir müssen vom Extraktivismus als Grundlage der Wirtschaft zur Solidarität und zum echten Austausch als Grundlage einer kreisförmigen, solidarischen und dauerhaften Wirtschaft übergehen.

Wir müssen von der Einhegung der **Allmende** durch das 1% zu einer Rückgewinnung der Allmende für das Gemeinwohl und das Wohlergehen aller übergehen.

Die Menschheit muss sich dafür entscheiden, am Leben zu bleiben, indem sie sich um das gemeinsame Zuhause, die Erde, und umeinander kümmert, den Planeten regeneriert und dadurch die Saat für unsere gemeinsame Zukunft sät.

Fürsorge kultivieren, Fülle und Wohlbefinden für alle Lebewesen schaffen: Der ökologische Weg der Gewaltlosigkeit

Die Ökonomie der Fürsorge und des Gebens habe ich von meinen Eltern gelernt. Dann habe ich Fürsorge als Grundlage meiner Beziehung zu meinem Sohn und meiner Familie praktiziert – sowohl meiner biologischen als auch meiner ökologischen.

Ich lernte die Ökonomie der Fürsorge von meinen Schwestern in der Chipko*-Bewegung, die die Lektionen über Großzügigkeit von den Wäldern und ihren Gaben gelernt hatten.

In den Wäldern und bei Chipko habe ich gelernt, dass es Wirtschaftssysteme jenseits des Marktes, jenseits von Gier und **Extraktivismus** gibt. Ich lernte, dass Großzügigkeit und Geben eine Wirtschaft der Dauerhaftigkeit und des Überflusses schaffen. Ich lernte etwas über die biologische Vielfalt und eine auf der biologischen Vielfalt beruhende, lebendige Wirtschaft; der Schutz beider ist mir zur Lebensaufgabe geworden.

Das, was ich über die Vielfalt in den Wäldern des Himalayas gelernt habe, habe ich auf den Schutz der biologischen Vielfalt in unseren Betrieben übertragen. Wie ich in meinem Buch *Monocultures of the Mind*[8] beschrieben habe, ist das mangelnde Verständnis für die biologische Vielfalt und ihre vielen Funktionen die Wurzel des Mangels, der Verarmung von Natur und Kultur und der Ausrottungskrise. Pflanzen lehren uns die Ökonomie des Überflusses durch Geben und Teilen, durch Vielfalt und Multifunktionalität. Sie lehren uns, wie wir Hunger und Mangel überwinden, die die Folgen einer mechanistischen, industriellen »Monokultur des Geistes« sind.

In den letzten 34 Jahren war das Saatgut mein Lehrer für das Leben und die richtige Lebensweise, für die Fürsorge und das Geben, für den Reichtum durch Fürsorge und Teilen. Ich bin in Teilchenphysik

* »Chipko« heißt umarmen, und die Bewegung wurde vornehmlich von Frauen gebildet, die in ihrer Heimat im Himalaya Nordindiens Bäume umarmten, um sie vor der Abholzung zu bewahren.

und Quantentheorie ausgebildet, nicht in Biologie. Aber Samen, Pflanzen und Wälder waren meine Lehrer für Ökologie, die Wissenschaft von lebenden Systemen und die Ethik des Lebens. Die Pflanzen haben mich gelehrt, dass die Quantenprinzipien von Nichttrennung und Schöpfungspotential die Prinzipien der lebendigen Welt und damit auch der Pflanzenwelt sind. Wir sind nur dank der Pflanzen am Leben. Sie geben uns Sauerstoff, indem sie der Atmosphäre Kohlendioxid entziehen. Sie geben uns Nahrung. Sie geben uns Wasser. Sie schenken uns Leben.

Trennung und mechanistischer **Reduktionismus**, **Anthropozentrismus** und Hierarchien haben zur Gewalt gegen die Pflanzen, die Erde und die Menschen geführt.

Die Pflanzen können Lehrer sein für eine Weltsicht und Werte, die uns helfen, in Harmonie mit der Natur, mit anderen Arten und miteinander zu leben. Von den Pflanzen können wir lernen, wie wir damit aufhören, zu den existenziellen Krisen beizutragen, und wie wir mit der biologischen Vielfalt zusammenwirken können, um die zahlreichen lebensbedrohlichen Notlagen zu bewältigen.

Pflanzen lehren uns die Ethik und Erkenntnisweise lebender Systeme, die uns helfen, den Anthropozentrismus und die vom mechanistischen Verstand und seiner Verblendung geschaffenen Trennungen zu überwinden. Die Pflanzen lehren uns, wie wir die Gewalt gegen die Erde und ihre Lebewesen hinter uns lassen können, die durch das **Paradigma** von der »toten Erde« erst möglich wird. Pflanzen sind lebendig und intelligent. Sie erinnern uns daran, dass Intelligenz nicht nur dem Menschen eigen ist, und dass mechanistische Intelligenz nicht die einzige Form von Intelligenz ist. Die Pflanzen lehren uns die Ethik der Zusammenarbeit, der Gegenseitigkeit und der Verbundenheit und können uns den Weg jenseits von Wettbewerb, Gier und Extraktivismus weisen. Die Pflanzen können uns lehren, wie wir Ökonomien des Teilens und der Verwurzelung im Boden und in der Erde aufbauen und wie wir den ökologischen Zusammenbruch und das Artensterben abwenden, indem wir die Gier überwinden und die Uniformität, die sie der Welt aufzwingt.

Die Pflanzen lehren uns Verwurzelung. Durch Verwurzelung, Zugehörigkeit und Ortsverbundenheit können wir unsere Identität als Erdenbürger nähren. Als unsere Verwandten und Mitgeschöpfe lehren die Pflanzen uns Demokratie und wie wir als Mitglieder einer Erdgemeinschaft leben können, die reich an Vielfalt ist. Die Pflanzen lehren uns Gleichheit durch Vielfalt. Sie können uns helfen, uns bewusster zu werden, dass nicht einige wenige Menschen anderen Spezies und anderen Menschen überlegen sind, nur aufgrund von Geschlecht, Rasse, Religion oder Klasse.

All den vielfältigen Ernährungs- und Landwirtschaftskulturen sind die immerwährenden, grundlegenden Prinzipien der Ökonomie der Fürsorge gemeinsam, denn auf ihnen beruht das Leben.

Die Erneuerung und Regeneration des Planeten durch ökologische Prozesse ist für die menschliche Spezies und alle Lebewesen zu einer Überlebensfrage geworden. Im Mittelpunkt des Übergangs steht die Abkehr von fossilen Brennstoffen und totem Kohlenstoff sowie toxischen Chemikalien, die aus fossilen Rohstoffen gewonnen werden, und die Hinwendung zu lebendigen Prozessen, die auf einer wachsenden biologischen Vielfalt und der Wiederverwertung von lebendem Kohlenstoff im Nährstoffkreislauf beruhen.

Der Weg in eine Zukunft, die die Rechte von Mutter Erde und die Menschenrechte schützt, führt über den Weg der Natur, der gemeinsamen Schöpfung und des Zusammenwirkens mit den verschiedenen Spezies, der lebendigen Erde und ihrem komplexen Lebensnetz – mit Empfindsamkeit, Intelligenz und Sorgfalt. Dies ist der *Weg des Lebens*, den wir durch eine Wirtschaft der Fürsorge kultivieren, die die Menschheit über Jahrtausende in ihrer Vielfalt erhalten hat. Jede Gemeinschaft und Kultur hat entsprechend ihrem Klima, ihren Böden und ihrer biologischen Vielfalt ihren eigenen, unverwechselbaren Weg entwickelt und zur Vielfalt der Lebensmittel- und Anbausysteme beigetragen. Und alle Ökonomien der Fürsorge sind Ökonomien der Beständigkeit. Sie weisen über alle historischen und geographischen Grenzen hinweg gemeinsame Merkmale auf. Sie liefern die Umrisse für die neu zu schaffenden Volkswirtschaften und für eine Revolution durch Regeneration.

1
Die Erde ist lebendig. Wir sind Mitglieder der einen Erdenfamilie und haben die Pflicht, uns um andere Lebewesen zu kümmern und die Gaben der Erde mit ihnen zu teilen.

Für eine lebendige Erde zu sorgen, bedeutet die Schaffung regenerativer Ökonomien der Fürsorge. Sie sind die Grundlage der Ökonomie der Natur und einer nachhaltigen Ökonomie der Menschen. Das Teilen der Gaben einer lebendigen, großzügigen, sich stets erneuernden Erde ist der Weg zu Gerechtigkeit und Gleichheit. Es ist der Weg der *Astheya*, des Nicht-Stehlens. Als Erdenwesen haben wir ein Recht auf unseren ökologischen Anteil, um uns zu erhalten. Aber wir haben nicht das Recht, zu stehlen oder uns den Anteil anderer zu nehmen.

Das erste Mantra der Isavasya Upanishad lautet:

> ***»Isavasyam idam sarvam yat kim ca jagatyam jagat, tena tyaktena bhunjitha, ma gridhah kasyasvid dhanam.« (Isa 1)***
> (Das Universum und die Erde sind vom Göttlichen durchdrungen und dienen dem Wohl aller Wesen. Wir sollten die Gaben der Erde durch Verzicht genießen, nicht durch Gier nach Besitz und Ausbeutung. Mehr als unseren Anteil zu nehmen, um unsere Bedürfnisse zu erfüllen, ist Diebstahl an anderen Spezies, anderen Menschen und der Zukunft.)

Indem er die Lehren der Isho Upanishad destilliert, erinnert uns Gandhi:

Die Erde hat genug für die Bedürfnisse aller, aber nicht für die Gier einiger weniger.

In einer Welt, die auf Gier beruht, auf Nehmen ohne Geben, gilt der Grundsatz: »Mehr ist weniger.« Mehr für die Reichen, die Milliardäre, die Mächtigen, heißt weniger für die Erde und für die Menschen.

Anstatt zu versuchen, die Natur zu kontrollieren, müssen wir die Gier kontrollieren, sowohl unsere persönliche Gier, immer mehr zu wollen, als auch die grenzenlose Gier des mächtigen 1%. Dies ist die schöpferische Arbeit von Erddemokratie und ökologischer Gerechtigkeit.

Wir sind mit allem Leben verbunden, durch die Luft, die wir atmen, das Wasser, das wir trinken, die Nahrung, die wir essen, und unser Bewusstsein. Die tiefgreifenden Krisen der Ausgrenzung und das Artensterbens fordern uns auf, unsere lebendige Intelligenz zu entfesseln, uns um alle Wesen zu kümmern und durch unsere Fürsorge den Planeten und uns selbst zu heilen und zu erneuern.

Jeder Schritt hin zu mehr Extraktion, mehr Komplikation, mehr Manipulation, mehr Konzentration führt zu einer stärkeren Inanspruchnahme der Ressourcen der Erde und nimmt anderen Arten, anderen Menschen und künftigen Generationen ihren rechtmäßigen Anteil.

In einer vernetzten Welt, in der sich das Leben regeneriert, führt die Entnahme von mehr als dem rechtmäßigen Anteil zu einer Verletzung der ökologischen Grenzen, die fortwährende Regeneration gewährleisten, und damit zu einer ökologischen Krise. Die Verletzung der ethischen Grenzen im Hinblick auf Gerechtigkeit schafft Mangel, Armut und Hunger in der Gesellschaft. Wenn die Mächtigen durch die **extraktivistischen** Produktions- und Konsummodelle, die sie allem überstülpen, immer mehr von den Gaben der Erde nehmen, bleibt für andere immer weniger übrig. **Extraktivismus** und Gier sind die Wurzel von Armut und Hunger.

Das Zusammenleben mit anderen Lebewesen auf der Erde macht Einfachheit (den Verzicht auf Unordnung) zu einer ethischen und ökologischen Verpflichtung. Wir können uns nehmen, was wir brauchen, um unser Leben zu erhalten, indem wir innerhalb der ökologischen und planetarischen Grenzen leben und so anderen Wesen genügend Lebensraum lassen.

Wir teilen diesen Planeten mit anderen Wesen, die alle ein Recht darauf haben, in Gesundheit, Wohlbefinden und Freiheit zu leben und sich zu entwickeln. Alle Lebewesen brauchen ihren Anteil am ökologischen Raum und haben das Recht, an den Lebensprozessen teilzunehmen, welche Nahrung und Wasser für alle sicherstellen. Wir haben nicht das Recht, anderen Arten, anderen Menschen und künftigen Generationen ihren Anteil zu nehmen. Wenn wir der Erde zu viel entnehmen, überschreiten wir die Grenzen unseres rechtmäßigen

Anteils, wir stören die planetarischen Grenzen, die ökologischen Grenzen und die Integrität der Arten. Im Netz des Lebens unterstützen sich die Arten gegenseitig. Wenn wir andere ihres Anteils berauben, entziehen wir am Ende den Menschen ihren Grundbedarf, was zu einer sich weiter verschärfenden Nahrungs- und Wasserkrise und zu Armut und Hunger führt. Nachhaltigkeit und Gerechtigkeit sind miteinander verknüpft, weil wir in einer vernetzten Welt leben.

Der Mensch ist nicht von der Natur getrennt und ihr überlegen: Wir sind Teil der Natur. Und einige Menschen sind nicht besser als andere Menschen. Niemand hat das ethische und ökologische Recht, sich den Anteil anderer zu nehmen.

Wir können als Erdenbürger die Gefängnisse der irreführenden Konstrukte der Mächtigen verlassen (wie es etwa das Bruttosozialprodukt* ist). Denn dahinter verbirgt sich grenzenlose Gier. Wir können uns wieder der Erde zuwenden und durch unser Erdendasein unser volles menschliches Potential leben – gemeinsam mit allen anderen Wesen. Wir können Ökonomien der Fürsorge und Regeneration kultivieren.

In einer vernetzten Lebenswelt zeigen uns Zufriedenheit, Zulänglichkeit und Einfachheit den Weg zu Befriedigung, Glück und Wohlbefinden, ohne die Rechte anderer zu verletzen. Unser Sinn und unsere Zufriedenheit im Leben ergeben sich aus dem »Sein«, nicht aus dem »Haben«, aus Beziehungen und gegenseitiger Fürsorge, aus Mitgefühl und Gegenseitigkeit, nicht aus der Anhäufung von »Dingen« und der gewaltsamen Aneignung des Reichtums anderer.

Einfachheit und Zulänglichkeit ist das Bewusstsein und die Erkenntnis des »Einsseins« und des »Genug«.

Wie ich in meinem Buch *Making Peace with the Earth* geschrieben habe, ist das »Genug« für die Erfahrung jener wahren Freiheit, welche die

* Das Bruttosozialprodukt, später Bruttoinlandsprodukt, seit 1999 Bruttonationaleinkommen hat zwar im Zuge der Namensänderungen seine Berechnungsgrundlage variiert, am Prinzip, dass es sich am Geldumlauf orientiert, hat sich aber nichts geändert.

Freiheit aller Wesen und aller Menschen einschließt, von entscheidender Bedeutung.

»Genugseinlassen« schafft die Voraussetzungen für Frieden, sowohl für Frieden mit der Natur als auch für Frieden unter den Menschen. Gier führt zu Ressourcenkonflikten, zu Kriegen gegen die Erde und Kriege gegen Menschen. »Genugseinlassen« bedeutet Fürsorge für die Erde und die Gesellschaft. Diese Fürsorge heißt, zu teilen und Gemeingut wiederzubeleben. Eine Kultur des Teilens ist eine Kultur des Friedens.

»Genugseinlassen« ist die Grundlage von Erddemokratie und einer Erdenbürgerschaft.[9]

2
Die Rückgewinnung und Wiederbelebung der Gemeingüter in unserem gemeinsamen Haus ist unsere Verantwortung und unser Recht.

Das Leben ist Gemeingut. Ein Leben der Fürsorge ist Gemeinschaftlichkeit, ein Leben im Netz des Lebens. Gemeinschaftlichkeit bedeutet, den Weg des Lebens zu gehen, der von den ökologischen Gesetzen der Erneuerung und Regeneration der Natur vorgegeben ist.

Das Netz des Lebens wird von allen Wesen in gegenseitiger Verbundenheit gewoben. Es wird durch Fürsorge und Gegenseitigkeit regeneriert und erhalten. Es befriedigt alle Bedürfnisse allen Lebens in der Ökonomie der Natur und der Ökonomie der Menschen.

Kein Teil der Natur gehört einer einzigen Art.

Die Erde und ihre Ressourcen sind kein Eigentum, das man sich aneignen und mit dem man Profit machen kann; sie sind keine Rohstoffe, die man abbaut, benutzt und dann als Müll und Abfall wegwirft, die den Planeten verschmutzen und degradieren.

Wir sind keine toten, trägen, atomistischen Individuen, die von allen anderen Wesen getrennt sind, bei denen man gleichfalls davon ausgeht, dass sie träge sind. Wir sind lebendig, wir sind »Interwesen«. Unser erweitertes Selbst, unser erweiterter Verstand, unser Bewusstsein ermöglichen es uns, uns eine andere Welt vorzustellen, in der wir durch unsere fürsorgliche, mitfühlende, kooperative Intelligenz das Potential haben, die vielfältigen Notlagen unserer Zeit zu bewältigen.

Die Sorge um unser gemeinsames Haus, das wir mit anderen Wesen teilen, gibt uns den mitfühlenden Mut, unsere Mitmenschen und alle unsere Verwandten auf der Erde vor Schaden zu bewahren. Schaden für andere ist Schaden für uns selbst. Fürsorge gibt uns die Energie, unser gemeinsames Haus zu erneuern, und die Kraft, unsere **Allmende** zu verteidigen – die Allmende von Saatgut und Nahrung, von biologischer Vielfalt und Wissen, von Land und Wasser.

Lebendige Ökonomien beruhen auf der Rückgewinnung und Wiederbelebung der Allmende. Der wahre Reichtum liegt in unseren echten Beziehungen und unseren echten Gemeinschaften. Wirtschaften für das Gemeinwohl erfordert die Pflege der Gemeingüter und unserer gemeinsamen Heimat.

Unser wahrer Reichtum sind unsere biologische Vielfalt und unser Saatgut, unser Boden und unser Land, unser Wasser und unsere saubere Luft, unsere Lebensmittel und unsere Gesundheit. Unser wahrer Reichtum ist unsere Fähigkeit, die Erde zu pflegen, durch unsere Pflege ihr Potential zu regenerieren und zu verjüngen und die Gaben der Allmende zu teilen. Gemeingüter und Gemeinschaften stehen jenseits von Staat und Markt. Sie sind selbst organisiert. Sie sind **autopoietisch**. Sie verwalten sich durch gemeinsame Verantwortung und gemeinsame Rechte selbst.

Wirklicher Reichtum ist unsere Fähigkeit, das zu schaffen, zu produzieren und herzustellen, was wir und unsere Gemeinschaften brauchen, um unser Wohlergehen zu sichern. Die ursprüngliche Bedeutung von Reichtum (*wealth*) ist Wohlstand, nicht Geld. Arbeit schafft Reichtum. Als Mitschöpfer und Koproduzenten der Natur schützen und regenerieren wir den Reichtum der Erde. Wir schaffen echten Reichtum, wenn wir als Erdenbürger in einer Erdwirtschaft leben und uns des Potentials der Erde, Überfluss zu schaffen, bewusst sind, aber auch ihrer empfindlichen Grenzen, die es zu respektieren gilt.

Das Saatgut wird von Bienen und Bestäubern befruchtet. Es wächst zu einer Pflanze heran, die weitere Samen hervorbringt. Es wird von Landwirten in ihren Gemeinschaften geteilt und getauscht. Ich habe mein Leben der Verteidigung der Saatgutgemeinschaften gewidmet.

Da Nahrung und Wasser die umlaufenden Energien sind, die das Lebensnetz weben, sind Nahrung und Wasser Gemeingut. In dem **Paradigma**, das auf den Prinzipien der Natur beruht, nach denen das Leben funktioniert, sind Nahrung und Wasser keine Waren, die aus Profitgründen besessen und gehandelt werden. Das Land ist unsere Mutter. Land ist Gemeingut. Wir gehören dem Land. Das Land gehört nicht uns. Zugehörigkeit führt zu Fürsorge. Fürsorge schafft Bindungen der Zugehörigkeit.

Die Allmende hat über Jahrtausende hinweg alles Leben erhalten. Sie hat eine Wirtschaft der Dauerhaftigkeit und des Überflusses geschaffen. In der kollektiven Obhut indigener Völker hat sie seit Jahrtausenden Bestand und ist niemals geschädigt worden, weil sie von der gemeinsamen Sorge für die Erde und die Gemeinschaft getragen wird. Die Allmende führt nicht in den Untergang. Die wahre Tragödie ist ihre Privatisierung und Einhegung. Die Rückgewinnung und Wiederbelebung der Gemeingüter durch die Wiederherstellung unserer Fähigkeit, als Erdgemeinschaften zu denken und zu arbeiten, schafft Ökonomien der Fürsorge.

Menschsein bedeutet, in Dankbarkeit und mit Fürsorge in der Gemeinschaft des Lebens zu leben. Wir sind wandelnde Mikroben, wir sind Virome und Biome. In unserem Darm gibt es hundert Billionen Mikroben. Wir selbst sind eigentlich nur zehn Prozent von uns, und deshalb sind wir Interwesen. Sogar unser Körper ist Gemeingut, das wir mit anderen Wesen teilen. Wir sind keine isolierten Atome. Wir sind nicht von der Gesellschaft isoliert. Wir sind eine Gemeinschaft. Wir sind nicht vom anderen Leben isoliert. Wir sind ökologische Verbundenheit, die ihren Ausdruck in der Verkörperung einer menschlichen Form findet.

3
Das »Gesetz der Rückführung«, das Gesetz des Gebens und der Dankbarkeit, schafft Kreislaufwirtschaften der Gerechtigkeit und Dauerhaftigkeit.

Das Leben ist ein Geschenk unserer Mutter Erde: von der Luft, die wir atmen, bis zu den Lebensmitteln, die wir essen. Erntedank ist unsere Dankbarkeit. Alle indigenen Kulturen danken der Erde durch ihre Zeremonien. In Indien sind unsere Erntedank- und Erntefeste so vielfältig wie unsere Kultur – Makar Sankranti, Baisakhi, Nuakha, Nabanna, Gudi Padwa, Onam, Pongal Vishu, Bhogali Bihu quer durch die kulturelle Vielfalt Indiens.

Lebendige Ökonomien nähren das Leben durch Geben.

Lebendige Ökonomien sind Geschenkökonomien, die auf der Ethik des heiligen Franziskus beruhen, die besagt: »Im Geben liegt das Empfangen.«

Das Darbringen beruht auf dem »Gesetz der Rückführung«, dem Recycling.

Das Gesetz der Rückführung ist das Gesetz der Dankbarkeit.

Wie Genevieve Vaughan in *Women and the Gift Economy* schreibt:

»Es ist auch wichtig, die unterbrochenen Verbindungen zwischen der Geschenkökonomie, den Frauen und den Ökonomien der indigenen Völker wiederherzustellen und das Geschenkparadigma als einen Ansatz vorzustellen, der uns helfen kann, uns von der Weltsicht des Marktes zu befreien, der das Leben auf unserem schönen Planeten zerstört.«[10]

Lebendige Ökonomien sind Kreislaufwirtschaften, die sich der Kreisläufe der Natur bewusst sind und sie erhalten, indem sie der Erde etwas zurückgeben. In der Kreislaufwirtschaft geben wir auch der Gesellschaft etwas zurück. Reichtum wird geteilt. Reichtum zirkuliert. In der Kreislaufwirtschaft konzentriert sich der Reichtum nicht in wenigen Händen. In der realen Wirtschaft wachsen Pflanzen, wachsen Bodenorganismen, wachsen Kinder in Wohlbefinden und Glück. Die Kreislaufwirtschaft erneuert Natur und Gesellschaft.

Abb. 3 **Im Kreislauf lebende Ökonomien der Fürsorge**

Boden, Gesellschaft, Wirtschaft

Die kreisförmige Logik des Gesetzes der Rückführung,
Gegenseitigkeit, Wechselseitigkeit und Erneuerung

Kreislaufwirtschaften sind auf die Erde ausgerichtet und frauenorientiert. Lebendige Ökonomien sind daher Kreislaufwirtschaften, die auf dem Bewusstsein für die Zyklen der Natur beruhen und auf unserer Pflicht, der Erde etwas zurückzugeben, um ihre Zyklen zu erhalten und zu erneuern.

Sie schafft Auskommen und Wohlbefinden für alle. In der Pflege von Erde wie Gesellschaft ist eine Vielfalt an sinnvoller und kreativer Arbeit möglich. Sie beruht auf dem Naturgesetz der Rückführung. In der Natur gibt es keine Verschwendung und keine Verschmutzung.

In einer Kreislaufwirtschaft ist jedes Lebewesen und jeder Ort das Zentrum der Wirtschaft, und Natur und Gesellschaft entstehen und entwickeln sich aus vielfältigen selbstorganisierten Systemen, wie die Billionen von Zellen in unserem Körper. Kreislaufwirtschaften sind als lebendige Ökonomien von Natur aus biodivers und sie reichen vom Nahen und Lokalen bis hin zum Globalen und Planetarischen.

Das Leben schafft lebendige Ökonomien, die auf der Ethik der Fürsorge für die Lebenszyklen beruhen. In der Mahabharat heißt es in Krishnas Rede über die Größe der Nahrung:

»Evam pravartitam cakram nanuvartayatiha yah. – Dies ist der Kreislauf der gegenseitigen Abhängigkeit, der vom Schöpfer initiiert wurde.«

Die Erde gibt uns Nahrung. Wenn wir einen Teil ihrer organischen Gaben an den Boden zurückgeben, handeln wir nach dem Gesetz der Rückführung und schaffen eine Kreislaufwirtschaft im Sinne des Nährstoffkreislaufs; wir erhalten das Nahrungsnetz, das Lebensnetz. Wenn wir der Natur organische Stoffe zurückgeben, als Nahrung für ihre Bodenorganismen, gibt sie uns weiter Nahrung. Die Arbeit des Zurückgebens ist unsere Arbeit, unsere Dankbarkeit, unser Einssein. Uns Nahrung zu geben, ist die komplexe Arbeit der Natur – durch ihr Nahrungsnetz im Boden, ihre biologische Vielfalt, ihr Wasser, die Sonne, die Luft.

Die Erde gibt uns Samen. Unsere Vorfahren haben sich mit ihr zusammengetan, um ihre Vielfalt zu vervielfältigen. Wenn wir Saatgut aufbewahren und es als Geschenk an die Erde aussäen, reproduziert und vervielfältigt sie das Saatgut hundertfach. Wenn wir in der **Allmende** Saatgut teilen, wächst die Saatgutsouveränität und die Ernährungssouveränität.

Die Erde gibt uns Wasser. Wenn wir etwas tun, um das Wasser zu schützen, beteiligen wir uns an der *oikonomia* des Gebens und schaffen eine Kreislaufwirtschaft: den hydrologischen Kreislauf, den Wasserkreislauf. Wenn wir in der Allmende Wasser teilen, schaffen wir eine Ökonomie des Gebens und Teilens. Die Erde gibt uns Saatgut. Wenn wir Saatgut aufheben und teilen, schaffen wir zeitlose Ökonomien der Kontinuität des Lebens. Wir nehmen am Kreislauf des Lebens teil.

Alle ökologischen Krisen sind eine Unterbrechung der natürlichen Kreisläufe – der Ernährung, des Wassers, des Lebens – und die Überschreitung dessen, was man als planetarische Grenzen bezeichnet.

In der Kreislaufwirtschaft geben wir der Gesellschaft etwas zurück. Reichtum wird geteilt. Reichtum zirkuliert. In der Kreislaufwirtschaft konzentriert sich der Reichtum nicht in wenigen Händen. Reichtum wird nicht extrahiert, denn das führt zu einer Polarisierung zwischen dem 1% und den 99 Prozent.

Die Verschlechterung der Lebensbedingungen der 99 Prozent hat eine neue Klasse geschaffen, die Guy Standing als »Prekariat« bezeichnet. Die industrielle Revolution hat uns die industrielle Arbeiterklasse, das Proletariat, beschert. Die Globalisierung und der »freie Markt« zerstören die Lebensgrundlage der Bauern in Indien durch das Dumping subventionierter Produkte und durch Landraub. Die Wirtschaft der Gier konzentriert sich auf Profite auf Kosten der Menschen und des Planeten. Das leistungslose Wachstum der Geldvermögen beraubt die jungen Menschen in den ehemals reichen Industrieländern und schafft eine globale Klasse von Prekären. Während des Covid-Lockdowns haben wir eine sehr große Klasse von Wegwerfmenschen geschaffen, die überflüssig sind.

In Kreislaufwirtschaften wird der Reichtum nicht in linearer Ausbeutung aus der Natur und der Gesellschaft extrahiert, so dass eine Handvoll Milliardäre zu Billionären und zu den neuen Herren des Bodens, des Saatguts, der Lebensmittel und des Lebens werden können.

Extraktive Ökonomien werden zu Aussterbe-Ökonomien.

Kreislaufwirtschaften erneuern die Natur und die Gesellschaft, indem sie stets etwas zurückführen. Sie schaffen Sinn, Würde und Wohlbefinden für alle. Bei der Pflege der Erde und der Gesellschaft ist eine Vielfalt an sinnvoller und kreativer Arbeit möglich. Sie beruht auf dem Naturgesetz der Rückführung. In der Natur gibt es keine Verschwendung, keine Verschmutzung, keinen Mangel, keine Extraktion. Die Natur entwickelt sich durch Zyklen des Gebens. Dies ist die Ökonomie der Nachhaltigkeit.

4
Geben schafft Fülle, Nehmen schafft Mangel.

गौरवं प्राप्यते दानात् न तु वित्तस्य संचयात्।

Wohlstand kommt vom Geben, nicht vom Anhäufen von Geld.

Atharva Veda

»Das Herz, das gibt, erhält.«

Lao Tzu

»Denn nur im Geben liegt das Empfangen.«

Franz von Assisi

Das Geben schafft eine Wirtschaft des Überflusses. Nehmen, ohne zurückzugeben ist ein Rezept für Mangel, Hunger, Armut, Krankheit und Aussterben.

Mangel ist die Folge, wenn das Gesetz der **Allmende** gebrochen wird und Gemeingüter und Ressourcen aus Habgier monopolisiert werden. Knappheit entsteht, wenn das Gesetz der Rückführung, des Recyclings, des Gebens, der Teilnahme am Kreislauf der wechselseitigen Abhängigkeit gebrochen wird. Mangel entsteht durch Umweltverschmutzung und die ungeeigneten und plumpen Versuche, die ökologischen Kreisläufe, Systeme und Technologien der Natur zu beseitigen und zu ersetzen. Flüsse, Ozeane und die Armen, sie ersticken in Plastikmüll und Pestiziden: So wird aus einer Ökonomie der Gier eine Ökonomie des Mangels.

Wenn wir für die Erde sorgen und ihr etwas geben, schafft dies Überfluss: durch Regeneration und Aufrechterhaltung der ökologischen

Nährstoff- und Wasserkreisläufe, die die Kreislaufwirtschaft der Natur darstellen, von der alles Leben abhängt.

Und auch sie geben uns. Was wir brauchen, erhalten wir als Geschenk. Solche Ökonomien des Schenkens und der Fürsorge sind die Grundlage der Ökonomie der Natur. Sie sind die Grundlage aller indigenen Ökonomien. Und sie sind die Grundlage für neue Ökonomien der Fürsorge und Solidarität, die vielerorts bereits entstehen.

Der **Extraktivismus** hat uns die Vorstellung vermittelt, dass Wirtschaft auf der Erzielung von Gewinnen beruht. Doch ist es die Unwirtschaftlichkeit der Gier, die Mangel schafft.

Die Geschenkökonomie schafft Überfluss. Wenn wir der Erde Saatgut zurückgeben, gibt sie uns ein Vielfaches zurück. Wenn wir Saatgut aufheben und teilen, haben wir Saatgut in Hülle und Fülle. Wenn Konzerne Saatgut durch Patente und geistige Eigentumsrechte monopolisieren, schaffen sie Mangel und Saatgutnot. Wenn sie neue Techniken einsetzen, um das Saatgut seiner Erneuerbarkeit und seiner Regenerationsfähigkeit zu berauben, schaffen sie Saatgutknappheit und Armut für die Bauern, die gezwungen sind, jedes Jahr Saatgut zu kaufen.

Wenn wir dem Boden organische Stoffe als Nahrung für die Bodenorganismen zurückgeben, ermöglichen diese den Pflanzen, Photosynthese zu betreiben, mehr Nahrung zu produzieren und mehr Nährstoffe in der Nahrung zu binden. Die Rückführung von organischen Stoffen an den Boden ist unsere Dankbarkeit gegenüber der Erde, unser Zurückgeben. Und die Erde gibt im Überfluss. Die Nahrungsmittelproduktion kann um 500 Prozent gesteigert werden, wenn wir der Erde etwas geben. Wenn wir die biologische Vielfalt mit Liebe und Sorgfalt erhalten, können wir in Indien genug Nahrung für doppelt so viele Menschen anbauen.

Wenn wir dem Boden Wasser zurückgeben, haben wir mehr Wasser. Wenn wir Luft zum Atmen, Wasser zum Trinken und Nahrung zum Essen haben, ist das alles das Ergebnis der Geschenkökonomie. Wir wissen das, aber die Wissenschaft muss es erst noch lernen. Bei allen ökologischen Beziehungen geht es um Geschenke. Und Geben schafft ein Gleichgewicht. Es ist kein Zufall, dass indigene Kulturen im Überfluss lebten und die ursprünglichen Wohlstandsgesellschaften waren. Die kolonialisierte, industrialisierte, globalisierte Wirtschaft hat Mangel, Elend und Armut geschaffen, auch im reichsten Land. Schauen Sie sich die Nahrungsmittelwüsten in Amerika an, dem Land mit den reichsten Agrarkonzernen.

Die Milliardäre sprechen davon, dass 99 Prozent der Menschen in Zukunft nutzlos sein werden. Das schafft ein Gefühl der Unausweichlichkeit und Hoffnungslosigkeit. Aber die Menschheit kann sich ebenso dafür entscheiden, Gesellschaften zu schaffen, die auf einer Geschenkökonomie beruhen. Wenn 99 Prozent der Menschheit gesagt wird, dass sie nutzlos, überflüssig und entbehrlich sind, dann ist es die Geschenkökonomie, mit der wir aufstrebende Ökonomien zum Wohle aller schaffen, besonders für diejenigen, denen gesagt wird, dass sie kein Recht haben, auf dieser Erde zu leben. Durch Schenken als Lebenskunst können wir Systeme schaffen, in denen auch für den letzten Menschen, das letzte Kind und die kleinste Mikrobe Platz ist. Die Geschenkökonomie ist die Antwort auf die Ausrottungskrise und die Weltanschauung der Entbehrlichkeit, die davon ausgeht, dass 70-80 Prozent der Spezies zum Aussterben gebracht und 99 Prozent der Menschheit entbehrlich gemacht werden können.

In meinem Leben habe ich erlebt, wie es zu Wasserknappheit durch Bergbau und Umweltverschmutzung kam, etwa im Fall der Coca-Cola-Fabrik in Plachimada, Kerala. Durch die Auferlegung von Nahrungsmittel- und Landwirtschaftssystemen zur Erzielung von Superprofiten wurden Hunger und Unterernährung geschaffen, anstatt für die Erde und die Menschen zu sorgen.

Auf der Jagd nach der Pseudoeffizienz des fossilen Zeitalters, in dem »mehr weniger ist«, waren wir genötigt, die Wiederverwertung organischer Stoffe für die Bodenfruchtbarkeit durch Kunstdünger zu ersetzen, was die biologische Vielfalt zerstörte, den Boden und das Wasser erschöpfte, das Land veröden ließ, in den Ozeanen tote Zonen schuf und zu Treibhausgasen und Klimazerrüttung, Hunger und Armut beitrug.

Industrialismus, Extraktivismus und Monokulturen verstecken die wahren Kosten der industriellen Produktionssysteme, welche dann die Erde und die Gesellschaft zu tragen haben. Der riesige Ressourcen- und Energie-Fußabdruck, der zum Zusammenbruch von Ökosystemen und menschlichen Gemeinschaften geführt hat, wird verschleiert; die Zerstörung von Böden, Wasser und biologischer Vielfalt fallen als externe Effekte unter den Tisch, und die Kosten werden von anderen Arten und von den Armen getragen. Pseudoeffizienz schafft Mangel. Der Mangel, der entsteht, weil mehr abgebaut wird, als es die ökologischen Grenzen der Natur zulassen, ist die Wurzel der ökologischen Krisen. Extraktivismus, der die Menschen ihrer Ressourcen und Lebensgrundlagen beraubt, schafft Mangel in der Gesellschaft. Er ist die Ursache für die Krisen von Hunger, Armut und Enteignung.

Der Extraktivismus, der mit dem Kolonialismus und dem Zeitalter der fossilen Brennstoffe entstand, hat die ökologischen Kreisläufe der Natur zerrüttet und zur ökologischen Notlage, zu Wüstenbildung, zur Wasserkrise und zur Krise von Hunger und Armut beigetragen. Extraktive Ökonomien setzen Knappheit voraus – und sie schaffen sie. Die aus Gier geschaffene Knappheit in der Natur ist der ökologische Notstand. Die Aneignung des Anteils anderer ist der gesellschaftliche Mangel: Armut, Hunger und die Verweigerung des Rechts auf gesunde Luft, des Rechts auf Wasser, des Rechts auf Nahrung und des Rechts auf Gesundheit.

Um wirklich grün zu sein – nicht nur eine »grün eingefärbte« Gierwirtschaft –, muss die Ökonomie zu ihrem Ausgangspunkt, zum *Oikos*, zurückkehren. Ökologie ist die Wissenschaft vom Haushalt, und Ökonomie soll folglich die Verwaltung des Haushalts sein. Wenn die Ökonomie gegen die Ökologie arbeitet, führt das zu einer Misswirtschaft, einer falschen Bewirtschaftung der Erde und ihrer Ressourcen. So entsteht Mangel. Wir bewirtschaften die Erde falsch, wenn wir die Ökonomie der Natur nicht als die eigentliche Ökonomie anerkennen, von der sich alles andere ableitet. Wenn wir kein Land haben, haben wir auch keine Wirtschaft. Nur wenn wir zum

Wachstum der Prozesse in der Natur beitragen, bauen wir eine wirklich grüne Wirtschaft auf. Grün ist die Farbe des Lebens. Grün ist nicht die Farbe der Gier oder des Geldes.

5
Miterschaffung und Rückgewinnung von Wissen: Gewaltfreie Wege des Wissens in einer selbstorganisierten Lebenswelt

»Zu sehen, was falsch ist, ist der Weg der Intelligenz.«

Jiddu Krishnamurti

Kreieren ist ein kausatives Verb, das auf *creare* zurückgeht, mit protoindoeuropäischen Wurzeln in *kerh*. Seine Bedeutung ist »etwas wachsen lassen«. *Prakriti,* das Sanskrit- und Hindi-Wort für Natur, hat seine Wurzeln ebenfalls in *kr* und bedeutet die Quelle der Schöpfung.

Wissen und Leben in einer vernetzten Welt von Mitgeschöpfen ist ein kreativer Akt. Ko-Kreativität bedeutet, dass die Menschen von der Erde und voneinander lernen, anstatt die Natur und die Infrastruktur des Lebens und des Wohlergehens zu zerstören, indem sie gewaltsame Erkenntnisweisen und Werkzeuge einsetzen, um das Land, das Saatgut, die Gemeinschaft und die verschiedenen Kulturen zu »verbessern«. Wissen als etwas Ko-Kreatives wurde in den letzten fünfhundert Jahren des Kolonialismus und der Vorherrschaft des mechanistischen **Reduktionismus** in der Wissenschaft unterdrückt, ausgegrenzt und unsichtbar gemacht.

Das Paradigma der »toten Erde« geht Hand in Hand mit **Anthropozentrismus**, ökologischer Apartheid und der vermeintlichen Überlegenheit des Menschen über andere Reiche, einschließlich der Pflanzen. Die lebendige, pulsierende Natur wird auf tote Materie reduziert. Der Wissende wird auf ein kartesisches »denkendes Ding« ohne Körper reduziert, das von der Natur getrennt ist. Oder er ist ein baconscher Patriarch, der die Natur foltern und versklaven will.

In dem Maße, in dem durch die Gaia-Theorie das **Paradigma** der lebendigen Erde wieder auftaucht und Wissenschaftler beginnen,

Wissenschaften von lebenden Systemen zu entwickeln, wird die Erkenntnistheorie der Fürsorge und der Ko-Kreation indigener Kulturen wiederbelebt. Die Wissenssysteme der alten Kulturen schufen keine künstliche Trennung zwischen Mensch und Natur, zwischen Geist und Körper. Es gibt unterschiedliche Wege des Wissens. *Bahudha* ist die Vielfalt des Geistes.

Die Frauen der Anden sprechen von der Kartoffel als ihrem Blut und Gehirn. Alle indigenen Kulturen reden von »seiender Erde«, »sprechender Erde«. In einem lebendigen Wissen um die Erde gibt es keine Trennungen und Hierarchien. Wenn wir Land, Pflanzen und Ökosysteme als lebendig ansehen, denken wir zuerst daran, ihnen keinen Schaden zuzufügen, und dann, wie wir ihnen durch Pflege das geben können, was sie brauchen.

Das Leben beruht auf der Intelligenz der Fürsorge. Mykorrhiza-Pilze suchen und liefern, was Pflanzen brauchen. Didi Pershouse zitiert Walter Jehne und schreibt: »Wenn Mykorrhiza-Pilze Nährstoffe suchen, wirken sie wie intelligente Filter. Während sie sich durch den Boden bewegen, suchen sie aktiv nach essenziellen Nährstoffen, wählen diese aus und nehmen sie in den richtigen Konzentrationen, in der richtigen Form, im richtigen Verhältnis und im richtigen Gleichgewicht auf. Gleichzeitig schließen sie eine Überdosis toxischer Nährstoffe aus. Diese Fähigkeit, zwischen notwendigen und schädlichen Stoffen zu unterscheiden, macht das Leben erst möglich und ist die entscheidende Funktion der Membran jeder Zelle, auch schon des ersten einzelligen Organismus.«[11]

In einer lebendigen Welt bedeutet Wissen Zusammenarbeit mit anderen Lebewesen, von Mikroben bis zu Pflanzen, von den einzelnen Bauern bis zu indigenen Völkern. Die Natur ist eine Lehrerin. Andere Lebewesen sind intelligent und vermitteln uns Wissen, und das Wissen leitet uns dazu an, unser Potential zu entwickeln, fürsorglich zu sein und mehr zu geben.

Wie Schrödinger erkannte, sind lebende Systeme kreative negative Energiesysteme.[12] Leben ist eine Kategorie sich selbst erhaltender geordneter Komplexität, die für den Zeitraum, in dem die Lebensform existiert, die Anwendung des Zweiten Hauptsatzes der Thermodynamik verhindert oder übersteigt. Lebende Systeme sind selbstorganisierte Komplexität und Intelligenz in ständiger Evolution, Interaktion, Veränderung und Emergenz. Die Wissenschaftler Humberto Maturana und Francisco Varela haben uns den brillanten Gedanken einer selbstorganisierten Komplexität vermittelt. Diese selbstorganisierte Komplexität entwickelt sich aus Geben und Nehmen. Sie bezeichneten lebende Systeme als **autopoietische** Systeme – von innen heraus organisiert.[13]

Maschinen hingegen sind allopoietische* Systeme, die gebaut und von außen her gesteuert werden. Saatgut wird, wie die Natur und die Menschheit (auch autopoietische Systeme), durch die Gier der globalen Konzerne als allopoietisch umdefiniert. Wir werden degradiert und zu Anhängseln von Maschinen, die von Maschinen bewertet werden, um von ihnen als nutzlose Wegwerfmenschen abgestempelt zu werden. Eine der dramatischsten begrifflichen Verschiebungen unserer Zeit ist diese Neudefinition von lebenden Organismen, insbesondere von Samen, Pflanzen und Menschen als Maschinen – Maschinen, die von Unternehmen »erfunden« wurden: Maschinen, erfunden von der Maschine.

Wir haben die Kraft, Kreativität und Intelligenz der Pflanzen vergessen. Der Begriff »Vegetation« leitet sich vom lateinischen »vegetalis« ab, was »wachsen« oder »gedeihen« bedeutet. Das Verb *vegetare* bedeutet »beseelen« oder »beleben«. Das Adjektiv »vegetabil« bezeichnet die Eigenschaften der Vitalität und Aktivität. Heute meint man mit »vegetabil« oft das Gegenteil.

Die Vorherrschaft des anthropozentrischen und mechanistischen Denkens hat die Quelle der Aktivität zur Abwesenheit von Aktivität umgedeutet. Wie Michael Marder hervorhebt, wird »vegetieren« in seiner heutigen Bedeutung »mit der Passivität und Untätigkeit von Tieren oder Menschen assoziiert, die sich verhalten, als wären sie ortsgebundene Pflanzen. Doch dessen verborgene Geschichte bringt

* allopoietisch bedeutet von außen gesteuert

es mit dem genauen Gegenteil dieser vorherrschenden Bedeutung in Verbindung: mit der Fülle und dem Überschwang des Lebens, der Vitalität und der überschäumenden Energie.«[14]

Wenn wir uns bewusst sind, dass wir Mitglieder einer lebendigen Erdenfamilie selbstorganisierter Wesen sind, verlagert sich unser Wissen von der Fragmentierung und Zerstörung der ökologisch integrierten lebenden Systeme der Natur und der Entwicklung gewaltsamer Techniken der Extraktion und Invasion zu dem Bewusstsein, dass die Natur intelligent ist, dass ihre Funktionsweise ökologische Techniken sind und dass wir in Zusammenarbeit mit der Natur Ökonomien der Fürsorge und Regeneration schaffen können.

Unser Denken verlagert sich von der mechanistischen Monokultur des Verstandes, die den **Extraktivismus** vorantreibt, zur Biodiversität des Verstandes, die auf dem Bewusstsein von Verbundenheit, Vielfalt und Vielfältigkeit beruht. Untrennbarkeit schafft eine gewaltfreie Erkenntnistheorie des Wissens über Natur und Gesellschaft durch Beziehung, Partnerschaft, Fürsorge und Mitgefühl. Dies sind die Qualitäten eines lebendigen Wissens – vom Leben mit anderem Leben in einer vernetzten Welt –, die das mechanistische, reduktionistische Paradigma des kolonialen Industriezeitalters aus unserem Bewusstsein zu tilgen versuchte.

Wenn wir uns bewusst sind, dass die Erde lebendig ist, dass Pflanzen, Tiere und Mikroben intelligente, empfindungsfähige Wesen sind, lernen wir, ihnen zuzuhören; dann sind wir offen, von ihnen zu lernen. Das Leben um uns herum ist keine tote Materie, die ausgebeutet werden muss.

Ich gründete **Navdanya** 1987, weil ich erkannte, dass alle Lebewesen ihre Integrität und einen inneren Wert haben und dass die Patentierung des Lebens, die Konzerne wie Monsanto durch »geistige Eigentumsrechte« im internationalen Recht vorantreiben, ethisch, ökologisch, erkenntnistheoretisch und ontologisch falsch ist. Saatgut ist keine von Monsanto erfundene Maschine. Saatgut ist ein selbstorganisiertes lebendes System, das von den Bauern mitentwickelt wurde.

In den letzten fünf Jahrzehnten haben mich Samen und Pflanzen sehr viel über Selbstorganisation gelehrt. Saatgut, unverfälschtes Saatgut, Bija, seme, semilla, ist die Quelle des Lebens, der Regeneration und des Überflusses. Saatgut erneuert und vermehrt sich.

Navdanya, die Bewegung für die Erhaltung der biologischen Vielfalt und für ökologischen Landbau, die die Integrität der lebenden Ressourcen und das Recht der Bauern, das von ihnen entwickelte Saatgut aufzuheben und weiterzugeben, schützt, breitet sich in Indien und weltweit aus. Bisher haben wir gemeinsam mit Bauern mehr als 150 gemeinschaftliche Saatgutbanken in ganz Indien eingerichtet. Wir haben mehr als 4.000 Reissorten und Tausende von Sorten einheimischen Saatguts gerettet. Außerdem helfen wir den Landwirten bei der Umstellung von Monokulturen, die auf fossilen Brennstoffen und Chemikalien beruhen, auf biodiverse ökologische Systeme, die von der Sonne und dem Boden genährt werden. Die biologische Vielfalt von Saatgut und Pflanzen hat mich Überfluss und Freiheit gelehrt, Zusammenarbeit und gegenseitiges Geben.

Indische Bauern entwickelten sich gemeinsam mit der Natur und verwandelten ein wildes Gras, *Oryza sativa,* in 100.000 Reissorten. Mexikanische Bauern entwickelten eine Wildpflanze, Teosinte, zu Tausenden von Maissorten. Diese gewaltfreie Züchtung als Ko-Kreation beruhte auf ganzen integrierten Gemeinschaften, die mit ganzen Pflanzen ko-kreativ waren. In den vier Jahrzehnten, in denen ich mich mit der Rettung von Saatgut beschäftige, habe ich gesehen, dass das bäuerliche Wissen über die Züchtung auf der Achtung der Pflanzen und dem Wissen um sie beruht, so dass man keinen Schaden anrichtet. Die Bauern verfügen über Intelligenz und haben Pflanzen als Partner gezüchtet, um die Vielfalt zu vergrößern und den Nährwert, den Geschmack und die Qualität sowie die Widerstandsfähigkeit zu verbessern.

Die von Gier getriebene industrielle Züchtung verwandelt lebendes, erneuerbares Saatgut in nicht erneuerbares Saatgut. Gentechnisch verändertes Saatgut wird hergestellt, indem man in die Samen eindringt, um toxische Gene einzubringen: Gene für Antibiotikaresistenz oder Gene von Viren als virale Promotoren. Dadurch wird die Integrität des Saatguts verletzt, und da die Integrität verletzt wird, versagt die Technik. Wissen als Ko-Kreation ist gewaltfreies Wissen.

Die Earth University/Bija Vidyapeeth auf der Biodiversitätsfarm von Navdanya wurde von Rabindranath Tagore, Indiens Nationaldichter und Nobelpreisträger, inspiriert. Tagore gründete ein Lernzentrum in Shantiniketan in Westbengalen, Indien, als Waldschule, auf dass man sich von der Natur inspirieren ließe. Er wollte eine kulturelle Renaissance in Indien erreichen. Die Schule wurde 1921 in eine Universität umgewandelt und entwickelte sich zu einem der berühmtesten Bildungszentren Indiens. Wie zu Tagores Zeiten müssen wir uns auch heute wieder der Natur und dem Wald, den Pflanzen und der biologischen Vielfalt zuwenden, um zu erfahren, was Freiheit ist.

In *The Religion of the Forest* schrieb Tagore über den Einfluss, den die Waldbewohner des alten Indien auf die klassische indische Literatur hatten. Die Wälder sind Wasserquellen und Speicher einer biologischen Vielfalt, die uns die Lektion der Demokratie lehren kann – Raum für andere zu lassen und gleichzeitig aus dem gemeinsamen Netz des Lebens zu schöpfen. Tagore sah in der Einheit mit der Natur die höchste Stufe der menschlichen Evolution. Diese Einheit in der Vielfalt ist die Grundlage sowohl der ökologischen Nachhaltigkeit als auch der Demokratie. Vielfalt ohne Einheit wird zur Quelle von Konflikten und Streit. Einheit ohne Vielfalt wird zum Grund für Fremdbestimmung. Dies gilt sowohl für die Natur als auch für die Kultur. Der Wald ist eine Einheit in seiner Vielfalt, und wir sind mit der Natur durch unsere Beziehung zum Wald verbunden. In Tagores Schriften war der Wald nicht nur die Quelle von Wissen und Freiheit, sondern auch von Schönheit und Freude, von Kunst und Ästhetik, von Harmonie und Vollkommenheit. Er symbolisierte das Universum.

In *The Religion of the Forest* sagt der Dichter, dass unsere Geisteshaltung »unsere Versuche leitet, mit dem Universum entweder durch Eroberung oder durch Vereinigung, entweder durch die Kultivierung von Macht oder durch die von Mitgefühl in Beziehung zu treten«. Der Wald lehrt uns Einigkeit und Mitgefühl. Der Wald lehrt uns auch Genügsamkeit: als Prinzip der Gerechtigkeit, wie man die Gaben der Natur ohne Ausbeutung und Anhäufung genießen kann. Tagore zitiert aus den alten Texten, die im Wald geschrieben wurden: »Erkenne alles, was sich in dieser bewegten Welt bewegt, als von Gott umhüllt; und finde Genuss durch Verzicht, nicht durch Besitzgier.« Keine Spezies in einem Wald eignet sich den Anteil einer anderen Spezies an. Jede Art erhält sich selbst in Zusammenarbeit mit anderen. Das Ende von Konsum und Anhäufung ist der Beginn der Freude am Leben. Der Widerstreit zwischen Gier und Mitgefühl, Eroberung und Zusammenarbeit, Gewalt und Harmonie, über den Tagore schrieb, besteht auch heute fort. Und es ist der Wald, der uns den Weg über diesen Konflikt hinaus zeigen kann.

An der Earth University lehrt uns die biologische Vielfalt der Pflanzen, das von ihnen geschaffene Nahrungsnetz im Boden und die von ihnen getragene Insektenvielfalt die Erddemokratie, das heißt die Freiheit aller Arten, sich innerhalb des Lebensnetzes zu entwickeln, und die Freiheit und Verantwortung der Menschen als Mitglieder der Erdenfamilie, die Rechte anderer Arten anzuerkennen, zu schützen und zu respektieren und für sie zu sorgen. Erddemokratie ist ein Wechsel vom Anthropozentrismus zum Ökozentrismus, vom Wissenssystem der Gier und Gewalt zu einem der Fürsorge und Gewaltlosigkeit.

Die Erkenntnistheorie von lebenden, miteinander verbundenen Systemen ist in der Wissenschaft im Wachsen begriffen. Wissenschaftler erforschen die selbstorganisierte Komplexität von Bodenmikroben und Darmmikroben sowie die Intelligenz von Insekten, Pflanzen und Tieren. In indigenen Kulturen, bei Frauen, Kleinbauern und jungen Menschen, die sich eine lebenswerte Zukunft vorstellen wollen, hat sich diese Weltsicht erhalten.

Wie Michael Marder betont, werden wir die Intelligenz des Lebens – der Pflanzen und Tiere, der Mikroben und aller Menschen – erst dann erkennen, wenn wir aus der anthropozentrischen und kolonialen Konstruktion des »Exzeptionalismus« der Intelligenz ausbrechen. »Nur wenn wir uns enthalten, Intelligenz als Ausnahme in der Ordnung des Lebens und des evolutionären Prozesses zu betrachten, werden wir Zugang zum unerforschten Terrain des pflanzlichen Denkens erhalten.«[15]

Bienen sind intelligent. Wie Tom Head in *Bees Are Even Smarter Than We Thought (Bienen sind sogar klüger als wir dachten)* schreibt: »Wir erwarten nicht, dass Bienen *individuell* viel Intelligenz besitzen. Eine Studie aus dem Jahr 2010 ergab, dass sie die effizienteste Route zwischen zwei Punkten schneller berechnen können als manche Computer. Und jetzt hat eine neuere Studie Beweise dafür gefunden, dass sie in der Lage sind, kognitive Leistungen höherer Ordnung zu erbringen, etwas, das man von einem Gehirn, das nur etwa 1/100.000stel so viele Neuronen (950.000 im Vergleich zu unseren 100 Milliarden) hat wie das unsere, nicht erwarten würde.«[16] Die anthropozentrische und mechanistische Voreingenommenheit der Wissenschaft hat uns blind gemacht für die Allgegenwart der lebendigen Intelligenz.

Unser Darm ist ein Mikrobiom, das Billionen von Bakterien enthält. Um gesund zu funktionieren, braucht das Mikrobiom des Darms eine vielfältige Ernährung, und eine vielfältige Ernährung braucht eine Vielfalt auf unseren Feldern und in unseren Gärten. Ein Verlust an Vielfalt in unserer Ernährung führt zu Krankheit. Der Verlust der biologischen Vielfalt auf unseren Feldern und in unserer Ernährung, der im letzten halben Jahrhundert durch die Ausbreitung der Grünen Revolution, also der industriellen Landwirtschaft verursacht wurde, führt nicht nur zu einer ökologischen Krise. Er führt auch zu einer Krankheitsepidemie.

Datenverarbeitung ist keine lebendige Intelligenz. Es handelt sich lediglich um Datengewinnung und -extraktion, Verarbeitung in Maschinensprache und Algorithmen durch Maschinen. Dies ist die nächste Stufe des mechanistischen Geistes. Sie kann zwar nicht das Leben und die lebende Intelligenz ersetzen, aber sie kann ein neues System der Kontrolle darstellen, indem sie verspricht, die vielfältigen ökologischen Funktionen und Prozesse lebender Systeme zu ersetzen, und den Mythos der »Entmaterialisierung« schafft.

Ökologische und lebendige Intelligenz ist unser Kompass, um frei von externer Kontrolle und Manipulation zu sein. Sie allein ist die Quelle der Freiheit.

Das Wiederaufleben des Realen beginnt mit der Anerkennung der überall vorhandenen und verkörperten lebendigen Intelligenz in jeder Zelle unseres Körpers, in jedem Menschen, in jedem Wesen. Die Erde ist lebendig, denn sie ist intelligent. Und wir sind intelligent und frei, denn wir sind Teil von ihr und besitzen eine lebendige, sich entwickelnde Intelligenz. Unsere gemeinsame Kreativität und unser Drang, am Leben zu bleiben und frei zu leben, ist eine mächtigere Kraft auf dem Planeten als alle Manipulationen und das sich vertiefende Monopol des Giftkartells und derjenigen, die sich der Illusion anheimgeben, sie seien die Herren des Universums. Das Gefängnis des mechanistischen Verstandes ist zu klein für die Intelligenz und das **autopoietische** Potential von Billionen von Arten und mehr als sieben Milliarden Menschen.

Wie Robin Kimmerer, Biologin und Angehörige der Potawatomi, in *Braiding Sweetgrass* schreibt, können Pflanzen unsere Lehrer sein, weil es sie schon viel länger gibt als uns und sie uns zeigen können, wie man lebt.[17]

6

Koproduktion und Rückgewinnung der Wirtschaft: Ökonomien der Gegenseitigkeit, Solidarität und Kooperation anstelle von Wettbewerb, Ausgrenzung und Monopolen

»Produktion« ist abgeleitet von *producere,* »hervorbringen«. Die ursprüngliche Bedeutung bis 1400 war »ein Entstehen«.

Im Laufe der Jahre habe ich gelernt, Landwirtschaft als Pflege des Bodens zu verstehen. Ich sehe ökologische und gerechte Lebensmittelsysteme als Koproduktion mit anderen: den Regenwürmern, den Bodenorganismen, den Bestäubern und der Gemeinschaft der Bauern. Wenn wir bewusst essen und dabei an die Erde und die Landwirte denken, werden auch wir zu Koproduzenten, wir »produzieren« die Regeneration der Artenvielfalt, des Bodens, der Ökosysteme und des Planeten, wir bringen sie hervor.

Die **extraktivistische** Wirtschaft hat zu Krankheiten, Hunger und Armut, Ausgrenzung und Ungleichheit geführt. In ihr sind Gier und Wettbewerb ausschlaggebend. Und sie hat bereits beinahe dazu geführt, dass eine Handvoll Konzerne und Milliardäre unser Saatgut und unsere Lebensmittel, unsere Gemeinschaften und Medien, unser Wissen und unsere Wirtschaft, unsere Körper und unseren Geist monopolisieren.

Für die meisten Menschen und die meisten anderen Lebewesen ist dies der Weg in die Enteignung und das Überflüssigsein.

Die Schaffung neuer Wirtschaftssysteme, die auf Fürsorge, Gegenseitigkeit, Solidarität und Zusammenarbeit beruhen, ist zu einer Überlebensfrage geworden.

Die »Produktion« in der Ökonomie der Gier ist ein lineares Input-Output-System, das die Gaben der Natur, die als wertloses Rohmaterial betrachtet werden, mit energie- und ressourcenintensiven externen Inputs, die große Mengen an Müll und Verschmutzung produzieren, in Produkte verwandelt, die mit Gewinn verkauft werden. Die ökologischen und sozialen Kosten werden externalisiert. So wird ein verschwenderisches, umweltbelastendes System »produktiv« gemacht.

Das industrielle, globalisierte Nahrungsmittelsystem beruht auf fossilen Brennstoffen und Chemikalien und verbraucht zehn Energieeinheiten, um eine Einheit giftiger, nährstoffarmer Nahrungsmittel zu produzieren, die die biologische Vielfalt, den Boden, das Wasser, das Klimasystem, die Lebensgrundlage der Bauern und unsere Gesundheit zerstören.

Es sind die Pflanzen, die mich die Ethik der Zusammenarbeit untereinander, mit den Bodenorganismen, den Bestäubern und den Bienen gelehrt haben. Sie lehrten mich auch die Kraft der Gewaltlosigkeit, der Nichtkooperation mit der Gewalt der chemischen Landwirtschaft.[18]

Als die Chemikalien der Grünen Revolution eingeführt wurden, wurden sie von den hochgewachsenen, hochproduktiven, multidimensionalen und multifunktionalen einheimischen Weizenpflanzen nicht angenommen. Sie sperrten sich. Ich nenne dies die »Satyagraha« der Pflanzen (ihre »Kraft der Wahrheit«), ihre Nicht-Kooperation mit synthetischen Chemikalien. Um mit der mangelnden Kooperationsbereitschaft der einheimischen Pflanzen fertig zu werden, wurde Norman Borlaug, der für die Dupont Defense Labs arbeitete, mit der Aufgabe betraut, die Pflanzen zu verändern und sie zu »Zwergsorten« zu machen, damit sie mehr Chemikalien aufnehmen können, ohne »zugrunde zu gehen«. Dies war der sogenannte »Wunderweizen« von Borlaug. Borlaug erhielt für seine Arbeit in der Grünen Revolution im Punjab den Friedensnobelpreis. Doch aus Sicht der Pflanzen beruhte die Grüne Revolution auf Gewalt, nicht auf Friedfertigkeit.[19]

Die Grüne Revolution behandelte Stroh als Abfall. Durch die Entwicklung von Zwergsorten gibt es weniger davon, wodurch der Nährstoffkreislauf gestört wurde. Wie Masanobu Fukuoka in *One Straw Revolution* geschrieben hat, ist das Stroh der Teil der Pflanze, der als Bodenfruchtbarkeit in die Erde zurückkehrt und das Potential für künftige Nahrungsmittel liefert. Keine Pflanze ist nutzlos. Kein Teil einer Pflanze ist »Müll«. Die meisten der Saatgutsorten, die wir in **Navdanya** gerettet haben, haben eine höhere Gesamtbiomasse (Korn + Stroh) als die sogenannten »modernen, verbesserten Sorten«. Viele haben einen höheren Getreideertrag.

Die Pflanzen teilen ihre Nahrung mit uns, mit Bodenbakterien, Pilzen und Regenwürmern, mit anderen Tieren als uns Menschen, mit Vögeln und Insekten. Das Nahrungsnetz, das die Pflanzen weben, ist das Netz des Lebens. Organische Stoffe aus Pflanzen bilden einen lebendigen Boden, und ein fruchtbarer, lebendiger Boden trägt die Pflanzen und unser Nahrungsmittelsystem. Lebendiger Boden ist ein komplexes Nahrungsnetz, in dem es von Regenwürmern, Bakterien und Pilzen wimmelt.

Der lebendige Boden und seine Beziehungen zu den Pflanzen durch den lebendigen Nährstoffkreislauf gerieten ein ganzes Jahrhundert lang in Vergessenheit, mit sehr hohen Kosten für Natur und Gesellschaft. Der Boden wurde als »leerer Behälter« für die Ausbringung synthetischer Düngemittel definiert, die fälschlicherweise als Quelle der Bodenfruchtbarkeit angesehen wurden. Sprengstoffe, die durch die Verbrennung fossiler Brennstoffe bei hohen Temperaturen hergestellt wurden, um atmosphärischen Stickstoff zu binden, wurden später zur Herstellung chemischer Düngemittel verwendet. »Brot aus der Luft« war der Slogan nach der Entdeckung des Haber-Bosch-Verfahrens zur Fixierung von Luftstickstoff durch die Verbrennung fossiler Brennstoffe. Es entstand die Illusion, dass wir keinen Boden bräuchten.

Die Arroganz des militarisierten Geistes wollte nicht sehen, dass die Bauern Hülsenfrüchte anbauten, die Stickstoff nicht gewaltsam binden.

Es gab die verquere Behauptung, Kunstdünger würde die Nahrungsmittelproduktion steigern und alle ökologischen Grenzen, die der Landwirtschaft durch den Boden gesetzt sind, aufheben.

Während die indischen Bauern wussten, dass Hülsenfrüchte (Leguminosen) auf gewaltfreie Art Stickstoff binden, industrialisierte der Westen die Landwirtschaft auf der Grundlage von synthetischem Stickstoff. Heute mehren sich die Beweise dafür, dass das Ignorieren von Pflanzen als Stickstoffquellen hohe ökologische Kosten verursacht hat. Künstliche Düngemittel haben die Bodenfruchtbarkeit und die Nahrungsmittelproduktion zurückgehen lassen und zu Wüstenbildung und toten Böden, Wasserknappheit, toten Zonen in den Ozeanen, Treibhausgasen und Klimazerrüttung beigetragen.

Die durch den Kolonialismus geprägte Wirtschaftstheorie ging davon aus, dass Unternehmen die Quelle des Wohlstands und des Reichtums der Nationen sind. Diese Konzerne nutzen den »freien Handel«, um Monopole zu schaffen und die wirtschaftliche Souveränität der kleinen Erzeuger und eines Landes zu zerstören. »Wettbewerb« ist das Wort, das sie benutzen, um ihr Monopol zu begründen. Wettbewerb und Gier haben die Menschheit an den Rand des Abgrunds gebracht.

Die größte Molkerei der Welt ist die indische Genossenschaft *Amul* mit Millionen von Frauen als Hauptproduzenten, die sich um ihre Kühe und Büffel kümmern. Der Gründer, Dr. Kurien, stellte die kolonialisierenden Kategorien von Wettbewerb und der Unternehmenskontrolle durch »freie Märkte« auf den Kopf. Im Mittelpunkt seiner Vorstellung stand die Zusammenarbeit, nicht der Wettbewerb, und die Produzentinnen, nicht die multinationalen Konzerne. Dr. Kurien baute die größte Molkerei der Welt auf, die auf Millionen von Frauen mit jeweils ein paar Tieren beruht, die durch eine Wirtschaft der Fürsorge Wohlstand schaffen. In lebenden Systemen und lebendigen Volkswirtschaften ist das Große das Ergebnis vieler kleiner Akteure, die kohärent und kooperativ handeln.

Damit stellte er die falschen Annahmen in Frage, dass Wettbewerb und Gier in unserer DNA liegen und dass Frauen den Männern unterlegen und keine produktiven Wirtschaftsakteure sind. Dr. Kurien ebnete den Weg zur Entkolonialisierung unserer Wirtschaft, indem er die Zusammenarbeit und die Macht der Frauen in den Mittelpunkt der Wirtschaft stellte. Die Natur und die menschliche Gesellschaft beruhen auf Zusammenarbeit, nicht auf Durchsetzung.

Die fragmentierte, atomistische Sichtweise wurde auf komplexe, miteinander verbundene lebende Organismen und Ökosysteme übertragen. Man ging davon aus, dass sich jede einzelne Lebensform isoliert entwickelt und mit allen anderen um knappe und schrumpfende Ressourcen konkurriert.

Die mechanistische Sichtweise der Trennung und Atomisierung war blind für die Tatsache, dass die Erde und ihre Ressourcen lebendig sind und die Menschen als Teil der Erde das Potential haben, Ressourcen zu regenerieren, gemeinsam Wohlstand zu schaffen und ihn gerecht zu teilen. Die koloniale, mechanistische Weltsicht ignorierte die Verflechtung und die weit verbreitete Zusammenarbeit zwischen den Arten zur gegenseitigen Unterstützung. Sie war blind für die Fähigkeit von Menschen und Gemeinschaften, für die Natur zu sorgen, ihre Ressourcen zu regenerieren und gemeinsamen Wohlstand zu schaffen. Die Milcherzeuger sind ein Beispiel für eine Wirtschaft des Überflusses, die auf Fürsorge beruht.

Wissenschaftler kommen jetzt zu dem Schluss, dass Kooperation die Evolution bestimmt, nicht Wettbewerb. Von den Molekülen in einer Zelle bis hin zu Organismen, Ökosystemen und dem Planeten als Ganzem sind Zusammenarbeit und Gegenseitigkeit das Organisationsprinzip des Lebens.

Es gibt viele Alternativen zur Ideologie des »freien Marktes« des kolonialen Handels. Überall auf der Welt wachsen gemeinschaftsbasierte, solidarische Kreislaufwirtschaften, darunter auch die ökofeministische Ökonomie, die ich in den letzten fünf Jahrzehnten mit Produzentinnen auf dem Land entwickelt habe.

Wir können uns entweder für eine Zukunft entscheiden, die die Gewalt der industriellen Nahrungsmittelsysteme der Konzerne gegen Landwirte, Tiere und Pflanzen verstärkt, indem wir uns an der Vision der Konzerne von einer Landwirtschaft ohne Landwirte, ohne Tiere und ohne biologische Vielfalt beteiligen, die künstliche Nahrungsmittel produziert, die die Profite steigern, aber die Gesundheit des Planeten und der Menschen zerstören. Oder wir können uns für eine gewaltfreie Zukunft entscheiden, die auf Koproduktion und Erddemokratie beruht: gewaltfrei mit allen Lebewesen leben und ihr Recht auf ein gewaltfreies Leben anerkennen. Anderen Lebewesen das Recht auf Leben zu verweigern und andere Arten und Menschen als entbehrlich zu behandeln, ist die höchste Form der Gewalt.

Echte Lebensmittel, einschließlich echter Milchprodukte, geben uns die Chance, die Erde, unsere Gesundheit, unsere Lebensmittelwirtschaft, unsere Ernährungssouveränität und unsere Ernährungskulturen durch eine echte Landwirtschaft zu erneuern, die für die Erde und die Menschen sorgt. Durch echte Lebensmittel können wir unsere Lebensmittelkulturen und unser Bewusstsein dekolonialisieren. Wir können uns daran erinnern, dass Nahrung lebendig ist und uns Leben schenkt. Nahrung ist die Währung des Lebens.

Zusammenarbeit, Solidarität, Gegenseitigkeit, Kreislaufwirtschaften, in denen wir die Erde und ihre Lebewesen erhalten und die Primärproduzenten einen fairen und gerechten Anteil erhalten, sind zu einem Imperativ für das Überleben geworden.

Lebendige Intelligenz ist ein lebendiger Prozess, der Leben möglich macht. Leben ist ein komplexes, selbstorganisiertes, miteinander verbundenes System, das ständig Nahrung und Energie erzeugt und austauscht.

Die Kunst des Lebens beruht auf kreativen, gewaltfreien Techniken, nicht auf gewalttätigen, invasiven Techniken des **Extraktivismus**. Gewaltfreie Ökonomien und Techniken basieren auf lebendiger Intelligenz und nicht auf der Illusion einer »künstlichen« Intelligenz.

Unsere Arbeit in Navdanya hat in 34 Jahren gezeigt, dass ernährungssouveräne Landwirte, die regenerative ökologische Landwirtschaft, fairen Handel und lokale Kreislaufwirtschaft praktizieren, mehr Lebensmittel ohne Chemikalien erzeugen, mehr Wasser bewahren, indem sie auf wasserschonende, nährstoffreiche Lebensmittel wie Hirse und ökologischen Landbau umsteigen, und das Einkommen der Landwirte steigern können, indem sie nicht mehr teure Chemikalien kaufen müssen und nicht mehr in den unfairen, von Unternehmen kontrollierten Handel eingebunden sind.[20]

Ökologische Landwirtschaft und Lebensmittelproduktion ist *Earth Care*. Diese regenerative Arbeit auf kleinen Bauernhöfen, aber auch in Städten ist die wirklich grüne Wirtschaft. Dazu müssen wir die Lebensmittelsysteme ökologisieren und uns von dem fossilen, chemie- und kapitalintensiven Modell der industriellen Landwirtschaft verabschieden. Wir müssen die Lebensmittelsysteme lokalisieren und uns von den unfairen Regeln der Unternehmensglobalisierung lossagen, die unsere Bauernhöfe und Lebensmittelkulturen zerstört und die Gesundheit des Planeten verschlechtert haben. Wir müssen überall Gärten der Hoffnung anlegen, um die Vergiftung der Erde und unserer Körper zu stoppen und einen Übergang von degenerativen, nicht nachhaltigen, ungesunden Lebensmittelsystemen zu regenerativen, nachhaltigen, gesunden Lebensmittelsystemen zu schaffen. Lebensmittel können das Bindeglied zwischen der Stadt und den umliegenden kleinen Bauernhöfen in einem Lebensmittelsystem sein, in dem gesunde, biodiverse und frische Lebensmittel angebaut werden. Lebensmittelgemeinschaften bilden die Grundlage für eine neue Lebensmitteldemokratie, eine Erddemokratie.

Landwirte brauchen Freiheit, Gerechtigkeit und Fairness. Die Landwirte von **Navdanya** verdienen zehnmal mehr als die Landwirte, die auf Chemiebasis Rohstoffe produzieren. Damit verteidigen sie ihre Freiheit beim Saatgut, die Freiheit der Ernährung und die wirtschaftliche Selbständigkeit.[21] Das künftige Ernährungsmodell muss die gestörten ökologischen Kreisläufe des Planeten, die gestörte Gesundheit der Menschen und das gestörte Verhältnis zwischen Land und Stadt auf eine neue Basis stellen. Lebensmittel sind die Währung des Lebens. Die Ernährungsdemokratie muss zum zentralen Organisationsprinzip werden, um Demokratie und Souveränität überall zu erneuern. Lebensmittel können den metabolischen Riss [den Abriss im Stoffwechsel, a.d.Ü.] zwischen dem Land und den Städten überwinden. Lebensmittel können in Zeiten der Hoffnungslosigkeit Hoffnung bringen.

Eine regenerative ökologische Landwirtschaft, die auf den Gesetzen der Erde und der Wissenschaft der Agrarökologie beruht, ist der Weg zur Regeneration des Planeten, unserer Lebensmittel, unserer Wirtschaft, unserer Bauernhöfe, unserer Städte und unserer Gemeinden. Sie ist die bewährte Brücke, die die Rechte von Mutter Erde mit den Menschenrechten verbindet. Eine lokale, ökologische, biodiverse und kreislauforientierte Lebensmittelwirtschaft hat das Potential, die vielfältigen Probleme zu lösen, mit denen wir konfrontiert sind – Klimazerrüttung und Schwund der biologischen Vielfalt, Hunger und Krankheitsepidemien, Armut und Arbeitslosigkeit.

Ökologische Landwirtschaft, Agrarökologie und lokale Lebensmittelsysteme auf der Grundlage echter, gesunder und frischer Lebensmittel können sich als der entscheidende Weg zur Verteidigung der Rechte von Mutter Erde und zur Verteidigung der Menschenrechte erweisen.

Durch biodiverse ökologische Landwirtschaft gewinnen wir unsere Fähigkeit zurück, in Gemeinschaften zu leben, sowohl in unseren lokalen Gemeinschaften als auch in der Erdgemeinschaft. Unser planetarisches Bewusstsein, dass wir als eine Menschheit auf einem Planeten miteinander verbunden sind, übersetzt sich in ökologisches Handeln zur Heilung der Erde an unseren jeweiligen Orten auf der Erde, zu denen wir gehören. Wir fordern unsere Körper und unsere Gesundheit zurück.

Eine biodiverse, regenerative ökologische Landwirtschaft beruht auf den Gesetzen der Natur und liefert mehr Lebensmittel und Nahrung für mehr Menschen. *Sie* stärkt die biologische Vielfalt und sichert die Ernährung, nicht Chemikalien und Gifte.

Fürsorge hat mit Vertrautheit und Nähe zu tun, deswegen hängt eine fürsorgliche Wirtschaft von der Größe ab und deshalb bringen kleine Betriebe mehr Nahrung hervor, dazu gesunde biologische Vielfalt, Lebensgrundlagen und Gemeinschaft. In Lebensmittelsystemen wie in allen Bereichen, die liebevolle Fürsorge benötigen, wächst die Wirtschaft aus dem Kleinen: »Small is Beautiful«.[22]

7

Nicht Gier und Geld, sondern Fürsorge und Mitgefühl sind die Währung und der Fluss des Lebens, die das Netz des Lebens und der Gesellschaft zusammenhalten.

Bei der Lebenskunst geht es darum, das Leben zu nähren – das Leben aller Wesen auf der Erde, einschließlich unserer menschlichen Familie. Die Kunst des Lebens besteht darin, eine lebendige, lebenserhaltende Wirtschaft zu schaffen und an ihr teilzuhaben.

»Currency« (Währung) bedeutet Fluss oder Umlauf.[23] Die »Währung«, die durch lebende Systeme fließt, um ihr Leben zu erhalten, ist nicht Geld. Lebendige Ökonomien beruhen auf den Währungen (oder Umlaufflüssen) des Lebens: des Atems und der Luft, der Lebensmittel und des Wassers, der Energie und der Nahrung. Das Leben selbst ist die Währung des Lebens, nicht das Geld. Das Leben schafft und erhält durch seine Ströme die Infrastruktur des Lebens.

Die Luft, der Boden und die biologische Vielfalt, das Wasser und die Nahrung sind die Lebensströme, die unser Leben mit dem Leben von Mutter Erde verbinden. Atem, Wasser und Nahrung geben uns Leben. Wir atmen den Sauerstoff ein, den die Pflanzen erzeugen. Und wenn unser Stoffwechsel gesund ist, unser Körper sich im Zustand der »Homöostase« befindet, kann der Sauerstoff, den wir atmen, zirkulieren, damit er jedes Gewebe und jede Zelle erreicht. Covid griff mehrere Organe in unserem Körper an und zerstörte dessen Selbstregulierungssysteme.

Wir trinken das Wasser, das durch den Wasserkreislauf der Erde zirkuliert. Sie speichert einen Teil in ihren Wasseradern und im Boden, und einen Teil lässt sie in unseren Quellen, Bächen und Flüssen zu den Ozeanen fließen, wo es verdunstet, um als Tau, Regen und Schnee wiederzukehren. Unser Körper besteht zu 70 Prozent aus Wasser. Dehydrierung kann den Tod bedeuten.

Wir werden von der Nahrung genährt, die der Boden und die Erde liefern, und unser Darmmikrobiom verwandelt sie, um unsere Gesundheit zu erhalten und zu regenerieren. Indem wir den Boden regenerieren und das Gesetz der Rückführung praktizieren, werden wir Teil des großen Nährstoff- und Lebensmittelkreislaufs, der das Leben auf der Erde erhält, auch das menschliche Leben.

Gier und die »Anbetung« des Geldes schaffen die Illusion, dass Geld die Währung ist, mit der wir das Leben kaufen könnten. Aber das Leben ist kein Produkt im Supermarktregal. Das Leben ist das Geburtsrecht aller Lebewesen, auch der Menschen. Kolonialismus und Habgier haben die **Allmende** von Land, Saatgut, Wasser und Nahrung und sogar die Luft, die wir atmen, systematisch eingehegt. Die Einhegung bedeutet, dass die Menschen gezwungen sind, ihre Lebensgrundlagen zu kaufen. Die Lebenshaltungskosten steigen ständig, so dass immer mehr Menschen das Recht auf ein auskömmliches Leben verlieren. Früher herrschte Ungleichheit zwischen denjenigen, die haben, und denjenigen, die nicht haben. Jetzt wird sie sich bald auf »leben oder nicht leben« verschieben.

Den Menschen wird die Infrastruktur des Lebens und des Wohnens entzogen, indem man ihnen sagt, sie würden mit Geld entschädigt. Je mehr ihnen eingeredet wird, dass ihr Einkommen steigen kann, indem sie an der **extraktiven** Wirtschaft der Gier teilhaben, desto ärmer und verschuldeter werden sie. In dem Maße, wie alles zur Ware wird und alle Gemeingüter eingehegt und privatisiert werden, bezahlen wir für das, was uns gehört hat. Die Menschen sind gezwungen, im Hamsterrad des Geldverdienens zu rennen, um noch mehr aus sich herauszuholen. Da sie gezwungen sind, dem Geld hinterherzujagen, anstatt sich in der Kunst des Lebens zu üben, steigen die Lebenshaltungskosten weiter, aber nicht das Einkommen. Die Enteignung beschleunigt sich.

Im Rahmen des Great Reset hat das Weltwirtschaftsforum gesagt: »Ihr werdet nichts besitzen. Und ihr werden glücklich sein.«

Was sie nicht sagen, ist: *Wir* werden alles besitzen, und ihr werdet alles von uns mieten – das Land, euer Haus, euer Auto, eure Kommunikationssysteme, eure Software, sogar euren Verstand. Und wir, die Milliardäre, werden in einer neuen Techno-Feudalwirtschaft, die auf Miet- und Lizenzeinnahmen beruht, noch reicher werden.

In der Tretmühle des »Geldverdienens« sind die Bauern landlos und die Menschen obdachlos geworden.

Aber Geld ist nicht die Währung des Lebens. Fürsorge ist die Währung des Lebens, Mitgefühl ist die Währung des Lebens, Nahrung ist die Währung des Lebens, Wasser ist die Währung des Lebens, Lebensenergie ist die Währung des Lebens, Leben ist die Währung des Lebens.

Biologische Vielfalt, Lebensmittel und Land werden als »Vermögenswerte« im Portfolio der Milliardäre neu definiert, um damit Geld zu verdienen. Die Algorithmen der Tech-Giganten beanspruchen Patente auf unsere Körper- und Gehirnaktivitäten und weisen uns in Form von Kryptowährungen einen Wert zu. Big Tech will entscheiden, welcher Wert uns zugewiesen wird.

Das digitale Finanzwesen oder FinTech (die Verbindung von Finanzwesen und Technologie) überlässt dem Geld und der Geldmaschine das Steuer, die entscheiden, welchen Wert ein Mensch nach Maßgabe seiner Rolle in der extraktivistischen Wirtschaft hat.

Der Bericht von Professor Sir Partha Dasgupta über die biologische Vielfalt[24] gibt einen Einblick in die neue Ökonomie der **Finanzialisie-**

rung von Natur und Mensch. Der Mensch wird als »Humankapital« definiert. Er ist nicht länger ein autonomes, souveränes menschliches Wesen, sondern wird auf »das Produktionsvermögen, das in Leistung, Fähigkeiten und Wissen verkörpert ist« reduziert. Der Wert des Humankapitals entspricht den künftigen Marktlöhnen und -gehältern eines Individuums. Im Abschnitt über »Humankapital und menschliche Gesundheit« werden Sterblichkeit und Morbidität in Geldwerten definiert. Sie beruhen auf einem Trick mit abstrahierten, nicht realen Menschen, die als statistische Leben dargestellt werden. Der Wert des Lebens in einem reichen Land ist fünfzehn Mal höher als in armen Ländern. Wir haben uns dieser Arithmetik des Völkermords auf dem Erdgipfel in Rio widersetzt.

Wir müssen uns weiterhin gegen die Entwertung des Lebens wehren. Jedes einzelne Leben ist unbezahlbar. Jedes Leben ist im Hinblick auf das Recht auf Leben gleich. Dies ist der Kern der UN-Menschenrechtserklärung.

Die »Finanzialisierung ökologischer Dienstleistungen« ist der neue Begriff. Man verspricht den Erhalt der biologischen Vielfalt und meint ein Paradigma der Ernährung und der Landwirtschaft, das nichts mehr mit dem eigentlichen sozialen, ökologischen, begrifflichen und erkenntnistheoretischen Gefüge der Landwirtschaft zu tun hat.

Die Konzentration der unternehmerischen Kontrolle über unser tägliches Brot durch Megafusionen riesiger Saatgut- und Chemiekonzerne sowie das Verschmelzen der Instrumente der Digital- und Finanztechnologien und die Integration der gesamten Lebensmittelkette vom Saatgut bis auf den Tisch durch diese vernetzten Technologien bedeuten eine höhere Anfälligkeit des Nahrungsmittelsystems insgesamt. Eine Instabilität in einem Teil kann Instabilitäten im gesamten System auslösen. Zwar beginnen die Instabilitäten in der Finanzwelt, doch führen sie zur Verwundbarkeit realer Menschen und realer Leben.

Die Spekulationen der Wall Street haben die Finanzkrise 2008 ausgelöst. Und die Wall Street profitierte, indem sie Nahrungsmittel in das globale Kasino hineinnahmen. Durch den Einstieg von Investoren wie Goldman Sachs, AIG Commodity Index, Bear Sterns, Oppenheiner Puneo und Barclays konnte die Agrarindustrie ihre Gewinne steigern. Im ersten Quartal 2008 führte Cargill seinen Gewinnsprung von 86 Prozent auf den Rohstoffhandel zurück. Conagra verkaufte seine Handelssparte für 2,8 Milliarden Dollar an einen Hedgefonds.

In einer Titelgeschichte für *Harper's* schrieb Frederick Kaufman über die *Food Bubble* (Lebensmittelblase): »Wie die Wall Street Millionen verhungern ließ und damit davonkam. Die Geschichte der Lebensmittel nahm 1991 eine unheilvolle Wendung, zu einer Zeit, als niemand so recht aufpasste. Das war das Jahr, in dem Goldman Sachs beschloss, dass unser tägliches Brot eine hervorragende Investition darstellen könnte.«

Durch die Spekulation auf den Weizenpreis und die damit verbundenen Gewinne wurden 250 Millionen Menschen ihrer Nahrung beraubt. Die Spekulation hatte den Preis der Lebensmittel vom Wert der Lebensmittel getrennt. Austin Damani sagte zu Fred Kaufman: »Wir handeln mit Weizen, aber den Weizen werden wir nie zu Gesicht bekommen. Es passiert nur im Kopf.« Niemand weiß, wie viele Menschen ihr tägliches Brot verloren haben.

Essen ist eine ökologische Erfahrung, eine sensorische Erfahrung, eine biologische Erfahrung. Durch die Spekulation wurde sie dieser Realität entfremdet. Die Getreidemärkte haben sich durch den Terminhandel der Getreideriesen in Chicago, Kansas City und Minneapolis in Verbindung mit der Spekulation der Anleger verändert. Wie Kaufman sagt: »Imaginärer Weizen, der irgendwo gekauft wird, wirkt sich auf realen Weizen aus, der überall gekauft wird.«[25]

Wenn wir die Nahrungsmittel nicht aus der Warenwelt zurückholen und unsere Ernährungssouveränität und Ernährungsdemokratie nicht zurückfordern, wird immer mehr Menschen die Nahrung verweigert werden, weil immer mehr Geld in die globalen Kasinos fließt, um Gewinne zu erzielen, und das tägliche Brot von immer mehr Menschen an eine spekulative, instabile Finanzwirtschaft gebunden wird.

Zum Zeitpunkt der Abfassung dieses Buches hatte Blackrock, der größte Investmentfonds, ein Vermögen von 8,7 Billionen Dollar.

Die Finanztechnologie schließt sich nun mit der Biotechnologie und Big Tech zusammen, um künstliche Nahrungsmittel zu schaffen, die als »Nahrungsmitteltechnologie« verpackt werden, weil sich mit künstlichen, patentierten Zutaten Gewinne erzielen lassen. Genauso wie gentechnisch verändertes Saatgut als Teil einer extraktivistischen Wirtschaft vorangetrieben wurde, werden gentechnisch veränderte Labornahrungsmittel als nächster Schritt des Extraktivismus angepriesen, wobei die Beziehung zwischen dem Bodenmikrobiom, der Biodiversität von Pflanzen und der Biodiversität unseres Darmmikrobioms zerstört wird.

Die Geldwirtschaft sollte nicht darüber entscheiden, ob Landwirte echte Lebensmittel für echte Menschen oder Waren für den globalen Handel anbauen und ob wir echte Lebensmittel oder in Labors verarbeitete »bauernfreie« künstliche Nahrungsmittel essen.

Wenn Lebensmittel und Landwirtschaft in das Finanzkasino oder unter die Kontrolle von Big-Tech-Patentmonopolen geraten, führt der Zusammenbruch der Finanzsysteme oder der digitalen Kommunikationssysteme unmittelbar zu einem Zusammenbruch des Lebensmittelsystems. Doch Lebensmittel und Landwirtschaft sind zu wichtig, um sie Finanzspekulanten oder digitalen Monopolen zu überlassen. Sie müssen in der Erde, ihren ökologischen Systemen und Prozessen und dem Wissen derjenigen verwurzelt sein, die gemeinsam mit der Erde Lebensmittel erzeugen und produzieren.

Unser tägliches Brot muss in den Händen von Frauen und Kleinbauern liegen, die sich für die Erde, ihre Gemeinden und die Zukunft ihrer Kinder einsetzen.

Wir müssen die Wirtschaft der Fürsorge ausbauen und die Wirtschaft der Gier einschränken. Wir müssen die Währungen des Lebens vermehren und die Kontrolle des Geldflusses über unser Leben verringern.

8
Vielfalt, Dezentralisierung, Demokratie

Lebendige Ökonomien beruhen auf Vielfalt als Organisationsprinzip. Lebendige Ökonomien beruhen auf der Ko-Kreativität mit der biologischen Vielfalt der Natur. Biodiversität und kulturelle Vielfalt entwickeln sich gemeinsam. Diversität, Dezentralisierung und Demokratie gehen Hand in Hand. Lebendige Volkswirtschaften beruhen auf Dezentralisierung und Lokalisierung. Wirtschaftliche Vielfalt umfasst die Vielfalt der Lebensgrundlagen und des Wissens, die Vielfalt der Sphären – lokale, nationale und internationale Erddemokratie. Fürsorge bedeutet Vertrautheit. Fürsorge ist emotional, biologisch und ökologisch. Sie beginnt im Kleinen und wächst nach außen in die verschiedensten Bereiche.

Die Wirtschaft der Gier beruht auf Monokulturen, Uniformität, Standardisierung, Unternehmensglobalisierung und zentralisierter Kontrolle. Sie beruht auf der Zerstörung der Demokratie. Sie beginnt mit der Monokultur des Verstandes und erzwingt Monokulturen unserer Ess- und Kleidungsgewohnheiten, mit sehr hohen Kosten für den Planeten und die Menschen. Monokulturen des Wissens und der Wirtschaft führen zu Monopolen. Eine Handvoll Milliardäre und Vermögensverwaltungsfonds wie Blackrock und Vanguard besitzen und kontrollieren alles. Die Wirtschaft der Gier erfordert Zentralisierung, Uniformität und die Zerstörung der Demokratie und der Freiheiten der Menschen.

Die Natur funktioniert nicht nach dem Prinzip der Gleichartigkeit, der Uniformität und der Monokultur. Die natürliche Welt ist ein ständiges Streben nach Vielfalt im Ausdruck. Die kulturelle Vielfalt der Lebensmittel und der Landwirtschaft ergibt sich aus den Wegen der Natur und ihrer Biodiversität. Die Monokultur des Verstandes und die Auferlegung von Uniformität in Bezug auf Saatgut, Landwirtschaft, Ernährung, Wissenssysteme und Wirtschaft sind ein Produkt des kolonialisierenden Verstandes und des auf **Extraktivismus** beruhenden Industrialismus der fossilen Brennstoffe. Dies hat zum sechsten Massenaussterben geführt, bei dem die Arten tausendmal schneller aussterben als natürlich.

Von der Natur, ihren Mikroben und ihren Pflanzen lernen wir, dass Vielfalt nicht zu Ungleichheit führt, konstruierte Hierarchien tun das hingegen sehr wohl. Von Pflanzen können wir Gleichberechtigung lernen und damit die Vorstellung überwinden, dass Menschen den Pflanzen überlegen sind, die durch den **Anthropozentrismus** entsteht, der bei den Milliardären und in der Agrarindustrie vorherrscht.

Die Gewalt gegen die Pflanzen und die Erde hat ihre Wurzeln in der Illusion des Getrenntseins, der Verdinglichung und der Annahme, dass Pflanzen und lebende Systeme träge Objekte sind, die man manipulieren und besitzen kann, um Gewinne zu erzielen. Die heutige Denkart entwickelte sich, als die lebendige Erde zu toter Materie und Rohstoff erklärt wurde, um die industrielle Revolution zu ermöglichen. Monokulturen ersetzten die Vielfalt. Die Gewalt gegen Menschen, insbesondere gegen Frauen, indigene Völker, Landwirte und Arbeiter, ist mit der Gewalt gegen die Erde und der Einhegung der Infrastruktur des Lebens verbunden.

Die Überwindung der brutalen Kluft zwischen dem 1% und dem Rest erfordert eine neue Vorstellung von Vielfalt und ein Leben aus und für die Vielfalt. Alle Lebewesen sind unterschiedlich, haben aber gleiche Rechte. Alle Menschen sind unterschiedlich, haben aber die gleichen Rechte. Vielfalt zu zelebrieren und zu schützen, ist der Weg zur Überwindung der Kluft von Öko-Apartheid und menschlicher Apartheid.

Heute, in einer Zeit vielfältiger Krisen, die durch Globalisierung, Trennung und Monokulturen des mechanistischen Verstandes noch verstärkt werden, müssen wir uns von dem **Paradigma** der Natur als toter Materie und der Pflanzen und Menschen als träge Objekte der Manipulation lösen. Wir müssen zu einem ökologischen Paradigma übergehen, und die beste Lehrerin dafür ist die Natur selbst, ihre biologische Vielfalt und ihre Pflanzen. Wie Marder schreibt: »Die nicht-ökonomische Großzügigkeit der Pflanze – die sich selbst ohne

Vorbehalt an alles und jeden Lebenden verschenkt – verwandelt die pflanzliche Demokratie in eine ethische Politik – frei von jeder Erwartung einer Gegenleistung des anderen.«[26]

In der Geschenkökonomie ist das Geben selbstorganisiert. Und die Beziehung zwischen Geben und Nehmen schafft das selbstorganisierte System.

Lebendige Volkswirtschaften beruhen auf Selbstorganisation. Selbstorganisation führt zur Entfaltung der Vielfalt.

Von den Pflanzen können wir die Werte der Gleichheit in der Vielfalt und die Kultivierung der Demokratie in einer Welt zunehmender Ungleichheit, der Ausbreitung von Monokulturen und der Erosion der Demokratie lernen.

Sir Albert Howard, der 1905 nach Indien geschickt wurde, um westliche Landwirtschaftssysteme einzuführen, stieß dort auf äußerst ausgeklügelte Systeme, die die indische Landwirtschaft über Jahrtausende hinweg aufrechterhalten hatten. Also beschloss er, von den Bauern und den Schädlingen zu lernen, wie man gute Landwirtschaft betreibt. Das *Landwirtschaftliche Testament* war die Synthese dieser Lehre und wird heute als die Bibel der modernen ökologischen Landwirtschaft bezeichnet.

Die wichtigsten Lehren, die er erfuhr, waren Vielfalt und das Gesetz der Rückführung. Eine dauerhafte Landwirtschaft baut nicht nur eine einzige Kultur an, und sie baut auch keine Kulturpflanzen allein an. Sie integriert Pflanzen, Bäume und Tiere, und sie mischt verschiedene Pflanzen in Vielfalt – Hülsenfrüchte, Ölsaaten, Getreide, Gemüse, jede in reicher Vielfalt. Vielfältige Nutzpflanzen produzieren verschiedene Nährstoffe für den Boden, für Tiere und Menschen und setzen so das Netz des Lebens fort, das ein Netz selbstorganisierter Organismen ist, die durch Austausch und Interaktion mit anderen Wesen wachsen und sich erneuern.

Die Grundlagen der ökologischen Zivilisation Indiens beruhen auf Vielfalt. Wenn man keine chemischen Monokulturen auf der Basis von Herbiziden anbaut, wachsen Pflanzen in Hülle und Fülle, auch nahrhafte, nicht kultivierte Nahrungspflanzen wie Bathua (*Chenopodium album*) und Chaulai (Amaranth), Heilpflanzen wie Bhuiamla (*Phyllanthus Niruri*), die die Leber heilt und ein Mittel gegen Gelbsucht und Hepatitis darstellt, sowie Gras für unsere Tiere. Die gesamte wissenschaftliche Literatur zeigt, dass Biodiversität und Mischkulturen ein höheres »Landäquivalenzverhältnis« aufweisen und dass wir mehr Ertrag pro Hektar erzielen, wenn wir Pflanzen mischen, als wenn wir Monokulturen anbauen. **Navdanyas** Maßstab für den Nährwert pro Hektar misst die auf Biodiversität beruhende Produktivität und nicht den reduktionistischen »Ertrag« einer Ware aus einer auf Chemie beruhenden Monokultur.

Der biodiverse Mischanbau ist das Prinzip, das Sir Albert Howard von der indischen Landwirtschaft lernte und als ökologische Landwirtschaft in der ganzen Welt verbreitete. Er schreibt in seinem Landwirtschaftlichen Testament: »Mischkulturen sind die Regel. In dieser Hinsicht sind die Landwirte des Orients der Methode der Natur gefolgt, wie man sie in den Urwäldern gesehen hat. Der Mischanbau ist vielleicht am universellsten, wenn das Getreide der Hauptbestandteil ist. (Kulturen wie Hirse, Weizen, Gerste und Mais werden mit einer geeigneten Hülsenfrucht gemischt, manchmal einer Art, die viel später reift als die Getreideart. Die Straucherbse (*Cajanus indicus* Spreng.), die vielleicht wichtigste Hülsenfrucht des Ganges-Alluviums, wird entweder mit Hirse oder mit Mais angebaut.) Die Mischung von Getreide und Hülsenfrüchten scheint beiden Kulturen zu helfen.« Er stellte auch fest, dass der ökologische Landbau die Mykorrhiza-Pilze fördert, die für die Nährstoffversorgung der Pflanzen und die Kommunikation über das Wurzelsystem von entscheidender Bedeutung sind.

Pflanzen bieten den Bienen und Bestäubern den Pollen ihrer Blüten an und befruchten damit künftige Pflanzen. Die Forschung von Navdanya hat gezeigt, dass mehr als 30 Prozent der Lebensmittel, die wir essen, mit Hilfe von Bienen und anderen Bestäubern produziert werden.

Als die Grüne Revolution in den 1960er Jahren der Dritten Welt aufgezwungen wurde, sagte man uns, dass ohne Chemikalien und das

»Wundersaatgut« der Grünen Revolution Millionen Menschen verhungern würden. »Zwergsorten« wurde gezüchtet, die hohe Dosen von Düngemitteln vertragen. Diese wurden fälschlicherweise als »Hochertragssorten« (HYVs) bezeichnet. Wie das UN-Forschungsinstitut für soziale Entwicklung (UNRISD) feststellte, handelte es sich lediglich um »High Response Varieties«, die gut auf Chemikalien reagierten. Die Illusion der HYVs ersetzte die Vielfalt der einheimischen Sorten, die auf Ernährung, Geschmack und Widerstandsfähigkeit gezüchtet wurden. Die Grüne Revolution scheiterte, weil sie den Boden, das Wasser und die biologische Vielfalt zerstörte – das Kapital der Natur, von dem die Nahrungsmittelproduktion abhängt. Der Hunger blieb.

Heute werden diese gemeinsamen Grundsätze, die von verschiedenen Schulen des ökologischen Landbaus – organischer Landbau, Permakultur, biologisch-dynamische Landwirtschaft, natürliche Landwirtschaft und viele andere – praktiziert werden, als Agrarökologie bezeichnet. Diese Grundsätze haben Ernährungssysteme geschaffen, die über Jahrhunderte hinweg Bestand hatten und alles Leben erhalten haben, weil sie dem von der Natur vorgegebenen Lebensweg folgen.

Die Wirtschaft der Gier ist blind für die Vielfalt. Während wir eine Vielfalt stickstoffbindender Pflanzen als *dals* in unserem täglichen *dal roti* aßen, machten die britischen Kolonisatoren, die keine Ahnung vom Nährstoffreichtum der Hülsenfrüchte hatten, diese zu Tierfutter. Aus Chana wurde Kichererbse, aus Gahat wurde Pferdekorn, aus Tur wurde Taubenerbse.

Unsere Ernährungsgrundlage hat sich von 10.000 Arten auf weniger als 12 weltweit gehandelte Waren verkleinert. Künstliche Nahrungsmittel sind der nächste Schritt in der Ökonomie der Gier, die die Vielfalt auf unseren Bauernhöfen, unseren Tellern und in unserem Darm noch weiter schrumpfen lassen wird.

Monokultur und Gier gehen Hand in Hand.

Vielfalt und Fürsorge gehen Hand in Hand.

Indem wir Fürsorge kultivieren, kultivieren wir Vielfalt. Wir bauen mehr Nahrung für mehr Lebewesen an; wir können von

Armut, Hunger und Krankheit zu guter Arbeit und guter Nahrung für alle übergehen. Die Praxis und die Forschung von Navdanya in den letzten 34 Jahren haben gezeigt, wie die biologische Vielfalt mehr Lebensmittel und Nährwert hervorbringt. Die Vielfalt der Kulturen schafft eine Vielfalt der Wirtschaft, und die wirtschaftliche Vielfalt erhöht das Einkommen und das Wohlergehen der Bauern.[27]

So wie sich selbstorganisierte Systeme in und durch Vielfalt entwickeln, sind auch selbstorganisierte Volkswirtschaften vielfältig. Das Wirtschaftsparadigma, das auf einer linearen, einseitigen Entnahme von Ressourcen und Reichtum aus der Natur und der Gesellschaft beruht, hat jedoch Produktions- und Verbrauchssysteme gefördert, die diese Zyklen unterbrochen und zerrissen haben und die Stabilität der natürlichen und sozialen Welt bedrohen. Das Gesetz der Rückführung beruht darauf, der Natur und der Gesellschaft zurückzugeben, was wir bekommen. Ökologische Landwirtschaft und regenerative Lebensmittelsysteme haben das Potential, das Land zu erneuern und gleichzeitig Überfluss zu schaffen.

Eine biodiversitätsintensive und giftfreie Landwirtschaft regeneriert die Artenvielfalt und verjüngt den Planeten, während sie gleichzeitig mehr Nährstoffe pro Hektar produziert. Sie zeigt den Weg zu »Null Hunger« in Zeiten der Klimazerrüttung.[28]

Selbstorganisation schafft Vielfalt, und Vielfalt schafft Widerstandskraft. Je vielfältiger ein Ökosystem ist, desto widerstandsfähiger ist es gegen Schädlinge und Krankheiten, gegen Schocks und Stress. Dieser Grundsatz gilt für unsere Wälder und landwirtschaftlichen Betriebe, für unsere Gemeinschaften und uns selbst, für unser Bodenmikrobiom und unser Darmmikrobiom.

Durch ökologische Landwirtschaft und biodiverse Ernährung gewinnen wir unsere Fähigkeit zurück, in Gemeinschaften zu leben, sowohl in unseren lokalen Gemeinschaften als auch in der Gemeinschaft der Erde, in den Gemeinschaften der biodiversen Arten auf unserem Feld und in unserem Darm.

Wenn die Vielfalt unseres Bodens, unserer Pflanzen und unserer Lebensmittel weiter abnimmt, werden die Gesundheitskatastrophen, die mit dem Zusammenbruch des Ökosystems unseres Körpers zusammenhängen, zunehmen.

Unser planetarisches Bewusstsein, dass wir als eine Menschheit auf einem Planeten miteinander verbunden sind, schlägt sich in ökologischem Handeln nieder, indem wir die Erde an unseren jeweiligen Orten heilen und uns selbst heilen, indem wir Vielfalt anbauen und essen.

Vielfalt, Dezentralisierung und Demokratie gehen Hand in Hand. Landwirtschaft und Ernährung auf die Art und Weise, wie die Natur die biologische Vielfalt vom Boden über die Pflanzen bis hin zu unseren Tellern und unserem Darmmikrobiom fördert, ist gelebte Erddemokratie.

9

Die Autonomie und Kreativität unserer Körper als Erdenwesen zurückgewinnen: Körperliche, biologische Arbeit für die Erde und für die Gemeinschaft ist der höchste Ausdruck von Arbeit.

Das Zeitalter der fossilen Brennstoffe brachte das Paradigma hervor, dass Energie ein externer Input für die externe Kontrolle der Produktion ist, eine Ware, die von den fossilen Brennstoffriesen und Ölbaronen gekauft werden muss, die sie kontrollieren. Es hat das mechanistische Paradigma der mechanischen Physik hervorgebracht. Es reduzierte Arbeit auf Tätigkeiten, die mit externem Energieinput ausgeführt wurden, um extern bestimmte Ergebnisse und Produkte unter externer Kontrolle derjenigen zu produzieren, die den fossilen Brennstoff und die mit fossilem Brennstoff betriebenen Maschinen kontrollierten. Arbeit im Dienst der Maschine und der Geldmänner wurde zur einzigen Arbeit, die gezählt wird. Dies führte zu einer Hierarchie der Arbeit und machte die gesamte Arbeit der lebenden Systeme und die Ökonomie der Fürsorge (*care economy*) unsichtbar.

Das mechanistische Fossilparadigma hat uns blind gemacht für die Arbeit, die lebende Systeme auf autopoietische Weise leisten, um sich selbst zu erhalten und zu erneuern, und damit auch die Ökosysteme, deren Teil sie sind, zu erhalten und zu regenerieren. Alle selbstorganisierten lebenden Systeme erzeugen jedoch ihre eigene Energie. Sie haben die generative Fähigkeit, zu arbeiten. In selbstorganisierten Systemen zu arbeiten – als Mikrobe, Pilz, Pflanze, Biene oder Mensch – bedeutet, lebendig zu sein.

Wir wären nicht lebendig und gesund ohne die Arbeit von 100 Billionen Mikroorganismen unzähliger Arten in unserem Darmmikrobiom, das in uns ist. Wir sind keine »denkenden Wesen ohne Körper«. Wissenschaftler bezeichnen den Darm heute als unser zweites »Gehirn«, ein enterisches Nervensystem, das eine zentrale Rolle bei der Aufrechterhaltung der Gesundheit unseres Körpers, einschließlich unseres neurologischen Systems, spielt. Es ist lebenswichtig für unser Sein – und für unser Gesundsein. Um gesund zu funktionieren, braucht das Darmmikrobiom eine vielfältige Ernährung, und eine vielfältige Ernährung braucht eine Vielfalt auf unseren Feldern und in unseren Gärten. Ein Verlust an Vielfalt in unserer Ernährung macht uns krank. Es besteht eine enge Verbindung zwischen den Böden, den Pflanzen, unserem Darm und unserem Gehirn.

Um unseren Körper und unseren Geist, unsere Gesundheit und unser Leben zurückzugewinnen, müssen wir Energie und Arbeit zurückgewinnen. Wir müssen vom fossilen Paradigma der externen Inputs und der Arbeit in extraktiven Wirtschaften zu einem regenerativen Paradigma der selbstorganisierten, selbstgenerativen Energie und Arbeit für die Pflege der Erde und der Gemeinschaft übergehen.

Richard Lawson schreibt: »Das Wort ›Arbeit‹ bezieht sich sowohl in seinem physikalischen als auch in seinem wirtschaftlichen Kontext auf die Schaffung eines Ordnungszustandes in einem System. Das Leben selbst ist ein hochgradig geordneter Zustand, der durch Arbeit aufrechterhalten wird […] Der Einsatz von Energie (in der Physik definiert als die Fähigkeit, Arbeit zu verrichten) ist für alle Prozesse des Lebens notwendig. Physikalische Arbeit ist ein notwendiges Element des Lebens, da biologische Organismen Energie aufwenden, das heißt physische Arbeit verrichten müssen, um ihre Bestandteile in dem ausgeprägten Organisationszustand zu erhalten, der das Leben kennzeichnet. Man kann sagen, dass das Leben das Ergebnis eines kontinuierlichen, vielfältigen und geordneten Prozesses physikalischer Arbeit ist, da die Zelle ständig Energie einsetzt, um Kräfte über Entfernungen hinweg zu bewegen.«[29]

Die lebendige Welt ist eine komplexe, sich selbst organisierende Ordnung und Harmonie. Selbstorganisierte Arbeit im Dienst der Erde und ihrer Menschen erhöht die Ordnung der lebenden Systeme. So funktioniert die Natur. Dies ist die Arbeit, die geniale Kulturen über Jahrtausende hinweg aufrechterhalten hat. Dies ist die Arbeit, die das unsichtbare Fundament menschlicher Gesellschaften ist, selbst in den wenigen kurzen Jahrhunderten, in denen die Fürsorgearbeit unsichtbar wurde und die menschliche Befreiung als Freiheit von der Erde und als kartesianische Flucht aus unserem Körper definiert wurde.

Aber wir sind verkörperte Erdenwesen. Die Blindheit gegenüber unserer Erdverbundenheit, die Verleugnung unserer Körper, der Wille der Mächtigen, unseren Geist und Körper zu erobern und zu kontrollieren, hat die vielfältigen Notlagen geschaffen, denen wir uns gegenübersehen. Die Leugnung unserer Erdverbundenheit ist die Leugnung unserer Menschlichkeit, unserer Energie, unseres Potentials zu arbeiten.

Die Ökonomie der Gier erzwingt Kontrolle, stört die Selbstorganisation lebender Systeme und lebender Ökonomien und schafft Unordnung. Die ökologische Krise ist die Unordnung, die in der Natur entsteht. Hunger und Armut sind die Unordnung, die in der Gesellschaft entsteht. Der mechanistische Verstand ist blind für die Ordnung der Natur und für gerechte und demokratische Gesellschaften und gibt sich der Illusion hin, dass er Ordnung schafft.

Lawson hat die Arbeit, die Unordnung schafft, als Anti-Arbeit und **Dys-Ökonomie** kategorisiert.

Die ökologische Krise, der Hunger und die Armut sind die Unordnung, die durch die Anti-Arbeit der extraktiven Giermaschine entstanden ist.

Das kapitalistische Patriarchat beruht auf der Ausbeutung der Natur und der Körper der Menschen.

Hierarchien der Arbeit wurden künstlich geschaffen, um den **Extraktivismus** zu ermöglichen. Externer Input und nur von außen gesteuerte Arbeit in der extraktiven Wirtschaft wird als Arbeit gewertet. David Pimentel und Mario Giampietro definieren dies als *exosomatische* Energie, die durch die Umwandlung von Energie außerhalb des menschlichen Körpers mit mechanischen Mitteln erzeugt wird.

Sie definieren *endosomatische* Energie als die Energie, die durch die metabolische Umwandlung von Nahrungsenergie in Muskelenergie im menschlichen Körper entsteht. Endosomatische Energie ist unsere Fähigkeit, als autonome, miteinander verbundene Erdenwesen zu arbeiten, die durch Fürsorge und Nahrung Energie aufnehmen und abgeben.

Der höchste Ausdruck der schöpferischen Energie unseres Körpers und Geistes ist »Yoga«, was so viel bedeutet wie »sich verbinden«. Bei **Navdanya** bezeichnen wir unsere Arbeit zur Pflege der Erde durch unseren Körper als »Yoga der Erde«.

Die endosomatische Energie und die selbst organisierte Arbeit zur Pflege der Erde und der Gemeinschaft wurden gezielt entwertet. Frauen und Natur werden im herrschenden Wirtschaftsparadigma des kapitalistischen Patriarchats, das auf der Verschmelzung von zwei Formen der Gewalt beruht – der Macht des Patriarchats und der Herrschaft des Geldes – zu Kolonien gemacht. Die Wirtschaft des 1% ist patriarchalisch und frauenfeindlich.

Die meiste Arbeit in der Welt wird von Frauen geleistet. Wie ich in *Staying Alive* und *Most Farmers of India are Women* geschrieben habe, verrichten Frauen den größten Teil der Arbeit, doch die wird nicht gezählt. Noch wichtiger ist, dass die meiste Arbeit von Frauen in dem Bereich geleistet wird, den ich als Subsistenzwirtschaft bezeichne. Auch Maria Mies, Veronika Bennholdt Thomson und Claudia von Werlhof nennen sie Subsistenzwirtschaft.[30] Genevieve Vaughan nennt sie »Geschenkökonomie«[31] und Riane Eisler nennt sie »caring economies«.[32] Diese realen Volkswirtschaften, die das Wohlergehen der Menschen sichern, sind weder in der Vorstellung noch im Kalkül der Wirtschaft der Gier zu finden.

Denken Sie an die Milliarden von Frauen, die mit ihrer Arbeit die Gesellschaft und die Wirtschaft aufrechterhalten. Ihre Arbeit und ihre Beiträge werden nicht gezählt. Ihre Belastung nimmt zu, wenn die Wirtschaft der Gier sich alle Ressourcen und den Reichtum aneignet und die Frauen mit immer weniger Ressourcen Familien und Gemeinschaften versorgen müssen. Aber sie ist auch patriarchalisch in ihren Annahmen und Instrumenten und in ihren Auswirkungen auf reale Menschen, die in realen Volkswirtschaften leben. Die Wirtschaft des großen Geldes beruht auf den Regeln des Wirtschaftssystems, die Frauen und ihre Arbeit ausschließen und diejenigen belohnen, die die Erde und die Frauen und arbeitenden Menschen ausbeuten.

In Indien sind 70 Prozent der erwerbstätigen Bevölkerung in der Landwirtschaft beschäftigt und etwa 84 Prozent aller wirtschaftlich aktiven Frauen (NSS, 38. Runde, Bericht Nr. 341). Frauen sind als Landwirte unsichtbar geblieben, obwohl sie einen großen Beitrag zur Landwirtschaft leisten. Die Arbeit, die Frauen in der Landwirtschaft leisten, wird nicht wahrgenommen. Ihre Produktion wird von den Ökonomen in der Regel nicht als »Arbeit« oder »Produktion« erfasst, weil sie nicht innerhalb der sogenannten »Produktionsgrenze«* liegt.[33]

Diese Probleme bei der Erhebung von Daten über die Arbeit in der Landwirtschaft entstehen nicht, weil zu wenige Frauen arbeiten, sondern weil zu viele Frauen zu viel Arbeit leisten. Es handelt sich dabei um das konzeptionelle Unvermögen von Statistikern und Forschern, die Arbeit von Frauen innerhalb und außerhalb des Hauses zu definieren (und die Landwirtschaft ist in der Regel Teil von beidem). Die Definition dessen, was Arbeit ist und was nicht, wird durch das große Arbeitsvolumen von Frauen und die Tatsache, dass sie viele Aufgaben gleichzeitig erledigen, noch verschärft. Sie sind multifunktional, vielseitig begabt und beherrschen Multitasking. Es

* Die Produktionsgrenze ist die imaginäre Linie, die den Produktionsprozess umgibt. Alle Waren und Dienstleistungen, die diese Linie überschreiten, werden als Endprodukte betrachtet. Waren, die innerhalb der Produktionsgrenze liegen, werden als Zwischenprodukte behandelt, die einer Wertschöpfung bedürfen.

hat auch damit zu tun, dass Frauen zwar arbeiten, um ihre Familien und Gemeinschaften zu ernähren, dass aber der Großteil ihrer Arbeit nicht in Löhnen gemessen wird.

Die Arbeit von Frauen ist auch deshalb unsichtbar, weil Frauen außerhalb einer vermarkteten oder bezahlten Arbeit stehen und normalerweise mit mehreren Aufgaben beschäftigt sind. Studien zur Zeiteinteilung, die nicht von einer a priori-Definition von Arbeit abhängen, spiegeln die Vielfalt der ausgeführten Aufgaben besser wider.[34]

Die Ökonomie der Natur (in der die Regeneration der Lebenswelt stattfindet) und die Volkswirtschaft (in der Frauen durch »unsichtbare« unbezahlte Arbeit, die Nicht-Arbeit genannt wird, für den Lebensunterhalt der Gesellschaft sorgen) werden systematisch zerstört, um Wachstum in der globalen Marktwirtschaft zu schaffen. In engem Zusammenhang mit dem Konzept der Volkswirtschaft steht Hilkka Pietiläs Kategorisierung der freien Wirtschaft in den Industriegesellschaften, die aus dem nicht-monetären Kern von Wirtschaft und Gesellschaft, der unbezahlten Arbeit für die eigenen und familiären Bedürfnisse, den Gemeinschaftsaktivitäten, der gegenseitigen Hilfe und der Zusammenarbeit in der Nachbarschaft usw. besteht.

Darüber hinaus gibt es den geschützten Sektor, der aus der geschützten und mit amtlichen Mitteln gelenkten Produktion für den heimischen Markt besteht: Lebensmittel, Bauwesen, Dienstleistungen, Verwaltung, Gesundheit, Schulen und Kultur und so weiter.

Schließlich beschreibt Pietilä die »Freihandels«-Wirtschaft als »gefesselte« Wirtschaft, die aus einer Massenproduktion für den Export und im Wettbewerb mit Importen besteht. Die Bedingungen in dieser Wirtschaft werden durch den Weltmarkt, die Abhängigkeit, die Anfälligkeit, den Wettbewerbszwang und dergleichen diktiert.

Was die meisten Ökonomen und Politiker als »freie« oder »offene« Wirtschaft bezeichnen, wird von den Frauen als »gefesselte« Wirtschaft angesehen. Wenn die gefesselte Wirtschaft »arm« wird, das heißt ein Defizit aufweist, ist es die freie Wirtschaft, die dafür zahlt, sie durch »Rettungsmaßnahmen« und »Sparmaßnahmen« wieder gesund zu machen. In Zeiten von Strukturanpassungs- und Sparprogrammen treffen die Kürzungen der öffentlichen Ausgaben im allgemeinen die Armen am härtesten. In vielen Fällen wurde die Verringerung des Haushaltsdefizits durch erhebliche Kürzungen bei den Ausgaben für Soziales und wirtschaftliche Entwicklung erreicht, und die Reallöhne und der Verbrauch sinken erheblich.[35]

Die Rückgewinnung der Würde, Autonomie und Kreativität unserer Körper als Erdenwesen ist das Herzstück der entstehenden regenerativen Ökonomie der Fürsorge. Es sind unsere Zeit und unsere Fürsorge durch unseren integrierten Geist-Körper, die wir der Erde, unseren Kindern und den Kranken schenken. Körperliche Arbeit ist Pflegearbeit.

Laut Aubrey Streit Krug:

»Um neue Wege der Fürsorge für andere Wesen zu erlernen – oder sich an Wege zu erinnern, die andere kannten, wir aber vergessen haben – müssen manche Menschen vielleicht erst einmal *verlernen*. Zum Beispiel werden die Mitglieder der dominanten Gesellschaft in den USA bestimmte Dinge loslassen und abbauen müssen, um sich um die Ökosphäre zu kümmern. Sie müssen die Verleugnung von Krisen und Schäden aufgeben, die Beherrschung ihrer nichtmenschlichen Mitwesen und Mitmenschen aufgeben, die gegenwärtigen Systeme und Strukturen abbauen, die die Beherrschung aktiv verstärken und das Potential für eine gerechte Fürsorge untergraben. Und sie müssen den indigenen Völkern des Kontinents ihre Heimat zurückgeben und Wiedergutmachung leisten.«[36]

Die Gier-Wirtschaft will heute alle Gaben der Erde als Rohstoffe für ihr grenzenloses Wachstum. Für Menschen hat sie keinen Platz. Norman Wirzba fragt in seinem demnächst erscheinenden Buch *Sacred Life*: »Wenn die Welt zunehmend unbewohnbar wird, werden viele ihrer Menschen jetzt als irrelevant, wegwerfbar oder überflüssig hingestellt [...] Was ist das für eine Zivilisation, die eine Zeit erfindet, in der die Menschen und die von ihnen geleistete Arbeit entweder als mangelhaft, unnötig oder irrelevant angesehen werden?«

Während wir in der herrschenden Wirtschaft vor dem Zusammenbruch und dem Ende der Arbeit stehen, lädt uns die Erde ein, zu ihr zurückzukehren, um sie und die menschliche Zukunft zu regenerieren. Als Erdenwesen sind wir Teil der Kreativität der Erde, wenn wir uns mit ihren Gesetzen in Einklang bringen. Unsere Körper sind ihr Geschenk. Durch unsere Körper und unsere Arbeit können wir für sie sorgen, ihre biologische Vielfalt und ihre Lebensprozesse regenerieren. Wir sind der Boden. Mensch (*human*) wird vom *Humus* abgeleitet. Im Garten, auf dem kleinen Bauernhof, werden wir eins mit Mutter Erde. Deshalb ist die Schaffung von Gärten der Hoffnung, Gärten der Gesundheit und Gärten des Glücks in **Navdanya** ein so wichtiger Teil unseres Dienstes an der Erde und der Gemeinschaft. Dies ist unser großes Werk zur Heilung der Erde, zur Heilung unserer Gemeinschaften. Es ist unser kreativer, gewaltfreier Widerstand gegen die Unterstellung, der Mensch könne wegwerfbar oder »nutzlos« sein. Da wir von der Erde kommen, sind wir schöpferische Wesen, jedes einzigartig in seinen Gaben. Aber jeder von uns, ganz gleich, wer wir sind und wo wir sind, kann durch Erdfürsorge Gärten der Hoffnung schaffen.

Erdfürsorge bedeutet, dass wir unsere Menschlichkeit als Mitglieder der Erdenfamilie zurückgewinnen.

Ökologische Landwirtschaft und Lebensmittelproduktion ist Erdfürsorge. Diese regenerative Arbeit auf kleinen Bauernhöfen und in Städten ist die wirklich grüne Wirtschaft. Dafür müssen wir die Lebensmittelsysteme ökologisieren und uns vom fossilen, chemie- und kapitalintensiven Modell der industriellen Landwirtschaft verabschieden. Wir müssen die Lebensmittelsysteme lokalisieren und uns von den unfairen Regeln der Unternehmensglobalisierung lösen, die unsere bäuerlichen Lebensmittelkulturen zerstört und die Gesundheit des Planeten verschlechtert haben. Wir müssen überall Gärten der Hoffnung schaffen, um die Vergiftung der Erde und unserer Körper zu beenden.

Robin Kimmerer schlägt vor, einen Garten als einen Ort zu betrachten, an dem das Land seine Liebe zu uns ausdrückt, und die Gartenarbeit als die Art und Weise, wie die Menschen ihre Liebe erwidern. »Zu wissen, dass man die Erde liebt, verändert einen, veranlasst einen, sie zu verteidigen, zu schützen und zu feiern. Aber wenn man spürt, dass die Erde einen im Gegenzug liebt, verwandelt dieses Gefühl die Beziehung von einer Einbahnstraße in ein heiliges Band.«[37]

Die Zukunft erneuern, unsere Freiheit erneuern – ein Same, ein Bauer, ein Garten, eine Mahlzeit, eine Gemeinschaft nach der anderen.

Die zahlreichen Krisen, mit denen wir konfrontiert sind, sind die Folgen der industriellen, globalisierten Landwirtschaft und des Giftkartells, das ein verzerrtes, nicht nachhaltiges und unfaires Nahrungsmittelsystem geschaffen hat, das auf Unwahrheiten und falschen Erzählungen beruht.

Aber wir können die Saat einer anderen Zukunft säen...

Wir können die Saat der Hoffnung, der Fürsorge und der Freiheit säen...

Wir können die Erde, unsere Bauernhöfe und unsere Ernährungsdemokratie erneuern.

Kapitel 5

Zusammenfassung: Rückkehr zur Erde

Die Saat der Freiheit säen, Gärten der Hoffnung pflanzen, Girlanden der Liebe weben.

Wir können uns wieder der Erde zuwenden, in unseren Gedanken, mit unseren Herzen, mit unseren Händen.

Eine Zukunft kultivieren, die uns nicht zu unserer sicheren eigenen Auslöschung verdammt.

Indem wir Samen der Freiheit säen, Gärten der Hoffnung anlegen, Girlanden der Liebe in Zeiten der Unfreiheit, der Hoffnungslosigkeit und des Hasses flechten, schaffen wir die Möglichkeit, dass Menschen und andere Arten eine Zukunft haben.

Es liegt in unseren Händen, kleine Schritte zu tun, um eine andere Zukunft zu kultivieren. Und wenn Millionen von Köpfen, Herzen und Händen in Resonanz gehen, werden sich neue Möglichkeiten auftun.

Die rohe Macht, die das Leben auf der Erde zerstört, ist die Macht der Gier und der Gewalt.

Wir haben andere Kräfte. Die Natur hat Kräfte. Und wenn wir uns mit den Kräften der Natur in Einklang bringen, wird das Unmögliche möglich, wird die Gewissheit des Zusammenbruchs zur Möglichkeit der Erneuerung eines anderen Weges: des Weges der Rückkehr zur Erde – als Mitglieder der einen Erdenfamilie.

Wir haben das Potential, Macht zu erlangen und einen Wandel herbeizuführen.

Von der Öko-Apartheid zur Erddemokratie.

Vom **Anthropozentrismus** zur Erdgemeinschaft.

Von der Beherrschung und Ausbeutung durch das kapitalistische Patriarchat hin zu einer neuen Wirtschaft der Fürsorge, des Teilens und des Gedeihens, in der die Frauen die Führung übernehmen.

Von Kolonialismus und Rassismus zu indigenen Völkern als Wegbereiter für die Rückkehr zur Erde.

Von der Gewalt zur Gewaltlosigkeit.

Von der Zerstörung und Kontrolle zur Ko-Kreation und Koproduktion.

Vom **Extraktivismus** zum Darbringen.

Von Ego zu Öko und von Egoismus zu Zusammenleben.

Vom Egoismus zur Solidarität.

Vom Wettbewerb zur Zusammenarbeit.

Vom mechanistischen Geist zum ökologischen Geist.

Von der Quantifizierung allen Lebens zur Lebensqualität.

Von der künstlichen Intelligenz zu den vielfältigen lebendigen Intelligenzen des Lebens – ökologische, emotionale, mitfühlende, fürsorgliche Intelligenz, die mit der Intelligenz von Mikroben, Insekten und Pflanzen zusammenarbeitet.

Von Monokulturen zur Vielfalt.

Von der Fremdsteuerung von Natur und Gesellschaft zu selbstorganisierten Organismen und Gesellschaften.

Von der atomistischen Identität zum gemeinschaftlichen Sein.

Vom Hass zur Liebe.

Von der Furcht zur Hoffnung.

Unser kreativer Widerstand gegen unser Aussterben besteht darin, dass wir uns nicht an **Paradigmen** und Prozessen beteiligen, die die Erde zerstören und damit auch die Infrastruktur des Lebens, von der unsere Zukunft abhängt. Widerstand geht Hand in Hand mit Regeneration – mit kreativen, kollektiven, gewaltfreien Alternativen, die mit und für die Erde wachsen.

Wir kehren zur Erde zurück, indem wir Gärten der Vielfalt anlegen und Girlanden der Liebe weben.

Wir entstammen der Erde in unserer Vielfalt. Die Erde gibt uns das Bürgerrecht.

Unsere erste Identität ist die eines Erdenbürgers, einer Erdenfamilie (Vasudhaiva Kutumbakam), die den Planeten mit anderen Arten teilt. Wir haben uns nicht die Last des Anthropozentrismus auferlegt, der Trennung von und Überlegenheit über andere Arten. Das Imperium beruhte auf der Illusion der Überlegenheit einer Spezies, einer Rasse, einer Religion, eines Geschlechts. Es war auch ein Imperium über »mindere Kreaturen«, die ausgebeutet und ausgerottet werden sollten. Die Monokultur des Geistes ist die Grundlage des Imperiums.

Spaltung ist die Grundlage des Imperiums. Die Fragmentierung und Zersplitterung miteinander verbundener, **autopoietischer**, selbstorganisierter Systeme ist die Grundlage des Imperiums. Die Leugnung der Ganzheit bedeutet einen Bruch der Beziehungen, die die Individuen in der Gemeinschaft halten, ebenso wie die Bauern in ihrem Land und die Menschen in Verbindung mit der Erde. Abspaltung ist der Grund für Extraktivismus. **Extraktivismus** ist die Grundlage des Imperiums.

Die vergangenen und gegenwärtigen Imperien haben einen ständigen Krieg gegen unsere biologische Vielfalt in der Natur und die Vielfalt der Kulturen geführt. Die extraktive Wirtschaft des 1% beruht auf der Monokultur des Geistes und schafft Monokulturen.

Der Drang des Imperiums ist es, künstliche Trennungen und Spaltungen zu schaffen, um zu teilen und zu herrschen. Es wurde 1948 als Apartheid-Regime institutionalisiert. Das afrikanische Wort »Apartheid«, das »Getrenntheit« oder »Zustand des Getrenntseins« bedeutet, wurde erstmals 1929 formuliert. Mandela und andere, die gegen die Apartheid kämpften, wurden jahrzehntelang inhaftiert. Tausende starben. Das Apartheidsystem wurde 1994 abgeschafft.

Die Welt feierte das Ende der Apartheid als den Beginn eines neuen Zeitalters unseres Bewusstseins als eine Menschheit, in dem es keinen Platz für rassisch und religiös begründete Trennung und Spaltung gibt.

Die Instrumente des Imperiums der Apartheid und der Trennung kommen jedoch in immer neuer Gestalt zurück. Und Anti-Apartheid-Kämpfe, die die Vielfalt zelebrieren, entstehen in jeder Zeit und an jedem Ort, an dem die Vielfalt bedroht ist.

Der heutige Anti-Apartheid-Kampf richtet sich gegen die ökologische Apartheid und die menschliche Apartheid, die viele Gesichter hat.

Der Geist der menschlichen Freiheit in und durch die Vielfalt kann nicht ausgelöscht werden, trotz wiederholter, brutaler Versuche, Freiheit und Vielfalt zu zerstören.

Das Einssein beruht auf dem Bewusstsein, dass wir miteinander verbunden sind, dass wir ökologisch und kulturell miteinander verbunden sind. Das Zeitalter von Covid wird als die Zeit in Erinnerung bleiben, in der Menschen aus Sauerstoffmangel starben und dabei sagten: »Ich kann nicht atmen.« Es sind dieselben Worte, die George Floyd sagte, als er getötet wurde. Wenn wir Pranayama machen, sagen wir *So Hum*: Du bist, also bin ich. Es gibt kein »Anderes« in einer miteinander verbundenen Welt der wechselseitigen Abhängigkeit. Wir atmen, weil Bäume und Pflanzen uns Sauerstoff geben. Wir sind die Pflanzen, wir sind die Luft, wir sind das Leben.

Anstatt dass sich Identität positiv aus dem ergibt, was wir sind, aus der Arbeit, die wir tun, aus dem Ort, an dem wir leben, aus den Räumen, die wir bewohnen, aus den Beziehungen, die wir pflegen und die uns nähren, zerstört das Imperium unsere Arbeit, entwurzelt uns, treibt uns aus unseren Häusern und macht uns alle zu Flüchtlingen, zerreißt unsere Beziehungen und wahren Identitäten und füllt das Vakuum durch negative, fragmentierte, kulturelle Identitäten, die vom Imperium konstruiert und von außen aufgezwungen werden. Die von außen definierten und aufgezwungenen Identitäten des Imperiums sind negativ und definieren sich nicht dadurch, wer wir sind, sondern wer wir *nicht* sind.

Das Imperium des 1% zerstört die Identität und den Sinn, die sich aus Arbeit und Ort ergeben, spaltet Gesellschaften und schafft Feinde, um alles und überall zu teilen und zu herrschen. Wie Samuel Huntington schrieb: »Ich kann nicht wissen, wer ich bin, bis ich weiß, wen ich hasse.« Das Imperium definiert sich dadurch, wer unser Feind ist. Wir erleben dies heute mit der Androhung eines Krieges gegen den Iran und den fortgesetzten Kriegen im Irak und in Syrien. Wir sehen beispielsweise, wie Facebook und Cambridge Analytica zu einer Maschinerie für die Erzeugung und unkontrollierte Verbreitung von Hass werden, um in einer digitalen Welt die Demokratie zu kapern. Die Währung und die Ware des Imperiums ist Hass. Und er fließt ungehindert über die Bildschirme.

In diesen Zeiten der grenzenlosen Gier und der fabrizierten Spaltung und des Hasses leisten wir Widerstand, indem wir durch und mit unseren Unterschieden als eine Menschheit auf einem Planeten leben und denken.

Wir bauen Gärten der Vielfalt. Wir weben Girlanden der Liebe.

Wenn wir auf den Weg des Lebens zurückkehren und den Weg des Todes verlassen, wenn wir unsere Fähigkeit zur Fürsorge erneuern und uns nicht mehr an der Wirtschaft der Gier beteiligen, haben wir eine Zukunft. Der Weg der Landwirtschaft mit der Natur führt zur Erneuerung des Planeten durch die Regeneration der Artenvielfalt, des Bodens und des Wassers. Dann gibt es ein Wiederaufleben der kleinen Bauernhöfe, der echten Bauernhöfe mit echten Menschen, die sich um das Land kümmern, die sich um das Leben kümmern, die sich um die Zukunft kümmern und die vielfältige, gesunde, frische, ökologische und echte Lebensmittel für alle erzeugen. Echte Lebensmittel mit Integrität kommen von echten Landwirten mit Integrität, die mit der Integrität der Erde und der ökologischen Prozesse arbeiten. Ganz einfach: Wir müssen aufhören, auf unseren Tod zuzusteuern. So können wir ihn vermeiden.

Der ökologische Landbau entzieht der Atmosphäre überschüssiges Kohlendioxid, wo es nicht hingehört, und bringt es durch Photosynthese wieder in den Boden, wo es hingehört. Außerdem erhöht er die Wasserspeicherkapazität des Bodens und trägt so zur Widerstandsfähigkeit in Zeiten von Dürren, Überschwemmungen und anderen Klimaextremen bei.

Die Atmosphäre und die Biosphäre sind untrennbare, miteinander verbundene Systeme von Gaia, der lebenden Erde.

Die Zerstörung der Fähigkeit der Erde, lebendige Prozesse zu gestalten, zu erhalten und zu regenerieren, die das Leben und das Wohlergehen aller sicherstellen, ist mit der Zerstörung des menschlichen Potentials verbunden, zu leben und seine Grundbedürfnisse zu erfüllen.

Wir können die Klimaveränderungen und ihre sehr realen Folgen nicht angehen, ohne die zentrale Rolle des industriellen und globalisierten Nahrungsmittelsystems zu erkennen, das durch die Abholzung von Wäldern, Tiere in Kraftfutterbetrieben (CAFOs), Kunststoff- und Aluminiumverpackungen, Langstreckentransporte und Lebensmittelabfälle zu mehr als 50 Prozent zu den Treibhausgasemissionen beiträgt. Wir können die Klimazerrüttung nicht ohne eine kleinbäuerliche, ökologische Landwirtschaft lösen, die auf biologischer Vielfalt beruht – lebendiges Saatgut, lebendige Böden, lebendige und lokale Lebensmittelsysteme. Wir können das Problem durch minimale Lebensmittelmeilen und die Abschaffung von Plastikverpackungen lösen.

Die biodiverse ökologische Landwirtschaft, die Agrarökologie, und lokale Schwerpunktsysteme haben das Potential, sich als unser wichtigster Weg zur Verteidigung der Rechte von Mutter Erde, zur Regenerierung unseres gemeinsamen Hauses und zur Verteidigung der Menschenrechte aller Menschen zu erweisen.

Der intelligente, verantwortungsvolle Weg in die Zukunft der Lebensmittel und der Landwirtschaft beruht auf dem tiefen Bewusstsein, dass die Erde, die Bauern und alle Menschen intelligente Wesen sind. Und wir bauen Lebensmittel nachhaltig an, indem wir uns um den Boden und das Saatgut kümmern, nicht durch Ausbeutung und privatisierte Gewinne. Wenn wir durch den Public-Relations-Nebel hindurchschauen, können wir den Weg finden, der uns die Erneuerung des Planeten, die Regeneration des Bodens und das Wohlergehen aller Menschen sichert.

Überall auf der Welt praktizieren Kleinbauern und Gärtner bereits eine ökologische Landwirtschaft mit großer Artenvielfalt: Sie bewahren und entwickeln ihre Böden und ihr Saatgut und praktizieren Agrarökologie. Sie versorgen ihre Gemeinschaften mit gesunden und nahrhaften Lebensmitteln und verjüngen gleichzeitig den Planeten. Auf diese Weise säen sie die Saat der Lebensmitteldemokratie – ein Lebensmittelsystem in den Händen der Landwirte und Verbraucher, frei von Konzernkontrolle, Giften, langen Transportwegen und Plastik: ein Lebensmittelsystem, das den Planeten und alle Menschen ernährt.

Wir sind kleine Samen. Wir können Gärten der Hoffnung und der Gesundheit, der Liebe und des Überflusses anlegen. Wir können immer größer werdende, niemals sich über andere erhebende, ozeanische Kreise einer Ökonomie der Fürsorge schaffen.

Der Weg der Agrarökologie und der regenerativen Landwirtschaft mit all ihrer Vielfalt schafft eine Zukunft für die Menschen und all die anderen Arten, die Teil unserer Erdenfamilie sind.

Same für Same, Bauer für Bauer, Gärtner für Gärtner, Gemeinschaft für Gemeinschaft, Land für Land können wir dem Imperium der Gier widerstehen und Gärten der Fürsorge, der Gesundheit und der Hoffnung kultivieren.

Wir können unser Saatgut, unsere Lebensmittel, unsere Gesundheit, unseren Verstand, unseren Körper, unsere Demokratien, unsere Wirtschaft und unsere Zukunft zurückfordern.

Die Freiheit des Saatguts ist unser Geburtsrecht. Die Freiheit unserer Nahrung ist unser Geburtsrecht. Die Freiheit unserer Gesundheit ist unser Geburtsrecht. Die Freiheit des Wissens ist unser Geburtsrecht. Wirtschaftliche Freiheit ist unser Geburtsrecht. Demokratie auf der Erde ist unser Geburtsrecht.

Wir haben die Pflicht und das Recht, ein gesundes und glückliches Leben zu führen. Wir haben die Pflicht, eine Wirtschaft der Fürsorge, des Mitgefühls und der Liebe zu pflegen.

Unterschiedliche wirtschaftliche Betrachtungsweisen

…in einer Welt, die durch die Geldlinse der Ego-nomie des 20. Jahrhunderts betrachtet wird:	…in einer Welt, die durch die lebendige Linse der Öko-nomie des 21. Jahrhunderts betrachtet wird:
Es gibt nur Individuen. Gemeinschaft ist eine Illusion.	Leben gibt es nur in der Gemeinschaft. Ich bin, weil du bist und sie sind.
Das BIP ist das entscheidende Maß für die Wirtschaftsleistung.	Das BIP misst den Austausch von Geld ohne Rücksicht auf seine nützlichen oder schädlichen Auswirkungen. Es ist kein Maß für das Wohlbefinden.
Es gibt keine materiellen Grenzen für den menschlichen Konsum und das Wirtschaftswachstum.	Die regenerativen Systeme der Erde sind endlich. Wir müssen lernen, innerhalb ihrer Grenzen zu leben.
Der finanzielle Ertrag ist das Maß für den Nutzen einer Investition für die Gesellschaft.	Öffentliche Investitionen, die keine finanzielle Rendite abwerfen, sind oft für die meisten Menschen am nützlichsten.
Der Marktpreis ist ein objektives Maß für den Wert von Naturgütern.	Der Wert der regenerativen Systeme, die Luft, Wasser und Böden der Erde erhalten, ist unbezahlbar.
Die Volkswirtschaftslehre wird am besten als vollständige und gefestigte Wissenschaft gelehrt und der Öffentlichkeit als endgültiger Leitfaden für die Schaffung und Steuerung einer erfolgreichen Wirtschaft präsentiert.	Als angewandte Disziplin in einer sich ständig verändernden Welt muss die Ökonomie aus allen Quellen des menschlichen Wissens schöpfen und ständig aktualisiert werden.

Geld ist Kapital und eine wesentliche Voraussetzung für die Befriedigung der Bedürfnisse der Gesellschaft. Der Wohlstand der Gesellschaft wächst in dem Maße, wie ihr Geld wächst.	Geld ist nur eine Zahl. Die Zentralbanken erschaffen es mit einem Tastendruck am Computer. Es ist ein Werkzeug, nicht ein Zweck.
Die Eigentümer von Finanzanlagen sind die Schöpfer des gesellschaftlichen Wohlstands und sollten entsprechend belohnt werden.	Diejenigen, die produktive Arbeit leisten, sind die wahren Schöpfer des gesellschaftlichen Wohlstands und sollten entsprechend belohnt werden.
Die Reduzierung aller Werte auf Geld ermöglicht eine Quantifizierung und macht die Wirtschaft zu einer objektiven Wissenschaft.	Eine Wirtschaftswissenschaft, die das Leben nur nach seinem Marktwert bewertet, ist eine Ideologie, keine Wissenschaft.
Der Mensch ist von Natur aus individualistisch, wettbewerbsorientiert, aggressiv und eigennützig.	Geistig gesunde Menschen sind fürsorglich, friedlich und haben Freude daran, anderen zu helfen.
Wir alle sind am besten, wenn wir konkurrieren, um unseren persönlichen Vorteil zu steigern.	Uns allen geht es am besten, wenn wir uns umeinander kümmern und füreinander sorgen.
Grenzenloser materieller Konsum ist der Weg zum menschlichen Glück.	Materieller Konsum über die Bedürfnisse hinaus ist bloße Ablenkung. Glück ist meistens ein Ergebnis von bedeutungsvollen Beziehungen.

(David Korten, Ecological Civilisation: From Emergency to Emergence, 25. Mai 2021)

»In dieser Erde
In diesem Boden
Auf diesem reinen Feld
Lasst uns keinen anderen Samen pflanzen
als Samen des Mitgefühls und der Liebe.«

Rumi

ANHANG

Die Bedeutung zurückgewinnen: Ein Wörterbuch der wichtigsten Wirtschaftsbegriffe

Wie diese Begriffe kolonialisiert wurden, wie sich ihre Bedeutung im Laufe der Zeit verändert hat, um die lineare extraktive Wirtschaft der Gier und der globalisierten Konzerne durchzusetzen, und wie wir ihre wahre Bedeutung zurückgewinnen können, um uns eine Wirtschaft der Fürsorge vorstellen zu können und wieder aufzubauen.

Dieses Wörterbuch wurde vom Übersetzer bearbeitet. Es wurde auf die englischen Begriffe Bezug genommen oder dem deutschen Sprachgebrauch angepasst. Weitere Erklärungen finden Sie im Glossar auf Seite 285.

* * *

Das Leben auf der Erde und die Freiheit aller Lebewesen, einschließlich der 99 Prozent der Menschheit, ist durch die Gier und die Konstrukte, Abstraktionen und Illusionen des 1% bedroht, das durch diese Gedankengebilde den wirklichen Reichtum und die wirklichen Ressourcen der wirklichen Menschen an sich reißt, die die wirkliche Arbeit leisten, sich um die Erde und um einander kümmern. So werden die wirklichen Menschen der Armut und Enteignung preisgegeben.

Armut ist kein natürlicher Zustand und kommt in indigenen Kulturen nicht vor. Sie ist das Ergebnis von Ausbeutung und der Extraktion von Reichtum.

Die Kolonialisierung unseres Geistes und seiner Anpassung an die Geldmaschine erfolgt durch die Veränderung der Bedeutung von Begriffen, so dass sie nicht mehr in unserer Wirklichkeit und in der realen Wirtschaft wurzeln, sondern in die Architektur der Geldmacherei passen.

Sogar die Bedeutung unserer Wörter wird der **Extraktivismus**-Maschine überantwortet. Begriffe werden entleert und dann mit neuen Bedeutungen angefüllt, die die Konstrukte und Illusionen der Reichen und Mächtigen aufrechterhalten, damit sie noch mehr Reichtum und Macht erlangen.

Die Rückgewinnung unserer Begriffe und ihrer Bedeutungen, ihre Neukontextualisierung in einer Ökonomie der Fürsorge sind von zentraler Bedeutung für die Neugestaltung der Wirtschaft, unseres Lebens, unseres Lebensunterhalts und unserer Zukunft.

Geld, Wohlstand und Kapital

Wohlstand bezeichnete früher Glück, einen Zustand des Wohlergehens und den wahren Reichtum der Menschen.

Wohlstand (m.) (wealth)

Mitte 13. Jh., »Glück«, auch »Wohlstand im Überfluss an Besitz oder Reichtum«, von mittelenglisch *wele* »well-being« (siehe ***weal***) in Analogie zu **health**, ***Gesundheit***.

In den letzten Jahrhunderten wurde Wohlstand oder Reichtum auf Geld reduziert, und bald wurde das ganze Leben auf Geld reduziert: Der Wert des Lebens wurde in Geld gerechnet.

Vor dem Aufkommen des industriellen Kapitalismus bezeichnete »Wohlstand« einen »Zustand des Wohlergehens«. Die Reichen schufen das Konstrukt des Kapitalismus, indem sie zunächst den Reichtum auf Geld reduzierten und dann das Geld, das lediglich ein Mittel zum Austausch realer Güter und Dienstleistungen war, zum »Kapital« erhoben. Dies war ein abstraktes Konstrukt, das jenes Geld darstellte, das sie besaßen und kontrollierten. Dann wiesen sie dem »Kapital«, einem toten Konstrukt, auch noch schöpferische Kraft zu. Gleichzeitig versuchten sie, die schöpferische Kraft der Erde wegzudefinieren. Dabei ist sie es, die sich erneuert und verjüngt, die alle Ressourcen bereitstellt, die Wohlstand und Wohlergehen ermöglichen. Und es sind die Menschen, die arbeiten und reale Dinge produzieren, die die Gesellschaft erhalten: Frauen, Bauern, Fabrikarbeiter.

kapital (Adj.)

Frühes 13. Jh., »zum Kopf gehörend«, von altfranzösisch *capital*, von lateinisch *capitalis* »des Kopfes«, daher »Kapitale, Oberster, Erster«, von *caput* (Genitiv *capitis*) »Kopf« (siehe ***capitulum***). Die Bedeutungen »Haupt, Erster, Oberster, Wichtigster« kommen im Englischen ab dem frühen 15. Jahrhundert vor.

Ein Kapitalverbrechen (1520er Jahre) ist ein Verbrechen, das das Leben oder den »Kopf« betrifft. Die gefühlte Verbindung zwischen »Kopf« und »Leben, Sterblichkeit« gab es auch im Altenglischen: wie in *heafodgilt* »Todsünde, Kapitalverbrechen«, *heafdes þolian* »das Leben verwirken«. Die *Todesstrafe* war in Blackstone (1765) und im klassischen Latein *capitis poena*. Der *Kapitalgewinn* ist seit 1921 verzeichnet. *Kapitalgüter sind* ab 1899 bekundet. Verwandt: *Kapitell.*

Kapital (Subs.)

Frühes 15. Jh., »ein Großbuchstabe«, von ***capital*** (adj.). Die Bedeutung »Hauptstadt« wurde erstmals in den 1660er Jahren aufgezeichnet (das altenglische Wort war *heafodstol*). Die finanzielle Bedeutung stammt aus den 1610er Jahren (Mittelenglisch hatte *chief money* »Hauptfonds«, Mitte des 14. Jahrhunderts), von mittelalterlichem Latein *capitale* »Lager, Eigentum«, Substantiv Verwendung des Neutrums von *capitalis* »Kapital, Haupt, zuerst«.

Der Begriff »Kapital« tauchte erstmals im mittelalterlichen Latein als Adjektiv *capitalis* (von *caput*, Kopf) in Abwandlung des Wortes *pars* auf, um die Hauptsumme eines Gelddarlehens zu bezeichnen. Der Hauptteil eines Kredits wurde dem »Wucher« – später Zinsen genannt – gegenübergestellt, das heißt der Zahlung, die der Kreditgeber zusätzlich zur Rückzahlung der geliehenen Summe erhielt. Dieser Gebrauch, der dem klassischen Latein unbekannt war, war im dreizehnten Jahrhundert üblich geworden und hatte möglicherweise schon um 1100 n. Chr. in den ersten europäischen Städten mit Stadtrechten begonnen.[1]

»Kapital« wurde zum beherrschenden Konstrukt unserer Zeit. Konzentrierter Reichtum und durch Gewalt, Kriege und Plünderung angehäuftes Geld wurde zum »Kapital« mystifiziert. Und damit wurde die schöpferische Erde für tot erklärt, als bloßes Rohmaterial, und kreative und freie Menschen und Gemeinschaften wurden ebenfalls zu passiven Inputs gemacht und mit dem Etikett »Arbeit« versehen.

Geld, ein reines Tauschmittel für reale Waren und Dienstleistungen, die durch reale Arbeit produziert wurden, wird zu »Kapital«, einer geheimnisvollen Kraft zur Schaffung von Wohlstand. Das »Kapital« mutiert dann zu »Investitionen«. Investieren bedeutete sich zu kleiden. Erst mit dem Aufkommen der Ostindien-Kompanie und ihres Handels begann es, sich auf Geld zu beziehen.

Währung (currency), also das Geld, bedeutet Fluss. Es ist der Fluss des Lebens und der Liebe durch das Netz des Lebens in der Natur und der Gesellschaft, der uns als Einheit erhält. Wie ich schon oft gesagt habe: »Die Währung des Lebens ist das Leben, nicht das Geld.« Das war die Bedeutung, die ihre Wurzeln im Lateinischen hat und bis ins 17. Jahrhundert hinein galt. Es war John Locke, der diese Bedeutung auf den »Geldumlauf« ausdehnte, um sie den Bedürfnissen der im Aufbau befindlichen geldzentrierten Struktur anzupassen. Und der Wahn, dass Geld die Währung des Lebens ist, hat dazu geführt, dass Geldmacher und die Geldmacherei belohnt und sogar verehrt werden, während unser Gefühl der Verbundenheit ausgelöscht wird und damit auch unser Potential für Mitgefühl.

Geld/Währung (*currency*)

1650er Jahre, »Zustand des Fließens«, von lateinisch *currens*, Partizip Präsens von *currere* »laufen« (siehe ***Strom*** (Adj.)); die Bedeutung eines Flusses oder Laufs wurde 1699 (von John Locke) auf »Geldumlauf« erweitert.

Geld wurde damit in »Kapital« als schöpferische Kraft verwandelt. Damit werden Kreativität und Wertschöpfung fälschlicherweise mit einem Konstrukt namens »Kapital« in Verbindung gebracht, einem Abstraktum, das auf Geld beruht. Geld ist ein Tauschmittel, das den realen Wert von realen Waren und Dienstleistungen widerspiegelt, die durch die reale Arbeit und die Beiträge einer realen Natur und realer Menschen geschaffen wurden. Die Abstraktion ermöglicht eine Verlagerung der Schöpferkraft. Sie erlaubt es auch, alle Grenzen der realen Lebenswelt zu verletzen – die ökologischen Grenzen, die durch die planetarischen Grenzen gesetzt sind, die sozialen Grenzen, die geschaffen wurden, um unsere gemeinsame Menschlichkeit, aber auch die verschiedenen Kulturen zu schützen. Die irreale Vorstellung von grenzenlosem Wachstum auf einem begrenzten Planeten treibt die Ausbeutung der Erde und der menschlichen Gemeinschaften in den entlegensten Regionen voran. Das BIP wird zur Religion, für die alles Heilige vernichtet werden muss.

Jeder essenzielle Aspekt des Lebens kann unter diesen Voraussetzungen kolonialisiert und zu einer Quelle von Profiten gemacht werden. Und jede Begrifflichkeit wird zurechtgebogen, um sie der Wirtschaft des 1% zu unterwerfen.

Das 1% hat die Wirtschaft auf die Kunst des Geldmachens reduziert, die Aristoteles als **Chrematistik** bezeichnete, im Gegensatz zur Oikonomia, der Kunst des Lebens.

Oikonomia, die Kunst des Haushaltens, ist eine Investition in Fürsorge, nicht in Geld für Profit und Habgier

investieren (v.)

Spätes 14. Jh., »sich in die offiziellen Gewänder eines Amtes kleiden«, von lateinisch *investire* »einkleiden, bedecken, umgeben«, von *in* +

vestire »kleiden, bekleiden«, von protoindoeuropäisch *wes-ti-*, Suffixform der Wurzel *wes-* »kleiden« (vergleiche *wear*).

»Investieren« bedeutete ursprünglich kleiden, bedecken, umgeben. Eine Mutter investiert Fürsorge und Liebe in ihr Kind. Künstler investieren ihre Kreativität in ein leeres Stück Leinwand und kleiden es in ein Gemälde. Eine Weberin investiert ihre Kunstfertigkeit und ihr Können und kleidet uns in einen schönen Sari. Wissenschaftler investieren ihren Verstand in das Wissen, wie die Natur funktioniert, und so haben wir heute die Quantentheorie. Ökologische Landwirte investieren in die Pflege der Saat und des Bodens. Die Lebensmittel, die uns ernähren, sind eines der Ergebnisse ihrer Investition in die Pflege. Ein indigener Bauer sagte, wenn er auf das Feld ging, um zu arbeiten, dass er die Erde verschönern wolle. Die Erde in eine reiche biologische Vielfalt zu kleiden, das ist ihre Schönheit. Wir investieren Zeit in unsere Freundschaften und Gemeinschaften. Wenn die Menschheit handelt, um eine Zukunft bis hin zur siebten Generation zu sichern, investieren wir als Zivilisationen in die Zukunft.

Das ist eine gute und sinnvolle Investition.

Traditionelle Kulturen haben Zeit und Ressourcen in Zeremonien und Rituale investiert, um uns an die Heiligkeit unserer Saat, unseres Bodens, unserer Wälder, unserer Berge und unserer Flüsse zu erinnern. Und mit diesen Zeremonien wurde in uns die Pflicht zur Fürsorge geweckt. Als Erdenbürger sind wir heute, da Katastrophen zur neuen Normalität geworden sind, aufgerufen, in die Pflege der Erde zu investieren. Bei der Investition in die Fürsorge geht es um bedingungsloses Geben und bedingungslose Liebe. Und diese »Investition in die Fürsorge« ist die Grundlage für unsere Zukunft und alles Leben auf der Erde.

Die Bedeutung »Geld verwenden, um Gewinn zu erzielen«, ist erstmals um 1610 im Zusammenhang mit dem Ostindienhandel belegt und wahrscheinlich eine Entlehnung einer speziellen Verwendung des italienischen *investire* (13. Jh.) aus derselben lateinischen Wurzel, und zwar über die Vorstellung, dem eigenen Kapital eine neue Form zu geben. Die figurative Bedeutung von »mit Attributen bekleiden« stammt aus der Zeit um 1600. Die militärische Bedeutung »belagern, in feindlicher Absicht umzingeln« stammt ebenfalls aus der Zeit um 1600.

Investitionen führen durch vielfältige Konstrukte zu »Renditen«, bei denen diejenigen, die keine wirkliche Arbeit leisten, sondern den durch die Ausbeutung von Natur und Menschen geschaffenen Reichtum kontrollieren, noch mehr Reichtum anhäufen und diesen Reichtum zur weiteren Ausbeutung von Natur und Gesellschaft nutzen. Die ökologische Krise nimmt zu. Armut, Elend und Ausgrenzung nehmen zu.

Nur zehn Jahre nach der Gründung der Ostindien-Kompanie änderte sich 1610 die Bedeutung des Begriffs »Investition« von »Kleidung« und »Umgebung« zu »Geld verwenden, um Gewinn zu erzielen« im Zusammenhang mit dem Handel von Konzernen. Anstelle des übertragenen Sinns von Investition als »bekleiden (mit Attributen)«, der sich auf die Vielfalt von »Investitionen« im Sinne von »die Erde durch Pflege bekleiden«, »Familie und Gesellschaft mit Liebe umgeben«, »schöne und nützliche Dinge durch fürsorgliche Arbeit schaffen« bezog, wurde »Investition« nach 1600 auf »dem eigenen Kapital eine neue Form geben« reduziert. Und da der Kolonialismus ein militärisches Unternehmen war, stammt die militärische Bedeutung »belagern, in feindlicher Absicht umgeben« ebenfalls aus der Zeit um 1600.

Die Kolonialisierung zerstörte die einheimischen Rechtsordnungen. Sie veränderte auch die Bedeutung von Investitionen. Die Rechte der Menschen in den kolonialisierten Ländern wurden durch die Rechte der Kolonisatoren ersetzt, Investitionen als Sorge für die Erde und die Gesellschaft wurden durch Geldinvestitionen ersetzt, um Geld zu verdienen. Der Kolonisator war nun zum »Investor« geworden.

Die Bedeutung hat sich von einer Investition in die Pflege des Landes und der Gemeinschaft zu einer Investition von Geld geändert, um so Geld zu verdienen. Die Bedeutung des Begriffs »Investor« hat sich von den Bauern, die für das Land sorgen, und den Stammesangehörigen, die für den Wald sorgen, zu den Geldmännern verlagert, die sich das Land, die Wälder und die Mineralien aneignen. Gier, Ausbeutung und Gewinnsucht verdrängen die Fürsorge. So ist ein neues Zamindari, ein neues Grundherrentum entstanden, das indigene Völker und Bauern überall auf der Welt gewaltsam vertreibt.

Investitionen sind durch vielfältige Konstrukte zu einem Recht auf »Rendite« mutiert. Diejenigen, die keine wirkliche Arbeit leisten, erwerben ein unnatürliches Recht, den von der Natur und den Menschen geschaffenen wirklichen Reichtum zu extrahieren, Reichtum anzuhäufen und diesen Reichtum zur weiteren Ausbeutung von Natur und Gesellschaft zu verwenden. Die ökologische Krise wächst durch den Raubbau an der Natur. Armut, Elend, Arbeitslosigkeit, Vertreibung, Ausbeutung und Ausgrenzung nehmen immer weiter zu: aufgrund der Ausbeutung derjenigen, die in den Wäldern, Feldern und Fabriken arbeiten.

Die Menschen werden überall ärmer, weil das 1% durch ihre »Investitionen«, einschließlich des Geldes von Philanthrokapitalisten,* eine gewinnorientierte Privatisierungspolitik für Gesundheit und Bildung, Verkehr und Energie durchsetzen.

Es ist an der Zeit, uns auf die wahre Bedeutung von Investitionen zurückzubesinnen und anzuerkennen, dass jeder Bürger, der zum Schutz der Erde und der Menschheit beiträgt – von der lokalen bis zur planetarischen Ebene – und der durch seine Arbeit echten Wohlstand in der Gesellschaft schafft, ein Investor ist. Es ist an der Zeit, die Demokratie als unsere Investition in die Verteidigung unserer Freiheiten wertzuschätzen: gegen die Rekolonialisierung durch die »Investition« von Geld, um damit mehr Geld zu verdienen. Geld ist nicht das Maß des Menschen. Wie ich schon oft gesagt habe, ist die Währung (oder der Fluss) des Lebens das Leben selbst, nicht das Geld. Unsere Fähigkeit zur Fürsorge und zum Mitgefühl ist das,

* Als Philanthrokapitalisten bezeichnet Vandana Shiva jene Menschen, die unter dem Deckmantel der Philanthropie ihr Kapital vermehren.

was wir brauchen, um den Planeten und unser Menschsein in Zeiten von verheerenden Katastrophen, tiefer Armut und unmenschlicher Ungleichheit zu erneuern. Jede »Investition«, die die Natur und unsere Zukunft zerstört, ist keine Investition im ursprünglichen Sinne des Wortes. Die Erde und die Menschheit laden uns ein, Fürsorge zu investieren: Das ist die Kunst des Gebens.

Der heilige Franziskus hat uns gemahnt: *Denn im Geben liegt das Empfangen.*

Die grenzenlose Ausbeutung der Natur geht Hand in Hand mit der grenzenlosen Ausbeutung der menschlichen Gesellschaft, die die Wurzel der Armutskrise, der Krise der Entfremdung, der Enteignung und der Verrohung ist, die wir überall um uns herum erleben. Konstrukte wie das Bruttonationaleinkommen (BNE), die nur Ausbeutung und Geldschöpfung messen, und die Umwandlung von Natur und Menschen in Geld und Waren werden als einziges Ziel für menschliche Gesellschaften vorgegeben. Und um grenzenlose Ausbeutung für grenzenloses Wachstum zu betreiben, werden »Investoren« als höhere Wesen mit höheren Rechten behandelt als die Stammesangehörigen und Bauern, denen ihr Land geraubt wird, die Arbeiter, die enteignet werden, und die Jugendlichen, die mit Arbeitslosigkeit konfrontiert sind und damit, überflüssig zu sein. Die verzerrte Bedeutung und das Gerede von »Investitionen« wird zu einem sprachlichen Code für die Untergrabung unserer Verfassung und ihrer Garantie des Rechts auf Leben und Lebensunterhalt, auf Gleichheit und Gerechtigkeit. »Investorengipfel« werden zu den neuen Hochämtern, um den Diebstahl von Ressourcen als »Investition« und die Zerstörung der lokalen Wirtschaft als »Wachstum« zu »verkleiden«.

Geld ist ein reines Tauschmittel für reale Waren und Dienstleistungen, die durch reale Arbeit erzeugt werden. Nun wird es zu einer geheimnisvollen Kraft, die als »Kapital« Reichtum schafft, indem sie die Schaffenskraft der Natur, der Frauen, der Bauern und der Arbeiter leugnet. Das »Kapital« mutiert zu »Investitionen«.

Heute haben sich die gedanklichen Konstruktionen noch weiter von den realen Quellen der Vermögensbildung entfernt, indem Kapital durch »Finanzen« ersetzt wurde und Instrumente und Technologien geschaffen wurden, die es den Reichen ermöglichen, Vermögen anzuhäufen, ohne etwas zu tun. Die Instrumente der Geldschöpfung in der Finanzwirtschaft beruhen auf Spekulation. Und aufgrund der Deregulierung der Finanzmärkte können die Reichen spekulieren: mit dem hart verdienten Geld der Menschen, das diese durch echte Arbeit verdient haben.

In dem neuen Versuch, die Natur zu finanzialisieren, Partnerschaften und Interessengruppen zu schaffen, die von Milliardären und Konzernen betrieben werden, wird die Natur selbst auf einen Vermögenswert reduziert, und die Bürger werden zu »Investoren«.[2]

Vermögen (*assets*) (n.)

1530er Jahre, »ausreichender Besitz«, von anglo-französisch *assetz*, *asetz* (Singular), von altfranzösisch *assez* »Genügsamkeit, Befriedigung; Ausgleich«. (11c.), Substantiv mit der Bedeutung »genug, hinreichend; viel, sehr viel«, von Vulgärlatein *ad satis* »zur Genüge«, von lateinisch *ad* »zu« + *satis* »genug«, von protoindoeuropäisch »befriedigen«.

Etymologisch gesehen steht dieser Begriff im kollektiven Singular, wie Almosen, Reichtum und Traufe. »Asset« ist über das Französische in unseren Wortschatz gelangt. Im Altfranzösischen hieß es *asez*, woraus *assez* im modernen Französisch wurde. Im Altprovençalischen heißt es *assatz*. In all diesen Formen bedeutet das Wort »genug« oder »viel«, wie auch im italienischen Wort *assai*. Beide Bedeutungen – genug und viel – finden sich in der lateinischen Phrase *ad satis*, was so viel wie ausreichend bedeutet. Im Anglo-Französischen nimmt es die Form *asetz* an, woraus sich der juristische Begriff *aver assetz* ableitet. Es bedeutet, genug zu besitzen, um seine Schulden und sonstigen Verpflichtungen zu begleichen. Assets, Vermögen bedeutet also ursprünglich »Genügsamkeit«, »Befriedigung«. Im Wörterbuch der Gier wird es zu Eigentum und einem Mittel für grenzenlose Profite.

Natur und Ressourcen

In meinem Aufsatz über »Ressourcen« in dem von Wolfgang Sachs herausgegebenen *Entwicklungslexikon* hatte ich geschrieben, dass »Ressource« ursprünglich Leben impliziert. Seine Wurzel ist das lateinische Verb *surgere*, das Bild einer Quelle, die immer wieder aus dem Boden hervorquillt. Wie eine Quelle entspringt auch eine »Ressource« immer wieder, auch wenn sie bereits mehrfach genutzt und verbraucht wurde.

Der Begriff verdeutlichte die Fähigkeit der Natur, sich selbst zu regenerieren, und wies auf ihre ungeheure Kreativität hin. Darüber hinaus implizierte er eine uralte Vorstellung von der Beziehung zwischen Mensch und Natur: dass die Erde den Menschen beschenkt, der seinerseits gut beraten ist, Sorgfalt walten zu lassen, um ihre Großzügigkeit nicht zu ersticken. In der frühen Neuzeit suggerierte der Begriff »Ressource« daher Gegenseitigkeit.

Mit dem Aufkommen von Industrialisierung und Kolonialismus kam es jedoch zu einem konzeptionellen Bruch. »Natürliche Ressourcen« wurden zu jenen Teilen der Natur, die als Input für die industrielle Produktion und den kolonialen Handel benötigt wurden. John Yeats lieferte in seiner *Natural History of The Raw Materials of Commerce* die erste Definition der neuen Bedeutung: »Wenn wir von den natürlichen Ressourcen eines Landes sprechen, beziehen wir uns auf das Erz in der Mine, den ungebrochenen Stein, das nicht gefällte Holz usw. In dieser Sichtweise ist die Natur eindeutig ihrer schöpferischen Kraft beraubt worden; sie hat sich in einen Behälter für Rohstoffe verwandelt, die darauf warten, in Inputs für die Warenproduktion verwandelt zu werden. Ressourcen sind jetzt lediglich »alle in der Natur vorhandenen Materialien oder Bedingungen, die wirtschaftlich genutzt werden können.«

Ressource (n.)

1610er Jahre, »Mittel zur Deckung eines Mangels«, von französisch *resourse* »eine Quelle, Quelle«, Substantiv Verwendung des fem. Partizip der Vergangenheit von altfranzösisch *resourdre* »sich sammeln, wieder aufrichten«, von lateinisch *resurgere* »wieder aufstehen« (siehe ***resurgent***). *Ressourcen* »der Reichtum eines Landes«, erstmals 1779 erwähnt.

Der Industrialismus und die Illusion des Kapitals als Schöpfer von Reichtum definierten die Ressourcen als »Rohstoff«, der von der Industrie ausgebeutet werden muss. Das Ergebnis war die Erschöpfung der natürlichen Regeneration von Boden und Wasser, Wäldern und biologischer Vielfalt. Dieser extraktivistische Raubbau hat zu den ökologischen Krisen geführt, die wir erleben.[3]

Die Illusion von »Kapital« negiert die Schaffenskraft von Natur und Mensch, die diesen »Reichtum« erst geschaffen hat. Die schöpferische Natur wird auf ein Konstrukt namens »Land« als toter, träger Input für die industrielle Produktion reduziert. Land wird zu Privateigentum und zu einer Ware, die für Profit und Spekulation gehandelt wird. Die lebendige Erde verschwindet. Kreative Menschen werden auf ein Konstrukt namens »Arbeit« reduziert. Kreative Menschen verschwinden.

Diese Konstruktion des mechanistischen Verstandes war entscheidend für die Konstruktion von »Arbeit« als veräußerbare Ware, die dem Menschen entzogen, verkauft und für Profit ausgebeutet wird. Gleichzeitig wird die Natur als tot definiert, damit ihre »Rohstoffe« ausgebeutet werden können. Und industrielle Werkzeuge zur Ausbeutung werden mit geheimnisvollen schöpferischen Kräften ausgestattet.

Die oben genannte falsche Konstruktion der »schöpferischen« Kraft des Kapitals und der Maschinen beruht auf der Extraktion und Aneignung der schöpferischen Beiträge von Natur und Mensch. Sie tilgt die kreativen Beiträge der Natur und der Menschen und macht sie unsichtbar. Sie belohnt die Ausbeuter, die »Eigentümer« des Kapitals.

Die Einhegung der **Allmende** zur Schaffung von Privateigentum wird dann genutzt, um von den ursprünglichen Bewahrern und kollektiven Eigentümern der Allmende Pacht zu erheben. Es ist an der Zeit, die Kreativität wiederherzustellen, etwas zurückzugeben, zu heilen, die zerrissenen Netze des Lebens in Natur und Gesellschaft zu reparieren. Es ist an der Zeit, den Sinn wiederherzustellen.

restore, wiederherstellen (v.)

Etwa 1300, »zurückgeben«, auch »wieder aufbauen, reparieren«, von altfranzösisch *restorer*, von lateinisch *restaurare* »ausbessern, wieder aufbauen, erneuern«, von *re-* »zurück, wieder« + *-staurare*, wie in *instaurare* »aufstellen, einrichten; erneuern, wiederherstellen«, von protoindoeuropäisch *stau-ro-*, von der Wurzel »stehen, fest machen oder sein«.

ARBEIT, ARBEITSKRAFT UND JOBS

Arbeit ist die Kraft zum Schaffen, die Kraft zum Produzieren.

Arbeit (*work*)

Eine Verschmelzung von Altenglisch *wyrcan* (Vergangenheitsform *worhte*, Partizip *geworht*) »vorbereiten, ausführen, tun, machen, konstruieren, produzieren; danach streben« (von protogermanisch *wurkjanan*); und Altenglisch *wircan* (Mercian) »arbeiten, funktionieren, in Bewegung setzen«, ein sekundäres Verb, das relativ spät aus dem protogermanischen Substantiv *werkan* gebildet wurde.

Die Bedeutung »körperliche Arbeit verrichten« stammt aus dem Altenglischen, ebenso wie die Bedeutung »seinen Beruf ausüben« und »schöpferische Kraft ausüben, ein Schöpfer sein«. Die transitive Bedeutung »physische Substanzen in einen gewünschten Zustand oder eine gewünschte Form manipulieren« stammt aus dem Altenglischen. Die Bedeutung »die erwartete oder gewünschte Wirkung haben« stammt aus dem späten 14. Jahrhundert

Das ursprüngliche ***work*** wird auch als labour bezeichnet.

Arbeit (*labour*)

Die Bedeutung »körperliche Strapazen der Geburt« ist seit den 1590er Jahren belegt, kurz für *labour of birthe* (frühes 15. Jh.); die Bedeutung findet sich auch im Altfranzösischen, vgl. französisch *en travail* »im (Geburts-)Leiden«, später »Anstrengung des Körpers; Mühe, Schwierigkeit, Not« (spätes 14. Jh.), von altfranzösisch *labor* »Mühe, Arbeit, Anstrengung, Aufgabe; Trübsal, Leiden« (12. Jh., modernes Französisch *labeur*), von lateinisch *labor* »Mühsal, Anstrengung; Härte, Schmerz, Ermüdung; eine Arbeit, ein Arbeitsergebnis«, ein Wort unsicherer Herkunft.

arbeiten (*labour*)

Spätes 14. Jh., »manuelle oder körperliche Arbeit verrichten; hart arbeiten; beschäftigt sein; sich anstrengen, sich bemühen« (auch »kopulieren«), von altfranzösisch *laborer* »arbeiten, sich abmühen; kämpfen, Schwierigkeiten haben; beschäftigt sein; Land pflügen«, von lateinisch *laborare* »arbeiten, sich bemühen, sich abmühen, sich anstrengen; durch Arbeit produzieren; leiden, betrübt sein; in Not oder Schwierigkeiten sein«, von *labor* »sich abmühen, arbeiten, sich anstrengen«.

Das Verb bedeutet im modernen Französisch, Spanisch und Portugiesisch »pflügen«; die weitere Bedeutung wird durch das Äquivalent des englischen *travail* übernommen. Die Bedeutung »Schmerzen ertragen, leiden« stammt aus dem frühen 15. Jh., besonders in der Phrase *labour of child* (Mitte 15. Jh.). Die Bedeutung »belastet sein« (mit Mühe, Kummer usw., gewöhnlich mit *unter*) ist aus dem späten 15. Jhdt.

Wenn Gemeingüter eingehegt und Menschen verdrängt werden, verlieren sie ihre Autonomie bei der selbst organisierten Arbeit und werden auf eine Ware reduziert, auf die Arbeitskraft, die ihnen für Profite entzogen werden kann. So entstand die Spaltung in Klassen, in jene, die arbeiten und deren Arbeit ausgebeutet wird, und denen, die Kapital besitzen und die Arbeit anderer ausbeuten.

Seit 1839 bedeutet Arbeiter »die Gesamtheit der Werktätigen als Klasse« (in der Regel im Gegensatz zu den *Kapitalisten*). Mit dem Aufkommen des auf fossilen Brennstoffen basierenden Industrialismus wurde ab 1776 die Mechanisierung als *arbeitssparend* (Adj.) eingeführt.

In den 1530er Jahren bezeichnete Society, »Gesellschaft«, die »Kameradschaft, den freundschaftlichen Umgang mit anderen«. Es wurde abgeleitet von *socius* »Gefährte«, von altfranzösisch *societé* »Gesellschaft«, von lateinisch *societatem* – und bezeichnete »Gemeinschaft, Vereinigung, Bündnis, Zusammenschluss«. Heute, im neoliberalen **Paradigma**, gibt es keine Gesellschaft, keine Kameradschaft, keine Gemeinschaft. Wie Margaret Thatcher bekanntlich sagte: »Es gibt keine Gesellschaft, nur Individuen.« Und als atomisierte Individuen ohne Gemeinschaft verlieren die Menschen ihre Fähigkeit, zu schaffen und zu produzieren. Sie werden reduziert zu Verbrauchern und Käufern von Dingen, die von Unternehmen produziert werden. Unsere Kreativität als Produzenten und Macher wird uns vorenthalten. Viele werden ihrer Arbeitsstelle beraubt und von der Wirtschaft ausgeschlossen (die Krise der »Arbeitslosigkeit«). Diejenigen, die »angestellt« sind, arbeiten im Dienste des 1%, um Profit zu machen, und nicht, um für die Erde und die menschliche Gesellschaft zu sorgen. Sie werden zu digitalen Sklaven der Geldmaschine degradiert, während diejenigen, die entbehrlich geworden sind, in neue Formen der brutalen Sklaverei gedrängt werden, um zu überleben. Auf diese Weise zerstört das Wirtschaftsprojekt des 1% die Gemeinschaft und das Gemeinwohl, die Fähigkeit zur Selbstorganisation und Selbstverwaltung (die wir in Indien als »swaraj« bezeichnen, wie es auch in Gandhis ***Hind Swaraj*** zum Ausdruck kommt), die Kreativität und die Kunst der Herstellung (die in Indien als »swadeshi« bezeichnet und von Gandhi durch die Wiederbelebung des Spinnrads (Charkha) und der handgefertigten Tücher (Khadi) zu einem gewaltfreien Weg der Freiheit gemacht wurde).

Karl Polanyi hatte in *Great Transformation: The Political and Economic Origins of Our Times (Die politischen und wirtschaftlichen Ursprünge unserer Zeit*) vor dem Zur-Ware-Machen und der Reduzierung von Natur und Gesellschaft auf den Markt gewarnt. »Eine Marktwirtschaft muss alle Elemente der Wirtschaft umfassen, einschließlich Arbeit, Land und Geld. Aber Arbeit und Land sind nichts anderes als der Mensch selbst, aus dem jede Gesellschaft besteht, und die natürliche Umgebung, in der er existiert. Sie in den Marktmechanismus einzubeziehen, bedeutet, die Substanz der Gesellschaft selbst den Gesetzen des Marktes unterzuordnen.«[4]

Durch die Neudefinition des Menschen als »Arbeit« und der »Arbeit« als »Input« wird eine künstliche Logik von Effizienz und Produktivität eingeführt, um den »Input« und die »Inputkosten« zu »reduzieren«. Die Senkung der »Inputkosten« bedeutet, dass der Anteil der Landwirte und Arbeitnehmer an der Wertschöpfung, zu der sie beitragen, verringert wird. So entsteht die Wirtschaft des 1% und der 99 Prozent. Verringerung des »Inputs« bedeutet, dass Arbeitnehmer entlassen und durch Maschinen ersetzt werden. Während die Menschen härter arbeiten, verdienen sie weniger und werden ärmer. Die nicht arbeitenden Reichen werden reicher und weniger.

Da immer mehr Menschen entwurzelt und aus ihren Lebensgrundlagen vertrieben werden, tritt die Schaffung von »Arbeitsplätzen« an die Stelle des Schutzes von Lebensgrundlagen. Lebensgrundlagen sind an einem Ort und in einer Gemeinschaft verwurzelt. Sie sind Teil einer Kreislaufwirtschaft. Lebensgrundlagen sind **autopoietisch**. »Job« ist abgeleitet von *gobbe*, was im Jahr 1400 »Masse« bedeutete.

Job

»Stück Arbeit; etwas zu tun«, 1620er Jahre, von *jobbe von worke* (1550er Jahre) »Aufgabe, Stück Arbeit« (im Gegensatz zu kontinuierlicher Arbeit), ein Wort ungewisser Herkunft. Vielleicht eine Variante von *gobbe* »Masse, Klumpen« (um 1400; siehe ***gob***) im Sinne von »eine Wagenladung«. Spezifische Bedeutung von »Arbeit, die gegen Bezahlung verrichtet wird«, erstmals um 1650 belegt.

Job. (1) Eine wenig einträgliche Beschäftigung. (2) Eine unbedeutende Arbeit; ein Stück Gelegenheitsarbeit. [*Johnson's Dictionary*]

Die Bedeutung »bezahlte Anstellung« stammt aus dem Jahr 1858. Die umgangssprachliche Bedeutung »ein Stück Arbeit einer anderen Art« (Plakate, Handzettel usw.) stammt aus dem Jahr 1795, daher

»job-type« (besonders groß, ornamental oder von außergewöhnlicher Form), *»job-shop«* usw. *Job lot* (1832) stammt von einer veralteten Bedeutung von »Wagenladung, Klumpen«, die eine von *gob* getrennte Bildung sein könnte.

Die sehr breite allgemeine Bedeutung von »Ereignis, Geschäft, Zustand der Dinge« ist umgangssprachlich von ca. 1700. Thieves' Slangbedeutung von »Diebstahl, Raub, ein geplantes Verbrechen« stammt aus dem Jahr 1722. Die umgangssprachliche Bedeutung »Exemplar, Sache, Person« stammt aus dem Jahr 1927. Am Job »hart arbeiten« stammt aus dem Jahr 1882. *Job security* (Arbeitsplatzsicherheit) ist seit 1932 belegt (*Arbeitsplatzunsicherheit* seit 1936); *Jobbeschreibung* seit 1920; *Jobsharing* seit 1972. Der Ausdruck *job of work* taucht noch bei Trollope (1873) auf.

jobben (v.)

1660er Jahre, »als Makler kaufen und verkaufen« (intransitiv), von ***Job*** (n.). Die Bedeutung »auf eigene Rechnung mit öffentlichen Wertpapieren handeln« stammt aus dem Jahr 1721. Die Bedeutung »betrügen, verraten« stammt aus dem Jahr 1903; früher »den öffentlichen Dienst zum privaten Vorteil missbrauchen« (1732).

Alle Politiker reden von der »Schaffung von Arbeitsplätzen (Jobs)«, während sie mit ihrer unternehmensfreundlichen Wirtschaftspolitik Leben und Existenzgrundlagen zerstören. Die Arbeit, unser schöpferischer Ausdruck, unser Sinn, unsere Identität, ist also, wie alles andere auch, von der Geldmaschine in ihrer Bedeutung herabgesetzt worden, um Ausbeutung und Raubbau zu erleichtern.

Das Ende der autonomen Arbeit ist der Beginn der »Arbeitsplätze«. Die Bauern in England wollten nicht für Lohn in Fabriken arbeiten. Sie arbeiteten hart, aber ohne Bezahlung auf ihrem Land. Sie wurden »gejobbt« – betrogen, um zur »Arbeit« in Fabriken gezwungen zu werden. Die Einhegung der Ländereien und die Entwurzelung der Bauernschaft war eine Voraussetzung für den Beginn von »Arbeitsplätzen« für »Arbeitskräfte« in Fabriken.

Der mechanistische Verstand wendete »Job« auf bezahlte Arbeit an und suggerierte, dass kreative Menschen nur eine Masse seien, die ausgebeutet werden müsse. »Jobs« werden von jemand anderem vergeben, in der Regel unter ausbeuterischen Bedingungen, um Arbeitskraft zu »gewinnen«. »Job« bedeutet auch »betrügen, verraten«.

ENTWICKLUNG UND WACHSTUM

Entwicklung

Entwicklung ist ursprünglich ein biologischer, kein wirtschaftlicher Begriff. Er bezieht sich auf die autopoetische Entwicklung eines Samens zu einer Pflanze, eines Embryos zu einem Menschen. Die Struktur künftiger Entwicklungsformen ist in das komplexe Selbstorganisationspotential lebender Systeme eingebettet. Eine Eichel muss nicht von außen gesteuert oder gezwungen werden, eine Eiche zu werden. Die Intelligenz für diese Entwicklung wohnt der Eichel inne. Sich zu entwickeln bedeutet, sich zu entfalten, das Potential zum Vorschein zu bringen.

entwickeln, *(develop)* (v.)

Etwa 1650er Jahre, »entrollen, entfalten« (eine Bedeutung, die heute veraltet ist), von französisch *développer*. Es ersetzte das frühere englische *disvelop* (1590er Jahre, von mittelfranzösisch *desveloper*); beide französischen Wörter stammen von altfranzösisch *desveloper* »auspakken, entfalten, enthüllen; die Bedeutung enthüllen, erklären«.

Die modernen Verwendungen sind figurativ und entstanden im Englischen ab dem 18. Jahrhundert: Die transitive Bedeutung »sich vollständiger entfalten, das Potential hervorbringen« stammt aus dem Jahr 1750; die intransitive Bedeutung »allmählich in die Existenz oder den Betrieb eintreten« stammt aus dem Jahr 1793; die Bedeutung »von einem Stadium zum anderen auf einen fertigen Zustand zugehen« stammt aus dem Jahr 1843. Die intransitive Bedeutung »bekannt werden, ans Licht kommen« stammt aus dem Jahr 1864, amerikanisches Englisch.

»Entwicklung« wurde am 20. Januar 1949 zu einem wirtschaftlichen Konzept, als Harry Truman in seiner Antrittsrede die ehemaligen Kolonien der südlichen Hemisphäre, die durch die Kolonialisierung ihres Reichtums beraubt worden waren, zu »unterentwickelten Gebieten« erklärte, die der Entwicklung bedürfen, was eine andere Bezeichnung für Kolonialisierung war.[5]

Was eigentlich selbstorganisierte Entwicklung war, wurde zu einem von außen aufgezwungenen Wirtschaftssystem, das die ehemaligen Kolonien in Abhängigkeit vom Empire und in der Schuldenfalle hielt. Nach unserer [indischen] Unabhängigkeit, die zur Beendigung der kolonialen Ausbeutung und des wirtschaftlichen Abflusses führte, setzten die »Geldmänner« die Wirtschafts- und Ressourcenextraktion mit neuen Institutionen wie der Weltbank und dem IWF fort, die sie bei einem Treffen in Bretton Woods in New Hampshire begründeten. Sie schufen neue Fiktionen wie »Entwicklung«, die die Fortsetzung der alten Prozesse der Ausbeutung und Exploration sind, jetzt durch Schulden, Zinsen und Strukturanpassung, Handelsliberalisierung und Wirtschaftsreformen, Sparmaßnahmen und neue Wege der Ausbeutung der Armen. Bauern und Stammesangehörige wurden enteignet und von ihrem Land und ihren Ressourcen verdrängt mit der Fiktion von »Einkommen«. »Entwicklung« und »Wachstum« sind zeitgenössische Missionen zur »Zivilisierung« der Barbaren und der »Unterentwickelten«.

Zerstörung wird als Fortschritt ausgegeben. Schaffung von Armut erscheint als »Wachstum«. Deshalb wird »Disruption« in unserer Zeit als etwas Positives erklärt, und ihre Folgen müssen nicht in Betracht gezogen werden, weil sie Teil einer »zivilisatorischen Mission« sind, obwohl die Störung selbstorganisierter ökologischer und sozialer Systeme zu ökologischem und sozialem Zerfall und Zusammenbruch führt. Es ist diese Blindheit des 1%, die die Menschheit an den Abgrund gebracht hat, wo Ökosysteme und Gesellschaften kollabieren und unsere ganze Zukunft in Frage gestellt ist.

BIP

Das Bruttoinlandsprodukt* ist ein **extraktivistisches** Maß, das keinen Platz für das Geben hat: »Wachstum« schafft Armut, »Entwicklung« verdrängt und entwurzelt.

Das Bruttoinlandsprodukt (BIP) ist zur mächtigsten Zahl und zum dominierenden Konzept unserer Zeit gemacht worden. Es soll den Wohlstand der Nationen messen. Grenzenloses Wachstum ist eine Fantasie von Wirtschaftswissenschaftlern, Unternehmern und Politikern. Das BIP wird als Maß für Wohlstand und Fortschritt angesehen. In der Vorstellung hat sich »Wachstum« als Maßstab für das Geldverdienen herauskristallisiert. Wachstum, wie früher Entwicklung, bezieht sich ursprünglich auf das Wachsen und Gedeihen des Lebens.

Illusionen wie das BIP wurden der Menschheit rücksichtslos und fahrlässig aufgezwungen und treiben uns dazu, die ökologischen Grenzen der Erde, die Grenzen der sozialen Gerechtigkeit und die ethischen Grenzen der Menschenwürde und der menschlichen Gleichheit zu verletzen. Das BIP ist ein falsches Maß für den Zustand der Wirtschaft. Es misst nicht die Gesundheit der Natur oder das Wohlergehen der Menschen. Es misst nur, wie viel entnommen wird, wodurch sowohl die Natur als auch die Gesellschaft ärmer werden. »Wachstum« führt zu ökologischer Zerstörung und zur Schaffung von Armut, die im BIP nicht abgebildet werden. Die ökologischen und sozialen Kosten der Zerstörung werden als externe Effekte außen vor gelassen und nicht einberechnet.[6]

Was das BIP nicht misst, ist die Zerstörung des Lebens in Natur und Gesellschaft. Die Armut und der Ausschluss der 99 Prozent von der 1%-Wirtschaft ist mit dem Wachstumsparadigma verknüpft, das vom großen Geld geprägt ist, damit das große Geld immer größer wird.[7]

* Das Bruttoinlandsprodukt, seit 1999 Bruttonationaleinkommen hat zwar im Zuge der Namensänderungen seine Berechnungsgrundlage variiert, am Prinzip, dass es sich am Geldumlauf orientiert, hat sich aber nichts geändert.

Wachstum als BIP wurde erfunden, um Ressourcen für den Krieg zu mobilisieren. Die Definition von Wachstum beruhte auf der Annahme, dass »man nicht produziert, wenn man bloß das hervorbringt, was man verbraucht«. Dies war der globale Angriff auf die lokale, in sich autarke Selbstversorgungswirtschaft, insbesondere auf die Wirtschaft der Frauen, die für den Lebensunterhalt sorgen.[8]

Das BIP beruht auf der Schaffung einer künstlichen und fiktiven Grenze. Tatsächlich misst das »Wachstum« die Umwandlung von Natur in Geld und von Gemeingütern in Waren. So werden die wunderbaren Kreisläufe der Natur zur Erneuerung von Wasser und Nährstoffen als Nicht-Produktion definiert. In diesem **Paradigma** des »Wachstums« produzieren die Bauern der Welt, die 72 Prozent der Nahrungsmittel liefern, nichts, und die Frauen, die die meiste Arbeit leisten, arbeiten nicht.

Ein lebendiger, wachsender Wald trägt nicht zum Wachstum bei, aber wenn Bäume getötet, gefällt und als Holz verkauft werden, haben wir Wachstum. Gesunde Gesellschaften und Gemeinschaften tragen nicht zum Wachstum bei, aber Krankheiten schaffen Wachstum durch Krankenhäuser und den Verkauf von patentierten Medikamenten.

wachsen (to *grow*)

Altenglisch *growan* (von Pflanzen) »gedeihen, wachsen, sich entwickeln, größer werden«, von protogermanisch *gro-* (Quelle auch von altnordisch *groa* »wachsen« (von Vegetation), altfriesisch *groia*, niederländisch *groeien*, althochdeutsch *gruoen*), von *ghre-* »wachsen, grün werden« (siehe Gras). Wurde im Mittelenglischen auf Menschen (ca. 1300) und Tiere (frühes 15. Jh.) und ihre Teile angewandt und verdrängte das altenglische *weaxan* in der allgemeinen Bedeutung von »wachsen«. Die transitive Bedeutung »wachsen lassen« stammt aus dem Jahr 1774.

Es wird immer wieder gesagt, dass wir zur Beseitigung der Armut Wachstum benötigen. Die Reichen müssen superreich werden, die Millionäre müssen Milliardäre werden, die Milliardäre müssen Billionäre werden, damit das »Wachstum« ihres Reichtums die Armut beseitigen kann.

Der Kuchen muss größer werden, so heißt es, damit er unter einer größeren Zahl von Menschen aufgeteilt werden kann. Auf diese Weise werde die Armut beseitigt. Aber der Kuchen wird für das 1% größer, indem sie den 99 Prozent und der Natur etwas wegnehmen. Der Prozess, der Armut schafft, kann die Armut nicht beseitigen.

Die Illusionen, die an die Stelle von echtem Reichtum und echten Menschen treten, lassen den ökologischen/materiellen Kuchen tatsächlich schrumpfen. Außerdem wird der schrumpfende Kuchen durch die Prozesse vergiftet, die »Wachstum« schaffen, was ein anderes Wort für die Profite des 1% ist. Ein schrumpfender, vergifteter Kuchen wird zur Ursache für zunehmende Armut, Ungleichheit und Krankheit. Er ist keine Antwort auf die Beseitigung der Armut.

Am wichtigsten ist, dass die Prozesse, die es dem 1% ermöglichen, grenzenlosen Reichtum anzuhäufen, Prozesse sind, durch die sie die Ressourcen und den Lebensunterhalt der Menschen stehlen und an sich reißen, wodurch Armut entsteht. Armut ist kein Zustand der Natur. Sie ist nicht der Zustand selbstorganisierter lokaler Gemeinschaften und Kulturen oder das, was Marshall Sahlins die ursprüngliche Wohlstandsgesellschaft nannte. Die Entstehung von Armut und die Anhäufung von Reichtum sind ein und derselbe Vorgang. Die Zunahme des Reichtums in England während des Kolonialismus war mit der Entstehung von Armut und Hungersnöten in Indien verbunden. Die Konzentration des Reichtums in den Händen des 1% steht im Zusammenhang mit der planetarischen Krise, der Krise des Wohlergehens und der Krise des zunehmenden Hungers und der Armut.

Wirtschaftswachstum verschleiert die Armut, die es schafft, sowohl durch die Zerstörung der Natur und ihrer Fähigkeit, Güter und Dienstleistungen bereitzustellen, als auch durch die Zerstörung der Selbstversorgungskapazitäten von Gesellschaften und Gemeinschaften, die ich **autopoietische** Ökonomien nenne.

Wasser, das als Gemeingut zur Verfügung steht und von allen frei geteilt und geschützt wird, bietet Wasser für alle. Es schafft jedoch kein »Wachstum«. Wenn Coca-Cola jedoch eine Anlage errichtet, die Wasser entnimmt und in Plastikflaschen füllt, entsteht Wirtschaftswachstum. Dieses Wachstum beruht auf der Schaffung von Armut für die Natur und die lokalen Gemeinschaften. Wasser, das über die Fähigkeit der Natur zur Erneuerung und Wiederanreicherung hinaus entnommen wird, führt zu Wasserknappheit. Frauen legen auf der Suche nach Trinkwasser längere Strecken zurück. In dem Dorf Plachimada in Kerala sagte Mylamma, eine Stammesangehörige, als der Fußmarsch für Wasser 10 km lang wurde: »Nun ist es genug! Weiter können wir nicht laufen, die Coca-Cola-Fabrik muss geschlossen werden.« Die von den Frauen initiierte Bewegung führte schließlich zur Schließung des Werks.

Die Evolution hat uns das Saatgut geschenkt, und die Landwirte haben selektiert, gezüchtet und diversifiziert – das ist die Grundlage der Nahrungsmittelproduktion. Saatgut, das sich selbst erneuert und sich in der Gemeinschaft vermehrt, erzeugt Saatgut für die nächste Saison und Nahrungsmittel. Von Bauern gezüchtetes und von Bauern bewahrtes Saatgut wird jedoch nicht als Beitrag zum »Wachstum« angesehen. Es schafft und erneuert zwar Leben. Aber es führt nicht zu Profiten. »Wachstum« beginnt, wenn das Saatgut gentechnisch verändert und patentiert wird, wenn die Landwirte daran gehindert werden, Saatgut aufzubewahren, und sie jede Saison Saatgut neu kaufen müssen.

Die Natur verarmt, weil die biologische Vielfalt unterminiert wird. Die Landwirte verarmen, weil Saatgut, eine kostenlose, frei zugängliche Ressource, in eine patentierte Ware verwandelt wird. Jedes Jahr Saatgut zu kaufen, ist für Indiens arme Bauern ein Rezept für Schulden. Und mit der Etablierung von Saatgutmonopolen ist die Verschuldung der Bauern gestiegen. Seit der Privatisierung und Monopolisierung von Saatgut im Jahr 1995 haben in Indien mehr als 284.000 Bauern, die in der Schuldenfalle gefangen waren, Selbstmord begangen.

Armut entsteht auch, wenn öffentliche Systeme privatisiert werden. So führt die Privatisierung von Wasser, Strom, Gesundheit und

Bildung zwar zu Wachstum und Gewinnen. Aber sie erzeugt auch Armut, indem sie die Menschen zwingt, große Geldbeträge für etwas auszugeben, das entweder kostenlos oder zu erschwinglichen Kosten als Gemeingut zur Verfügung stand. Sie treibt die Menschen in die Verschuldung. Wir leben in einer Schuldenwirtschaft – für unsere Landwirtschaft, unsere Gesundheit, unsere Bildung. Und unsere Verschuldung treibt das Wachstum der Privatiers und Spekulanten voran. Wenn jeder Aspekt des Lebens kommerzialisiert und zur Ware wird, wird das Leben teurer, und die Menschen werden ärmer. Nicht nur der verschuldete Bauer in der Dritten Welt ist ein Opfer dieser Armut, auch der junge verschuldete Student, der unter unbezahlbaren Schulden begraben wird, ist ein Opfer der neuen Armut.

Sowohl Ökologie als auch Ökonomie haben sich aus denselben Wurzeln entwickelt – aus »oikos« (griechisch für »Haushalt«). Solange sich die Wirtschaft auf den Haushalt konzentrierte, erkannte und respektierte sie ihre Grundlage in den natürlichen Ressourcen und die Grenzen der ökologischen Erneuerung. Sie konzentrierte sich darauf, die menschlichen Grundbedürfnisse innerhalb dieser Grenzen zu befriedigen. Die auf die Haushaltung ausgerichtete Wirtschaft war frauenzentriert.

Heute ist die Wirtschaft von den ökologischen Prozessen und den Grundbedürfnissen entkoppelt und steht ihnen entgegen. Während die Zerstörung der Natur mit der Schaffung von Wachstum gerechtfertigt wurde, haben Armut und Enteignung für die Mehrheit der Menschen zugenommen.

Das vorherrschende Modell der »wirtschaftlichen Entwicklung« ist in der Tat lebensfeindlich geworden. Wenn Volkswirtschaften nur am Geldfluss gemessen werden, wachsen die Ungleichheiten, werden die Reichen reicher und die Armen ärmer. Und die Reichen mögen reich sein, wenn es um Geld geht – aber sie sind auch arm, wenn es um die Frage geht, was es heißt, ein Mensch zu sein.

Der Ressourcenbedarf des derzeitigen Wirtschaftsmodells führt zu Ressourcenkriegen – Ölkriege, Wasserkriege, Nahrungsmittelkriege.

Es gibt drei Ebenen der Gewalt, die mit einer nicht nachhaltigen Entwicklung einhergehen.

- Die erste ist die Gewalt gegen die Erde, die sich in der ökologischen Krise äußert.
- Die zweite ist die Gewalt gegen die Menschen, die sich in Armut, Elend und Vertreibung äußert.
- Die dritte ist die Gewalt von Kriegen und Konflikten, weil die Mächtigen nach den Ressourcen anderer Gemeinschaften und Länder greifen, um ihre grenzenlose Gier und ihr grenzenloses Wachstumsstreben zu befriedigen.

Ich habe immer wieder erlebt, dass mit einer Kommerzialisierung der Ressourcen und der Wirtschaft der Menschen der Geldfluss in der Gesellschaft zwar zunimmt, aber in erster Linie von der Natur und den Menschen fort und zu kommerziellen Interessen und Konzernen fließt. Die Geldwirtschaft wächst, aber die Wirtschaft der Natur und der Menschen schrumpft. Und während die reale Wirtschaft der Natur, die Lebensgrundlagen und die Gesundheit der Menschen zerstört werden, wächst das BIP. Je mehr patentiertes GVO-Saatgut Monsanto verkauft, desto mehr wächst die »Wirtschaft«. Mit der Einführung von Monsantos Bt-Baumwollsamen stiegen die Saatgutkosten um 8.000 Prozent. Jedes Jahr gehen dem Land Tausende von Millionen an Lizenzgebühren für Saatgut verloren, bei dem wir souverän sein sollten. Bei diesem Wachstum ist der wirtschaftliche Abfluss durch die Lizenzgebühren für GVO-Saatgut, die Selbstmorde von Landwirten und das Sterben von Bestäubern und Bodenorganismen noch nicht berücksichtigt.

Je mehr Menschen aufgrund der Gifte in unseren Nahrungsmitteln an Krebs und Nierenversagen erkranken, desto mehr wächst das BIP. Die Unangemessenheit des BIP als Maßstab für das Wohlergehen der Menschen wurde kürzlich deutlich, als die britische Regierung ihr BIP um 10 Milliarden Pfund oder 5 Prozent erhöhte, indem sie Prostitution und Drogen mit aufnahm. Frauen, die den größten Teil der Arbeit für den Erhalt der Gesellschaft leisten, werden als nicht arbeitend oder zum BIP beitragend definiert. Wenn sie aber für Sex gehandelt werden, wird dies als Beitrag zum BIP gezählt.

Die Manipulation des Lebens durch die Gentechnik und der Wirtschaft durch das BIP dienen nicht dem höheren Ziel, nach den Prinzipien von *Vasudhaiva Kutumbakam* und *Swaraj* zu leben. Es ist an der Zeit, ein Entwicklungsmodell für das Wohlergehen allen Lebens und aller Menschen zu entwickeln.

Die Vermehrung des Geldflusses durch das BIP hat sich völlig von den realen Werten abgekoppelt, aber diejenigen, die finanzielle Ressourcen anhäufen, können Anspruch auf die realen Ressourcen der Menschen erheben – ihr Land und ihr Wasser, ihre Wälder und ihr Saatgut. »Hungriges« Geld nimmt den letzten Tropfen Wasser und den letzten Zentimeter Land auf dem Planeten in Beschlag. Dies ist kein Ende der Armut. Es ist das Ende von Menschenrechten und Gerechtigkeit. Die Menschen werden in einer Welt, in der Geld regiert und der Wert des Geldes die menschlichen Werte ersetzt, die zu Nachhaltigkeit, Gerechtigkeit und Menschenwürde führen, entbehrlich gemacht.

Der grenzenlose Raubbau an der Natur geht Hand in Hand mit dem grenzenlosen Raubbau an der Gesellschaft, der die Wurzel der Armutskrise, der Krise der Entfremdung, der Enteignung und der Verrohung ist, die wir überall um uns herum erleben. Abstrakte Konstrukte wie »Effizienz« fossiler Brennstoffe und die »Produktivität«, die auf dem zunehmenden Einsatz von Energiesklaven aus giftigen Chemikalien beruhen, drängen Menschen aus dem Arbeitsleben, schaffen Land- und Arbeitslosigkeit und eine große Gruppe von »Wegwerfmenschen«. Konstrukte wie das Bruttonationaleinkommen, die nur die Ausbeutung und die Umwandlung von Natur und Menschen in Geld und Waren messen, werden als einziges Ziel für menschliche Gesellschaften vorgegeben.

Die Geldmaschine verdrängt und zerstört die Kreativität, die Produktion und die lokale Wirtschaft und macht alle Volkswirtschaften dem von dem 1% kontrollierten globalen Handel untertan. Die Globalisierung und die Handelsregeln werden der Welt für die Geldmaschine aufgezwungen.

Armut ist nicht der ursprüngliche Zustand der Natur oder der erdzentrierten Wirtschaft lokaler Gemeinschaften. Das herrschende Wirtschaftsprogramm schafft Armut, die Wirtschaft des 1% bestraft die Armen.

Die Armen sind arm, weil das 1% ihre Ressourcen und ihren Reichtum an sich gerissen hat. Stammesangehörige werden ärmer, weil man sich ihre Wälder und ihr Land angeeignet hat und dabei Verfassungsgesetze wie das PESA [von der indischen Regierung garantiertes Selbstverwaltungsrecht und Sonderrechte der *Scheduled Areas*] und das Gesetz über die Rechte der Wälder untergräbt. Die Bauern werden ärmer, weil das 1% eine industrielle Landwirtschaft fördern, die auf dem Kauf teuren, patentierten Saatguts und chemischer Betriebsmittel beruht, die sie in die Schuldenfalle treibt und ihren Boden, ihr Wasser, ihre Artenvielfalt und ihre Freiheit zerstört.

Kleinbauern werden ärmer, weil vertikal aufgebaute Konzerne 99 Prozent des von ihnen produzierten Werts stehlen, und diese gestohlene Ernte wird »Investition« genannt. Sie werden ärmer, weil der »Freihandel« als Freiheit für »Investoren« Konzerne fördert und damit einhergehend Dumping, die Zerstörung von Lebensgrundlagen und Druck auf die Agrarpreise.

Aus diesem Grund hat Bhutan das Bruttonationalglück anstelle des Bruttonationaleinkommens als Maßstab für das Wohlergehen eingeführt. Sogar Ökonomen wie Joseph Stiglitz und Amartya Sen haben zugegeben, dass das BIP die Situation des Menschen nicht wirklich erfassen kann.

Das BIP ist das geläufige Maß für die Wirtschaft und dominiert alle anderen Überlegungen. Das BIP misst jedoch nur die Expansion der linearen, extraktiven Wirtschaft, die die lokale Wirtschaft und die lokalen Ökosysteme zerstört. Das BIP lässt die Zerstörung außer acht. In Indien zum Beispiel verursacht die nicht nachhaltige industrielle Landwirtschaft versteckte Kosten von mehr als 1,2 Billionen Dollar, was dem Doppelten des BIP entspricht.

Es ist notwendig, vom BIP auf das Wohlergehen von Ökosystemen, Gemeinschaften und Einzelpersonen umzustellen. Das »Bruttonationalglück« für Wohlbefinden und Wohlergehen, das Bhutan der Welt geschenkt hat und das den Vereinten Nationen auf der Konferenz zur Neudefinition des Wirtschaftsparadigmas vorgestellt wurde, finden Sie unter diesem Link.[9]

Navdanya arbeitet mit Bhutan an der Umstellung auf ein zu 100 Prozent biologisches Bhutan sowie an der Umstellung vom BNE auf das Bruttonationalglück als Maß für das sozioökonomische Wohlergehen. Navdanya hat auch mit der Regierung von Bhutan zusammengearbeitet, um ein Programm für »Organic Himalaya« zu entwickeln.[10]

Navdanya fördert eine auf biologischer Vielfalt beruhende ökologische Landwirtschaft und die neuen Produktivitätsmaße »Gesundheit pro Acre« und »Wohlstand pro Acre«, die über die eindimensionale Rohstoffproduktion hinausgehen, welche die sozialen und ökologischen Kosten externalisiert und die Belastung für Natur und Gesellschaft vergößert. »Gesundheit pro Acre« (*health per acre*) misst den Nährwert pro Acre (*angelsächsische Flächeneinheit, entspricht etwa 4047 m*^{2}). Bei diesem Indikator sind diversifizierte kleine Landwirtschaftssysteme keineswegs unproduktiv: Sie produzieren mehr Qualität, Gesundheit und Nährwerte.

»Einsatz pro Acre« (*wealth per acre*) beinhaltet die wahren Kosten externer, auf hohem Input beruhender Industriesysteme, indem es die versteckten Kosten und die externen Effekte internalisiert. Es zeigt, dass »billige Nahrungsmittel« in Wirklichkeit sehr teuer sind, wenn wir die 400 Milliarden Dollar Subventionen, die Kosten für die Gesellschaft und die Kosten für unsere Gesundheit berücksichtigen. Weder der Planet noch die Menschen können diese giftigen Kosten noch tragen.

Wir müssen Maßstäbe schaffen, die über das BIP hinausgehen, Wirtschaften, die über den globalen Supermarkt hinausgehen, um echten Wohlstand und echtes Wohlergehen wieder herzustellen. Wir müssen uns daran erinnern, dass die wahre Währung des Lebens das Leben selbst ist.

In dem Maße, in dem die Natur und die Erde ausgebeutet und missbraucht werden, wird die Illusion genährt, dass »Technologie« uns von der Erde und ihren Grenzen befreit. Die ökologische Krise vergrößert sich ständig, wird aber so behandelt, als habe sie mit dem wirtschaftlichen und technologischen **Paradigma** nichts zu tun. Alle ökologischen Kosten werden als Externalitäten des ökonomischen Wachstumskalküls abgetan.

Die Globalisierung als deregulierter Handel hat das Zeitalter der Raubritter wieder aufleben lassen. Dies ist die wahre Geschichte des 1%.

Wissenschaft, Technik, Innovation, Erfindung

»Science« (Wissenschaft) leitet sich vom lateinischen *scire* – »wissen« – ab. Leben heißt wissen. Wir alle sind Wissende unterschiedlicher Art. Wir sind alle Wissenschaftler in verschiedenen Bereichen. Ein Landwirt kennt sein Saatgut, seinen Boden, seine Pflanzen, seine Tiere, seine Bäume, seine Jahreszeiten, seine Gemeinschaft. Er/sie ist also ein/e Wissenschaftler/in. In der Tat beruhen das gesamte landwirtschaftliche Wissen und die Saatgutzüchtung auf dem Wissen der Bauern. Nur die Gifte in der Landwirtschaft kommen aus dem industriellen System.

Das Wissen, das wir für die Züchtung, die Auswahl, die Entwicklung von Saatgut und den Anbau von Lebensmitteln benötigen, ist das Wissen über die biologische Vielfalt und lebendiges Saatgut, über lebendige Böden und das Nahrungsnetz im Boden (über die Interaktion zwischen verschiedenen Arten im Agrarökosystem und über die verschiedenen Jahreszeiten). Die Landwirte waren die Experten auf allen Gebieten, ebenso wie die Ökowissenschaftler, die die Entwicklung von Mikroorganismen, Pflanzen und Tieren, das ökologische Netz und das Nahrungsnetz des Bodens untersuchen. Dieses komplexe Wissen über interagierende, sich selbst organisierende, sich selbst erhaltende, sich selbst erneuernde und sich selbst entwickelnde

Systeme, das die Landwirte in den 10.000 Jahren der Evolution der Landwirtschaft und des bäuerlichen Wissens eingebracht haben, wird nun durch die neuesten Erkenntnisse der Ökologie bestätigt. Auf der Ebene der landwirtschaftlichen Systeme ist die Agrarökologie der wahrhaft wissenschaftliche Ansatz für die Lebensmittelproduktion. Auf der Ebene der Organismen führen die Epigenetik* und die neue Erkenntnis, dass die Zellen in ständiger Kommunikation miteinander stehen, zur Entstehung eines neuen **Paradigmas**: Leben als Kommunikation und Intelligenz. Lebende Systeme sind keine tote Materie, kein Material, das wie eine Maschine modular zusammengesetzt werden kann.

Die Landwirte haben das verfügbare Land und Wasser genutzt und die Menschheit seit Jahrtausenden ernährt. Sie haben ständig schmackhaftere und nahrhaftere Sorten entwickelt. Ihr Erfolg beruht auf ihrem Verständnis der Erde, der Natur und ihrer Ökosysteme, der Menschen und aller anderen Arten als **autopoietische** Systeme. Dieses Verständnis hat es uns ermöglicht, zu gedeihen. Die Landwirte sehen das Saatgut als autopoietisch an, so wie sie sich selbst und die Natur als autopoietisch ansehen.

Eine Großmutter, die weiß, wie man die Ernte von unseren Feldern in eine köstliche Mahlzeit voller Nährstoffe verwandelt, ist eine Lebensmittelwissenschaftlerin. Ein ayurvedischer Arzt ist ein Wissenschaftler. Indigene Völker sind Wissenschaftler. Frauen sind Wissenschaftlerinnen. Sie verfügen über ein verankertes, interaktives und sich entwickelndes Wissen. Ihr Wissen ist das Wissen, in Einheit zu leben, zu wissen, dass wir eins sind. Und die Lehren von einem vernetzten, lebendigen, reichhaltigen Universum finden sich in den indigenen Kulturen ebenso wie in allen spirituellen Lehren.

Die Intelligenz der Frauen, der Bauern, des Saatguts und der Pflanzen, des Bodens, der Bienen, der Insekten und der Bestäuber, unseres Körpers und unseres Geistes, der verschiedenen Kulturen

* Die Epigenetik untersucht die Einflüsse der Lebensführung und Lebensumstände auf die DNA, welche keineswegs so festgelegt ist, wie man lange geglaubt hat.

und Gemeinschaften wurde von der mechanistischen Wissenschaft und der Macht des Geldes übergangen, geleugnet und oft gewaltsam unterdrückt. Diese hat die mechanistische Wissenschaft hervorgebracht und braucht sie für die fortgesetzte Ausbeutung der Natur und der Gesellschaft.

Für das menschliche Überleben und das Überleben von Millionen von Spezies ist es erforderlich, dass wir uns aus dem Gefängnis des mechanistischen Verstandes befreien, der nur einen Zweck hat – das Imperium des 1% zu schaffen und zu erhalten.

Wir müssen die Vielfalt der Erkenntnistheorien und Wissenssysteme anerkennen, die uns geholfen haben, den Planeten zu bewahren und unser Wohlergehen zu sichern. Wir müssen unsere vielfältigen, miteinander vernetzten Intelligenzen freisetzen, um eine andere Vorstellung und damit eine andere Welt jenseits der Illusionen und der Kontrolle des 1% zu schaffen.

Die mechanistischen Konstrukte auf eine selbstorganisierte, intelligente Welt anwenden können nur schlecht informierte Menschen, denn dieses Vorgehen ist grobschlächtig, unbedarft und gewalttätig. Es funktioniert weder für den Planeten noch für die Menschen.

Aber für das 1% schon.

Technologie selbst hat einen großen Bedeutungswandel erfahren. Das Wort Technologie setzt sich aus zwei griechischen Wörtern zusammen, *techne* und *logos*. *Techne* bedeutet Kunst, Geschicklichkeit, Handwerk oder die Art und Weise, mit der eine Sache erlangt wird. *Logos* bedeutet Wort, die Äußerung, mit der ein Gedanke ausgedrückt wird, ein Spruch oder ein Ausdruck. Wörtlich bedeutet Technik also Worte oder Reden über die Art und Weise, wie Dinge erreicht werden. In diesem Sinne ist zum Beispiel die ökologische Schädlingsbekämpfung durch Intensivierung der biologischen Vielfalt eine Technik des Agrarökologie-**Paradigmas**.

Das große Geld hat »Technik« jedoch auf jene gewalttätigen, invasiven Werkzeuge reduziert, die sie für Kriege entwickelt haben: auf Pestizide, die Menschen und die Vielfalt des Lebens töten, und auf

Medikamente und industrielle Gesundheitssysteme, die Krankheiten verursachen, anstatt sie zu heilen.

Technologie

1610er Jahre, »eine Abhandlung über eine Kunst oder die Künste«, von griechisch *tekhnologia* »systematische Behandlung einer Kunst, eines Handwerks oder einer Technik«. Die Bedeutung »Studium der mechanischen und industriellen Künste« (Century Dictionary, 1902, nennt als Beispiele »Spinnen, Metallverarbeitung oder Brauen«) ist erstmals 1859 belegt. *Hochtechnologie* ist seit 1964 belegt; die Kurzform *High-Tech stammt* aus dem Jahr 1972.

Techniken sind der Schaffensprozess von Mitteln zur Ordnung und Umwandlung von Materie, Energie und Information, um Ziele zu erreichen, die auf einer höheren Ebene liegen als die Werkzeuge selbst.

Technologie bedeutet Wissen um Werkzeuge. Aber im Zeitalter der fossilen Brennstoffe und des industriellen Kapitalismus wird Technologie zu mehr als einem Werkzeug. Sie wird zu einem Konstrukt für Macht und Kontrolle, zum Konstrukt eines falschen **Narrativs** über die Beziehung zur natürlichen Welt und zur Gesellschaft, das die Kreativität und Produktivität der Natur ausblendet und den Beitrag derer, die kolonialisiert werden – Frauen, Sklaven, Arbeiter, Bauern – verschleiert. Zugleich wurde die steigende Nachfrage nach natürlichen Ressourcen, einschließlich Land, Energie und Rohstoffen, als lebenswichtiges Instrument dargestellt, das die »Freiheit der Natur« garantiert.

Und es ist diese Illusion, die das falsche Narrativ von Schaffung von »Wohlstand«, »Fortschritt, Entwicklung« geschaffen hat. Es wird davon ausgegangen, dass der Wohlstand des industrialisierten Westens ausschließlich auf der industriellen, auf fossilen Brennstoffen beruhenden Technik beruht. Doch dieses Narrativ verschleiert den Wohlstandstransfer von der Natur und von anderen Kulturen sowie die Arbeit derjenigen, die tatsächlich produzieren.

Nicht nur, dass Technik auf gewalttätige industrielle Werkzeuge zur Gewinnung, Ausbeutung und Kontrolle verengt wird, anstatt sie als Mittel zur Erreichung höherer ökologischer, sozialer und menschlicher Ziele zu betrachten, die in der indischen Philosophie als »purushartha« bezeichnet werden. Die Werkzeuge selbst werden zu Zielen erhoben, wodurch der Einsatz und die Nutzung industrieller Techniken zu einem Selbstzweck, zu einer neuen Religion werden. Dies erklärt die Grausamkeit und fundamentalistische Kraft, mit der GVO und Impfstoffe, die Digitalisierung der Wirtschaft und der Landwirtschaft durchgesetzt werden. Anstatt sie nach ökologischen und sozialen Kriterien mit anderen Werkzeugen zu vergleichen, werden diejenigen, die eine wissenschaftliche Bewertung von Techniken fordern, als »wissenschaftsfeindlich« bezeichnet. Dieser Diskurs entspringt einem quasi religiösen Fundamentalismus, nicht der rationalen wissenschaftlichen Debatte. Die Techniken der Ausbeutung, des Profits und der Beherrschung sind eindeutig zur »zivilisatorischen Mission« in der heutigen Kolonialisierung geworden.

»Innovation« ist ein weiteres Wort, das vom großen Geld bis zum Überdruss verwendet wird. In den 1540er Jahren bedeutete *innovate* »neu einführen« (trans.), von lateinisch *innovare* »erneuern, wiederherstellen«; auch »verändern«, von *in-* »in« (siehe **in-** (2)) + *novus* »neu« (siehe ***neu***). In den 1590er Jahren entwickelte sich der Begriff zu »neue Dinge einführen, bewährte Praktiken ändern«.

Die Erneuerung und Regeneration von Natur und Kultur ist also »Innovation«.

erneuern (*innovate*) (v.)

1540er Jahre, »als neu einführen«, von lateinisch *innovatus*, Partizip der Vergangenheit von *innovare* »erneuern, wiederherstellen«; auch »verändern«, von *in-* »in« + *novus* »neu«. Die intransitive Bedeutung »neue Dinge einführen, etablierte Praktiken ändern« stammt aus den 1590er Jahren.

Aber so wie die Technik auf die Ausbeutung durch die Mächtigen reduziert wurde, wurde die Innovation darauf reduziert, den Menschen diese gewalttätigen Techniken entgegen ihrer demokratischen

Entscheidung aufzuzwingen. »Erneuern« und »Wiederherstellen« sind ihres Sinnes beraubt worden. Was zählt, ist »Disruption«. Das Aufzwingen von GVO und Impfstoffen im Namen der Innovation, obwohl es sicherere und wirksamere Alternativen gibt, sind Beispiele dafür.

Der mit der Technik verbundene **Reduktionismus** spiegelt sich auch in der Reduktion der Gesellschaft wider. Die 1%-Ökonomie arbeitet gegen die Demokratie.

Geschäft (*business*) (n.)

Altenglisch *bisignes* (Northumbrian) »Sorgfalt, Sorge, Beschäftigung«, von *bisig* »vorsichtig, ängstlich, beschäftigt, fleißig«. Die ursprüngliche Bedeutung ist veraltet, ebenso wie die mittelenglische Bedeutung von »Zustand des Beschäftigtseins« (Mitte des 14. Jahrhunderts), die durch *busyness* ersetzt wurde. In Johnsons Wörterbuch steht auch *busiless* »freigestellt; ohne Geschäft; arbeitslos«. Die moderne zweisilbige Aussprache ist 17. Jahrhundert.

Die Bedeutung »die Arbeit einer Person, der Beruf, das, was man für den Lebensunterhalt tut« ist erstmals Ende des 14. Jahrhundert (im späten Altenglischen erscheint *bisig* (adj.) als Substantiv mit der Bedeutung »Beruf, Beschäftigungszustand«). Die Bedeutung von »das, was man als Pflicht tut« stammt aus dem späten 14. Jahrhundert. Die Bedeutung »das, was man im Moment tut« stammt aus den 1590er Jahren. Die Bedeutung »Handel, kommerzielle Verpflichtungen, kaufmännische Tätigkeiten insgesamt« ist erstmals 1727 bezeugt, und zwar im Sinne von »Angelegenheiten, die die eigene Zeit und Aufmerksamkeit in Anspruch nehmen«.

unterhalten (*sustain*) (v.)

Um 1300, »stützen«, von altfranzösisch *sostenir* »aufrecht halten, ertragen; erdulden« (13. Jh.), von lateinisch *sustinere* »aufrechthalten, aufrichten; mit Hilfsmitteln ausstatten; ertragen, erdulden«, von assimilierter Form von *sub* »von unten nach oben« + *tenere* »halten«, von der Wurzel »strecken«. Die Bedeutung »fortsetzen, durchhalten«

(eine Handlung usw.) stammt aus dem frühen 14. Jahrhundert. Die Bedeutung »aushalten, ohne zu versagen oder nachzugeben« stammt etwa von 1400.

agro-

Protoindoeuropäische Wurzel mit der Bedeutung »Feld«; wahrscheinlich eine Ableitung der Wurzel »treiben, herausziehen, bewegen«.

Es bildet alle oder einen Teil von: *acorn; acre; agrarisch; Agrikultur; Agriologie; Agro-; Agronomie; peregrinate; peregrination; peregrine; pilgrim; stavesacre.* Sanskrit *ajras* »Ebene, offenes Land«, griechisch *agros* »Feld«, lateinisch *ager* (Genitiv *agri*) »ein Feld«, gotisch *akrs*, altenglisch *æcer* »Feld«.

Kreativität, geistige Eigentumsrechte und Patente

Kreativität (f.)

Kreativität ist die Fähigkeit, etwas zu schaffen. **Kreativität** kommt von dem lateinischen Begriff *creō*, »schaffen, machen«. »Eigenart oder Fähigkeit, schöpferisch zu sein«, 1859, von *creative* + *-ity*. Ein früheres Wort war *creativeness* (1800).

Die Natur ist schöpferisch. Indigene Bauern schaffen gemeinsam mit der Natur. So haben die indischen Bauern 200.000 Reissorten und die mexikanischen Bauern Tausende von Maissorten hervorgebracht.

Patente auf Saatgut und Patente auf Leben sind ein Beispiel für die Aneignung der Kreativität der Natur bei der Weiterentwicklung, Reproduktion und Vermehrung von Saatgut sowie der Kreativität der Landwirte bei der Züchtung auf Qualität, Nährwert und Widerstandsfähigkeit. Patente negieren die Kreativität der Natur und der Bauern. Piraten werden zu Eigentümern. Das Eintreiben von Lizenzen und Tantiemen wird als »geistiges Eigentumsrecht« ausgegeben.

Von den »Patentbriefen« bis zu den heutigen Patenten waren falsche Konstrukte von »Kreation« das Mittel, um den Reichtum ganzer Zivilisationen und ganzer Kontinente zu stehlen.

Separatismus ist eine Mauer, die es erlaubt, dass Fiktionen, Illusionen und gedankliche Konstrukte die Wirklichkeit ersetzen – echte Kreativität, echte Böden, echte Samen, echte Menschen, echte »Freunde«, echte Liebe, echte Gemeinschaft. So kann man aus der realen Welt abschöpfen und die wirkliche Quelle leugnen.

Heute ist die »digitale« Welt – die »Daten«, soziale Beziehungen (Facebook-Freunde) und die reale Wirtschaft ausbeutet – der Schlüssel zur Schaffung von Illusionen, um Reichtum anzuhäufen. Digitales Geld ersetzt den realen Reichtum der Menschen. Der elektronische Geschäftsverkehr verdrängt den realen Geschäftsverkehr. Waren werden nach wie vor produziert und vertrieben, jetzt aber mit höheren ökologischen Kosten und stärkerer Ausbeutung der Zusteller, die bei Hitze und Kälte, Regen und Schnee herumrennen (zum Beispiel für Amazon). Die lokale Wirtschaft, das lokale Eigentum an Unternehmen und die lokalen Gemeinschaften verschwinden

Der Abbau von Schranken, die ökologische Nachhaltigkeit, soziale Gerechtigkeit und wirtschaftliche Gleichheit sichern, wird in dem neoliberalen **Paradigma**, in dem Geld und Geldmacher regieren, »Reform« genannt. Der Aufstieg des 1% ist mit diesem Prozess verbunden. Aber der Prozess beginnt nicht mit dem Neoliberalismus von vor ein paar Jahrzehnten. Schließlich ist die Herrschaft des 1% genau das, was die Herrschaft der Raubritter war. Und das Zeitalter der Raubritter war auch das Zeitalter des Öls. Der Prozess hat seine Wurzeln in der Gewalt der Kriege und Invasionen in das Land anderer Menschen und der Aneignung ihres Reichtums. Es waren die kolonialen Eroberungen, die zur Ausdehnung des Empires führten.

Dieser Vorgang verknüpft Kreativität und Wertschöpfung fälschlicherweise mit einem Konstrukt namens »Kapital«, einem auf Geld beruhenden Abstraktum. Geld ist ein Tauschmittel, das den realen Wert von realen Waren und Dienstleistungen widerspiegelt, die durch die reale Arbeit und die Beiträge einer realen Natur und realer Menschen geschaffen wurden. Die Abstraktion ermöglicht eine Verlagerung der Kreativität. Sie erlaubt es zudem, alle Grenzen der realen Lebenswelt zu verletzen – die ökologischen Grenzen, die durch die planetarischen Grenzen gesetzt sind, die sozialen Grenzen, die geschaffen wurden, um unsere gemeinsame Menschlichkeit, aber auch die verschiedenen Kulturen zu schützen. Die irreale Vorstellung von grenzenlosem Wachstum auf einem begrenzten Planeten treibt die Ausbeutung der Erde und der menschlichen Gemeinschaften in den entlegensten Regionen voran. Das BIP wird zu einer Art Religion, für die alles Heilige vernichtet werden muss.

Die falsche Konstruktion der »schöpferischen« Kraft des Kapitals und der Maschinen eignet sich die schöpferischen Beiträge der Natur und der Menschen an und belohnt die »Eigentümer« des Kapitals auf der Grundlage einer erlogenen Kreativität mit »Eigentum« an der Natur.

So, wie während des Kolonialismus mit der einhergehenden Industrialisierung Land geraubt und eingehegt wurde, werden heute alle möglichen Ressourcen der Menschen für die Erhebung von Lizenzen und Pachten eingehegt. Wie Adam Smith sagte: »Sobald der Boden eines Landes in Privateigentum übergegangen ist, lieben es die Grundherren, wie alle anderen Menschen auch, dort zu ernten, wo sie nie gesät haben, und verlangen sogar für die natürlichen Erträge eine Pacht.«

Von den Folianten mit »Patentbriefen« bis zu den heutigen Patenten waren falsche Vorstellungen von »Kreation« das Mittel, um den Reichtum ganzer Zivilisationen und Kontinente zu stehlen.

Intelligenz

Intelligenz (f.)

Das Wort leitet sich her vom lateinischen *intelligere* »verstehen« und *inter legere* – »wählen«.

Spätes 14. Jh., »das höchste geistige Vermögen, die Fähigkeit, allgemeine Wahrheiten zu begreifen«; um 1400, »Verstandesvermögen, Verständnis«, von altfranzösisch *intelligence* und direkt von lateinisch *intelligentia* »Verständnis, Wissen, Unterscheidungsvermögen;

Kunst, Geschicklichkeit, Geschmack«, von *intelligentem* (Nominativ *intelligens*) »unterscheidend, schätzend«, Partizip Präsens von *intelligere* »verstehen, begreifen, zur Kenntnis nehmen«, von assimilierter Form von *inter* »zwischen« + *legere* »auswählen, herausgreifen, lesen«, von protoindoeuropäischen Wurzel *leg* »sammeln«, mit abgeleiteter Bedeutung »sprechen (Worte herausgreifen)«.

Die Bedeutung »überlegenes Verständnis, Klugheit, die Eigenschaft, intelligent zu sein« stammt aus dem frühen 15. Jahrhundert. Die Bedeutung »erhaltene oder vermittelte Informationen, Nachrichten« wurde erstmals Mitte des 15. Jahrhunderts aufgezeichnet, insbesondere »geheime Informationen von Spionen« (1580er Jahre). Die Bedeutung »ein Wesen, das mit Verständnis oder Intelligenz ausgestattet ist« stammt aus dem späten 14. Jahrhundert. Der *Intelligenzquotient wurde* erstmals 1921 erwähnt.

Das Leben ist intelligent. Die Erde ist intelligent. Die Bienen sind intelligent. Der lebende Boden ist intelligent, lebende Samen und Pflanzen sind intelligent, die Bakterien in unserem Darm sind intelligent. Unser Körper ist intelligent. Jede Zelle in unserem Körper ist intelligent. Jedes menschliche Wesen ist intelligent.

Von Schleimpilzen und Bakterien bis hin zu Pflanzen und Tieren, einschließlich des Menschen, besteht die Intelligenz der Lebewesen in den Entscheidungen, die sie treffen, um sich weiterzuentwickeln und auf veränderte Bedingungen zu reagieren. Lebewesen entwickeln sich ständig weiter, um mit den Herausforderungen der Umwelt umzugehen, mit denen sie konfrontiert sind. Lewontin sagt: »Ein lebendes Objekt zeichnet sich dadurch aus, dass es auf äußere Reize reagiert, anstatt von ihnen passiv getrieben zu werden. Das Leben eines Organismus besteht aus ständigen Kursanpassungen.«

Die Erde als Ganzes ist ein selbstorganisiertes lebendes System, wie James Lovelock, ein NASA-Wissenschaftler, erkannte. Deshalb benannte er sie nach Gaia, der Erdgöttin im alten Griechenland.

Die Gaia-Theorie »besagt, dass sich lebende Organismen und ihre anorganische Umgebung zusammen als ein einziges lebendes System entwickelt haben, das die Chemie und die Bedingungen der Erdoberfläche stark beeinflusst«. Einige Wissenschaftler glauben, dass dieses »gaiische System« die globale Temperatur, den atmosphärischen Gehalt, den Salzgehalt der Ozeane und andere Faktoren »automatisch« reguliert. Das lebende System der Erde scheint die Bedingungen auf unserem Planeten genau richtig zu halten, damit das Leben fortbestehen kann![11]

Dies unterscheidet sich sehr von dem mechanistischen, industriellen **Paradigma**, das die Erde als tote Materie, als reines Rohmaterial für die industrielle Ausbeutung betrachtet. Das mechanistische Paradigma beruht auf der Leugnung der **Autopoiesis** und der Intelligenz des Lebens.

Pflanzen und Tiere kommunizieren. Sie sind intelligent. Sie wählen ihre kreativen Wege des Wachstums und der Evolution. Wenn ein Insekt eine Pflanze angreift, setzt diese Chemikalien frei, die sowohl Insektenbekämpfungsmittel als auch Signale an andere Pflanzen sind. Wenn eine Giraffe eine Akazie in der afrikanischen Savanne frisst, setzt die Akazie Giftstoffe und Ethylen frei, ein Gas, das Signale an benachbarte Bäume sendet, die ebenfalls Giftstoffe abgeben, um sich zu schützen. Das ist Intelligenz und Kommunikation auf höchstem Niveau.[12]

Albert Howard stellte fest, dass der ökologische Landbau die Mykorrhiza-Pilze fördert, die für die Nährstoffversorgung der Pflanzen und die Kommunikation über das Wurzelsystem unerlässlich sind. Peter Wohlleben bemerkt: »Diese Pilze funktionieren wie Glasfaserkabel im Internet. Ihre dünnen Fäden durchdringen den Boden und durchweben ihn in fast unglaublicher Dichte. Ein Teelöffel Waldboden enthält viele Kilometer dieser ›Hypae‹.«[13]

Darwin nannte die Wurzeln der Pflanze ihr »Gehirn«. In The *Power of Movement in Plants (Die Kraft der Bewegung in Pflanzen*) schrieb Darwin: »Es ist kaum übertrieben zu sagen, dass die Spitze der Wurzel, die auf diese Weise (mit Sensibilität) ausgestattet ist und die Macht hat, die Bewegungen der angrenzenden Teile zu lenken, wie ein Gehirn wirkt.« Wie Stephen Harrod Buhner in *Plant Itelligence*[14] schreibt:

»Als einzigartiger Teil der Pflanzenwurzel ist die Wurzelspitze (oder die Wurzelspitzen, die die potentiellen Enden des Wurzelsystems darstellen) eine Kombination aus sensiblem Finger, wahrnehmendem Sinnesorgan und Gehirnneuron. Jedes Wurzelhaar, jedes Würzelchen, jeder Wurzelabschnitt hat eine Wurzelspitze; jede Wurzelmasse enthält Millionen, ja Milliarden davon. Eine einzige Roggenpflanze hat zum Beispiel mehr als 13 Millionen Wurzeln mit einer Gesamtlänge von 680 Meilen. Jede dieser Wurzeln ist mit Wurzelhaaren bedeckt, mehr als 14 Milliarden davon, mit einer Gesamtlänge von 6.600 Meilen. [...] Im Vergleich damit hat das menschliche Gehirn etwa 86 Milliarden Neuronen, von denen sich etwa 16 Milliarden in der Großhirnrinde befinden. Pflanzen mit größeren Wurzelsystemen und mehr Wurzelhaaren können wesentlich mehr Gehirnneuronen haben als die 14 Milliarden, die in Roggenpflanzen enthalten sind; sie können es sogar mit dem menschlichen Gehirn aufnehmen, was die Anzahl der Neuronen angeht. Und wenn man sich das zusammenhängende Netzwerk von Pflanzenwurzeln und Mykorrhiza-Myzelien in einem einzelnen Ökosystem ansieht, hat man es mit einem neuronalen Netzwerk zu tun, das viel größer ist, als es für das menschliche Gehirn überhaupt vorstellbar ist.«

Die Arroganz des Kolonialismus und des Industrialismus liegt in der Annahme, dass nur der Kolonialisator über Intelligenz verfügt. Die Natur wird im mechanistischen **Paradigma** ja für tot gehalten, und auch der Rest, die Nicht-Milliardäre, die Nicht-Weißen, die Nicht-Patriarchen, haben angeblich kein Hirn. Das mechanistische Weltbild passt perfekt zu dieser auf Ausbeutung und Beherrschung beruhenden Privilegierung.

Wie Jiddu Krishnamurti uns erinnert: »Zu erkennen, was falsch ist, ist der Weg der Intelligenz.«

Glossar

Alle hier aufgeführten Begriffe sind im Buch durch **eine andere Schriftart** *(Sans Serif = serifenlos) gekennzeichnet. Die Erklärungen beziehen sich auf die Verwendung der Begriffe im Zusammenhang dieses Buches.*

Allmende
bedeutet im engeren Sinne das gemeinschaftlich genutzte und bewirtschaftete Land einer Gemeinde. In weiterem Sinne ist es Land und Wasser, welches von allen gemeinsam genutzt wird. Die Privatisierung und damit einhergehende Parzellierung der Allmende bedeutet sehr oft das Ende einer (indigenen) Gemeinschaft. Im weitesten Sinne ist die Allmende das Gemeingut, die Erde, die nicht zu Besitz gemacht wurde und allen dort heimischen Wesen gehört.

Anthropozentrismus
ist eine Weltsicht, nach der sich alles um den Menschen dreht und der Mensch mehr Rechte hat als andere Lebewesen.

Autopoiesis, autopoietisch
Dieser im Buch immer wiederkehrende Begriff steht für Selbststeuerung, Selbstorganisation, für etwas, was das Leben auszeichnet. Leben heilt und erneuert sich aus sich heraus – das ist etwas, das eine Maschine niemals kann, ebenso wenig wie ein digitales Netzwerk.

Care Economy
Ein interessanter Beitrag aus dem Jahr 2001 zu dem Thema findet sich hier: www.woz.ch/-3fb8 (Stand Mai 2022)

Chrematistik
ist die Kunst, Reichtum zu erlangen.
Der Begriff wurde von Aristoteles geprägt, der zwischen Ökonomik (Hausverwaltungskunst) und Chrematistik (Kunst des Gelderwerbs) unterscheidet. Andere Begrifflichkeiten, die bereits mit einem Werturteil behaftet sind, sind für Ökonomik die *natürliche* Erwerbskunst und für Chrematistik die *widernatürliche* Erwerbskunst.

Degradierung

degradieren, Degradation, insbes. Bodendegradation ist die Herabsetzung der Vitalität eines Ökosystems bis hin zum vollständigen Verlust der Lebens- und Erneuerungskraft.

Dys-Ökonomie

Die Vorsilbe »dys-« bedeutet »miss-, un-, übel-«, es handelt sich also um eine unwirtschaftliche Wirtschaft, eine Misswirtschaft.

Dystopie

Dystopie ist eine Anti-Utopie, eine negative Vision der Zukunft.

Einhegung, einhegen

Hier ist die Privatisierung oder schlicht Aneignung von Gemeingütern durch Einzelpersonen oder Körperschaften gemeint. Land wird eingehegt und als Eigentum deklariert.

Externalisierung

Verlagerung nach außen. Im Zusammenhang des Buches geht es um die Auslagerung von Kosten oder Schäden auf die Allgemeinheit. Beispiel: Gesundheitsschäden durch giftige Abgase, Grundwasserabsenkung durch Tiefbrunnen.

Externalitäten

bezeichnen Kosten oder Nutzen, die sich nicht auf den Verursacher, sondern auf unbeteiligte Personen auswirken. Diese externen Effekte entstehen beim Konsum oder der Produktion eines Gutes und sind nicht im Marktpreis enthalten.

Extraktivismus, extraktivistisch

Im Zusammenhang dieses Buches steht der Begriff für »Ausschlachtung«, die größtmögliche Ausbeutung in Blindheit und Gleichgültigkeit gegenüber den Rechten der Natur und den Rechten anderer Menschen. Extraktivismus ist ein ökologisches und ethisches Verbrechen.

In der englischen Wikipedia* heißt es: Extraktivismus bezieht sich auf den Prozess der Entnahme großer Mengen von Rohstoffen oder natürlicher Materialien, insbesondere für den Export. Die meisten extrahierten Ressourcen werden ins Ausland exportiert, weil in ihrem Ursprungsland keine Nachfrage

* Das englische Wikipedia geht an manche Themen unbefangener heran als das deutsche, das manchmal zu sehr auf »political correctness« geeicht ist.

nach diesen Rohstoffen besteht. Der Begriff kann auch weiter gefasst werden und bezieht sich nicht nur auf die nicht nachhaltige Ausbeutung von Mineralien, Metallen und fossilen Brennstoffen, sondern auch von Menschen, Wasser und Land selbst. Unabhängig von seinem Anwendungsbereich kann das Konzept des Extraktivismus im Wesentlichen als »eine bestimmte Denkweise und die Eigenschaften und Praktiken, die auf das Ziel der Maximierung des Nutzens durch Gewinnung ausgerichtet sind, die Gewalt und Zerstörung mit sich bringt« verstanden werden.

Finanzialisierung
resultiert aus der Neigung kapitalistischer Systeme, sämtliche Güter, Waren, Dienstleistungen oder sonstige handelbare Werte in Finanzinstrumente oder Derivate von Finanzinstrumenten mit dem Ziel umzuwandeln, ihren profitablen Handel zu erleichtern. Es entsteht ein zunehmendes Volumen der in einem Wirtschaftssystem gehandelten Finanzprodukte (z.B. Aktien, Anleihen, Futures, Optionen, Swaps) im Vergleich zu allen finanziellen Vermögenswerten oder im Vergleich zum erzeugten Bruttoinlandsprodukt (nach Gabler Wirtschaftslexikon).

Finanzmarkt-Kapitalismus (Financialization)
Finanzmarkt-Kapitalismus ist ein sozialwissenschaftlicher Begriff, der einen neueren Typus von Kapitalismus kennzeichnet, in dem die Finanzmärkte einen wachsenden Einfluss auf die Realökonomie ausüben. Der von dem Soziologen Paul Windolf geprägte Begriff ist insbesondere von Christoph Deutschmann und Klaus Dörre aufgegriffen worden.

Geoengineering
Der Sammelbegriff Geoengineering, oder Climate Engineering, bezeichnet das vorsätzliche und großräumige Eingreifen mit technischen Mitteln in geochemische oder biogeochemische Kreisläufe der Erde.

Interbeing
Mit Interbeing, auf deutsch »Intersein«, meint Thich Nhat Hanh die gegenseitige Abhängigkeit und die Verwobenheit aller Phänomene. »Ich bin, weil du bist.«

Kolonialisierung, Kolonialismus
In diesem Buch wird der Begriff Kolonialisierung im Sinne einer Übernahme (des Landes, der Bodenschätze usw.) gegen den Willen der einheimischen

Bevölkerung verwendet. Im Gegensatz dazu steht der Begriff Kolonisierung für die friedliche Besiedelung mit Einverständnis der heimischen Lebewesen.

Konditionalität

bezeichnet im Rahmen der Entwicklungszusammenarbeit die mit Kreditzusagen oder Zahlungen verbundene Erteilung von Auflagen durch Gläubigerinstitutionen oder Geberstaaten. (Wikipedia)

Korporation, Korporatismus, korporatistisch, korporativ

Im Englischen heißt es *corporation*. Gemeint ist hier grundsätzlich eine juristische Person, eine Körperschaft, im Gegensatz zu einer natürlichen Person. Das Tückische an Korporationen ist, dass sie – anders als echte Menschen – nie genug haben und immer weiter wachsen müssen.

Navdanya

bedeutet »neun Samen« und ist die von Vandana Shiva begründete Saatgutbank und eine Farm auf biologischer Grundlage mit angeschlossener Ausbildungsstätte für biologischen Landbau.

Narrativ

ist, was uns erzählt wird, was wir uns erzählen, sind die Erzählungen, die selten hinterfragt und als selbstverständlich angesehen werden.

Paradigma

ist eine grundsätzliche Denkweise, die Gesamtheit von Grundauffassungen, die in einer bestimmten Epoche eine wissenschaftliche Disziplin oder eine grundlegende Weltsicht ausmachen; ließe sich auch mit Denkungsart übersetzen.

Produktionsgrenze

[Das] ist die imaginäre Linie, die den Produktionsprozess umgibt. Alle Waren und Dienstleistungen, die diese Linie überschreiten, werden als Endprodukte betrachtet. Waren, die innerhalb der Produktionsgrenze liegen, werden als Zwischenprodukte behandelt, die einer Wertschöpfung bedürfen.

Reduktionismus

ist eine Wissenschaftsauffassung, nach der sich das Ganze aus der Kenntnis seiner Teile erschließen lässt.

Endnoten

Stand der Link-Verweise Juni 2022. Falls nicht mehr vorhanden, führt die Eingabe von Autor und Titel in eine Suchmaschine meist auch zum Ziel.

Kapitel 1

1 www.theguardian.com/world/2020/jul/06/coronavirus-world-treating-symptoms-not-cause-pandemics-un-report
www.unenvironment.org/news-and-stories/story/coronaviruses-are-they-here-stay

2 https://navdanyainternational.org/publications/health-per-acre/

3 https://navdanyainternational.org/publications/manifesto-food-for-health/

4 www.iucn.org/news/secretariat/201908/iucn-director-generals-statement-international-day-worlds-indigenous-peoples-2019
www.worldbank.org/en/topic/indigenouspeoples1
www.nationalgeographic.com/environment/article/can-indigenous-land-stewardship-protect-biodiversity-

5 https://ipbes.net/news/how-did-ipbes-estimate-1-million-species-risk-extinction-globalassessment-report

6 Corey Bradshaw, Paul Ehrlich, Andrew Beattie, et al., »Underestimating the Challenges of Avoiding a Ghastly Future«, Frontiers in Conservation Science 1 (2021): 615419

7 https://navdanyainternational.org/publications/seeds-of-hope-seeds-of-resilience/
https://navdanyainternational.org/publications/manifestos-of-the-international-commission-on-the-future-of-food-and-agriculture-2/

8 www.navdanya.org/bija-refelections/2021/02/08/4-decades-of-disasters-4-decades-of-warning/
Climate Change at the Third Pole, Vandana Shiva, Vinod Kumar Bhatt, Navdanya & Research Foundation for Science, Technology & Ecology, 2009
https://annalsofneuroscie

9 www.theguardian.com/environment/2020/sep/21/worlds-richest-1-cause-double-co2-emissions-of-poorest-50-says-oxfam
www.oxfam.org/en/press-releases/carbon-emissions-richest-1-per-cent-more-double-emissions-poorest-half-humanity

10 www.thelancet.com/journals/lanplh/article/PIIS2542-5196(20)30196-0/volltext
https://inthesetimes.com/article/climate-change-wealthy-western-nations-global-north-south-fires-west

11 www.medicalnewstoday.com/articles/live-updates-coronavirus-covid-191
12 www.washingtonpost.com/opinions/2020/04/22/covid-19-could-detonate-hunger-pandemic-with-millions-risk-world-must-act/
https://insight.wfp.org/covid-19-will-almost-double-people-in-acute-hunger-by-end-of-2020-59df0c4a8072
13 www.ilo.org/global/about-the-ilo/newsroom/news/WCMS_743036/lang-en/index.htm
14 www.nbcnews.com/news/us-news/8-million-americans-slipped-poverty-amid-coronavirus-pandemic-new-study-n1243762
15 www.nbcnews.com/news/world/world-s-richest-become-wealthier-during-covid-pandemic-inequality-grows-n1255506
www.oxfam.org/en/research/inequality-virus
www.nbcnews.com/news/us-news/8-million-americans-slipped-poverty-amid-coronavirus-pandemic-new-study-n1243762
16 UN-Erklärung der Menschenrechte: www.un.org/sites/un2.un.org/files/udhr.pdf
Deutsch: www.un.org/depts/german/menschenrechte/aemr.pdf
Rechte der Frauen: www.un.org/womenwatch/daw/beijing/beijingat10/I%20Human%20rights%2 0of%20women%20(Sep%2009).pdf)
[Deutsch: CEDAW: www.bmfsfj.de/resource/blob/162364/03ad8ec5be09 355a08eb2eb30d6cf1b7/cedaw-mit-recht-zur-gleichstellung-handbuch-zur-frauenrechtskonvention-der-vereinten-nationen-data.pdf]
Rechte indigener Völker:
www.un.org/development/desa/indigenouspeoples/wp-content/uploads/sites/19/2018/11/UNDRIP_E_web.pdf
Deutsch: www.un.org/Depts/german/gv-61/band3/ar61295.pdf
Rechte der Landwirte:
www.geneva-academy.ch/joomlatools-files/docman-files/UN%20Declaration%20on%20the%20rights%20of%20peasants.pdf
Deutsch: www.un.org/depts/german/gv-73/band1/ar73165.pdf
Rechte des Kindes:
www.childrensrights.ie/sites/default/files/submissions_reports/files/UNCRCE/English_0.pdf)
Deutsch: www.un.org/depts/german/gv-early/ar1386-xiv.pdf
17 www.navdanya.org/site/earth-university/universal-declaration-of-the-rights-of-mother-earth
18 www.stopecocide.earth/become

Kapitel 2

1 https://en.wikipedia.org/wiki/Chrematistics
2 Harvey Cox, The Market as God, Harvard University Press, 2016, S. 3-4)

3 www.navdanya.org/site/eco-feminism/women-nature-and-agriculture
4 www.zedbooks.net/shop/book/ecofeminism-as-politics/
5 www.nlm.nih.gov/nativevoices/timeline/171.html
6 https://en.wikipedia.org/wiki/Pope_Nicholas_V
7 S. 52 in Shashi Tharoor, An Era of Darkness
8 https://en.wikisource.org/wiki/The_Complete_Works_of_Swami_Vivekananda/Volume_4/Translation:_Prose/Modern_India
9 http://www.history.co.uk/biographies/richard-arkwright
10 http://www.navdanya.org/site/attachments/article/703/Ag-One-17thfeb.pdf www.independentsciencenews.org/commentaries/gates-ag-one-the-recolonisation-of-agriculture/
11 Nicoletta Dentico, Ricchi e Buoni? Le trame oscure del filantrocapitalismo, EMI, Rom, 2020
https://navdanyainternational.org/publications/gates-to-a-global-empire/
12 Dharampal-Vorträge, 1986 https://e82fb328-8be3-4fbe-bf73dd807bf80388.filesusr.com/ugd/a43f36_9687f5faccc146a1a8e8c7fba97cf59e.pdf?index=true
13 Vandana Shiva, Radha Holla Bhar: An Ecological History of Food and farming in India, Band 2 »Sharing the Earth's Harvest: Creating Abundance or Scarcity, Forschungsstiftung für Wissenschaft, Technologie und Ökologie, 2005
14 https://cashback.yellowheadinstitute.org/wp-content/uploads/2021/05/Cash-Back-A-Yellowhead-Institute-Red-Paper.pdf
15 Elizabeth Comack, Corporate Colonialism and the »Crimes of the Powerful« Committed Against the Indigenous Peoples of Canada, Critical Criminology 26 (2018): 455-471)
16 www.nationalarchives.gov.uk/education/empire/g1/cs4/background.htm
17 Bill Gammage, The Biggest Estate on Earth: How Aborigines Made Australia, Allen & Unwin. 2012
18 Bruce Pascoe, Dark Emu: Aboriginal Australia and the Birth of Agriculture, Magabala Books, 2014
19 Vandana Shiva, Staying Alive, Penguin Random House, und Kali for Women, 1988
www.penguinrandomhouse.com/books/537607/staying-alive-by-vandana-shiva/
Deutsch: Das Geschlecht des Lebens: Frauen, Ökologie und 3. Welt, 1989
Vandana Shiva, Biopiracy, Penguin Random House, 1997
Deutsch: Biopiraterie. Kolonialismus des 21. Jahrhunderts, 2002
www.penguinrandomhouse.com/books/539065/biopiracy-by-vandana-shiva/
20 www.navdanya.org/bija-refelections/2020/05/17/my-earth-journey/
21 www.ibiblio.org/ml/libri/s/SmithA_WealthNations_p.pdf
22 The Wealth of Nations, Penguin Classics, S. 28

Deutsch: Adam Smith, Der Wohlstand der Nationen, 2013

23 George Manuel und Michael Posluns, The Fourth World: An Indian Reality, Don Mills: Collier-Macmillan Canada, 1974, S. 41

24 https://cashback. yellowheadinstitute.org

25 Winona LaDuke und Deborah Cowen, Beyond Wiindigo Infrastructure, The South Atlantic Quarterly, 119, Nr. 2, April 2020: 244

26 S. 110, Der Wohlstand der Nationen

27 www.businesstoday.in/current/economy-politics/this-economist-says-britain-took-weg-von--45-billionen-aus-indien-in-173-jahren/story/292352.html
https://cup.columbia.edu/book/agrarian-and-other-histories/9789382381952
www.cadtm.org/How-Britain-stole-45- Billionen-aus-Indien

28 JSTOR: Does »Bettering Our Condition« Really Make Us Better Off? Adam Smith on Progress and Happiness

29 Ronnie Lessem und Alexander Schieffer, Integral Economies, Ashgate/Gower, Farnham, U.K, 2010

30 Margulis, Lynn, and Dorion Sagan (1991). Mystery Dance: On the Evolution of Human Sexuality, Summit Books
Margulis, Lynn, ed. (1991). Symbiosis as a Source of Evolutionary Innovation: Speciation and Morphogenesis, The MIT Press, ISBN 0-262-13269-9
Margulis, Lynn (1991). »Symbiosis in Evolution: Origins of Cell Motility«. In Osawa, Syozo; Honzo, Tasuku (eds.). Evolution of Life: Fossils, Molecules and Culture. Japan: Springer. pp. 305–324.
Margulis, Lynn (1992). Symbiosis in Cell Evolution: Microbial Communities in the Archean and Proterozoic Eons, W.H. Freeman, ISBN 0-7167-7028-8
Sagan, Dorion, and Margulis, Lynn (1993). The Garden of Microbial Delights: A Practical Guide to the Subvisible World, Kendall/Hunt, ISBN 0-8403-8529-3
Margulis, Lynn, Dorion Sagan and Niles Eldredge (1995) What Is Life?, Simon and Schuster, ISBN 978-0684810874
Deutsch: Lynn, Dorion Sagan und Niles Eldredge (1999). Leben. Vom Ursprung zur Vielfalt
Margulis, Lynn, and Dorion Sagan (1997). Slanted Truths: Essays on Gaia, Symbiosis, and Evolution, Copernicus Books, ISBN 0-387-94927-5)

Kapitel 3

1 Carolyn Merchant, Death of Nature: Women, Ecology, and the Scientific Revolution, 1980
Deutsch: s.u.

2 Jason Hickel, Less is more, demnächst, Penguin, pg. 68 Manuskript).

3 www.nybooks.com/articles/2007/05/31/francis-bacon-the-frozen-chicken/

4 www.thesouloftheworld.com/the-new-experiment-putting-nature-on-the-rack/

5 www.thesouloftheworld.com/the-new-experiment-putting-nature-on-the-rack/
6 https://upstanderproject.org/firstlight/doctrine
7 zitiert in Vandana Shiva, Biopiracy, Natraj, S. 44, North Atlantic
Deutsch: Biopiraterie. Kolonialismus des 21. Jahrhunderts, 2002
8 Carolyn Merchant, Death of Nature, San Francisco: Harper & Row, 1980 – im Folgenden zitiert aus Merchant, Der Tod der Natur – S. 207- 221, Oekom, München, 2020
Reduktionistische Wissenschaft als epistemologische Gewalt in Vandana Shiva, Staying Alive, 1988
Deutsch: Das Geschlecht des Lebens: Frauen, Ökologie und 3. Welt, 1989
www.arvindguptatoys.com/arvindgupta/hegemony-nandy.pdf
Science, Hegemony and Violence, Hrsg. Ashis Nandy
9 Genevieve Vaughan, Women and the Gift Economy, Inanna, 2007, S. 4
Maria Mies, Patriarchat und Kapital, Rotpunkt, 1996
10 Seite 59, Discourse de la Methode, zitiert nach der deutschen Ausgabe bei F. Meiner, Hamburg 2011
11 www.theeducationist.info/rabindranath-tagore-civilization-progress/
12 Franklin Foer, World Without Mind: The existential threat of Big Tech, Penguin Books, 2018, S. 48 (deutsch: Welt ohne Geist: Wie das Silicon Valley freies Denken und Selbstbestimmung bedroht, Blessing 2018)
13 Shoshana Zuboff: Das Zeitalter des Überwachungskapitalismus, Campus, Frankfurt 2019
14 Steve Lohr, Dataism The Revolution Transforming Decision Making, Consumer Behavior and Almost Everything Else, 2015
15 Herbert Marcuse, One Dimensional Man: Studies in the Ideology of Advanced Industrial Societies, Beacon Press, Boston). Herbert Marcuse, der eindimensionale Mensch, Neuwied 1967, München 2004
www.marcuse.org/herbert/pubs/64onedim/odmcontents.html)
16 www.theguardian.com/technology/2017/may/08/virtual-reality-religion-robots-sapiens-book
17 www.amazon.in/Futures-Food-Health-Humanity-Civilisational-ebook/dp/B08PPQJBDT
18 Vandana Shiva, Origin, The Corporate War on Nature and Culture, Natraj, 2018, Reclaiming the Commons, Synergetic Press, 2020
19 B.P. Singh, Bahudha and the Post 9/11 world, Gandhi Smriti, 2004
20 Mae Wan Ho, The Rainbow and the Worm: The Physics of Organisms, World Scientific, Singapur, 1993
Deutsch: Der Regenbogen und der Wurm. Die Physik der Organismen (1993)
21 David Korten, 25. Mai 2021, »Ökologische Zivilisation: Vom Notfall zum Aufbruch«)

https://davidkorten.org/ecological-civilization-from-emergency-to-emergence/
22 Mira Shiva, Vandana Shiva, Vaibhav Singh, Poisons on our Plate, Natraj, New Delhi, 2013 www.iarc.fr/featured-news/media-centre-iarc-news-glyphosate/ https://ipbes.net/policy-support/case-studies/impacts-pathogens-chemicals-environment-pollinators-pollination
23 Living Planet Report S. 28: www.worldwildlife.org/pages/living-planet-report-2018
24 Insekten gehen in deutschen Naturschutzgebieten dramatisch zurück: Studie 18. Oktober 2017 https://phys. org/news/2017-10-three-quarter-total-insect-population- lost.html)
25 France's Bird Population Collapses Due to Pesticides, https://returntonow.net/2018/03/25/frances-bird-population-collapses-due-to-pesticides/ MARCH 25, 2018 AT 4:51 PM.
26 www.wwf.org.uk/updates/living-planet- report-2018
27 https://en.wikipedia.org/wiki/Ozone_depletion
https://ozonewatch.gsfc.nasa.gov/facts/hole_SH.html
www.nationalgeographic.com/environment/global-warming/ozone-depletion
28 https://helix.northwestern.edu/article/thalidomide-tragedy-lessons-drug-safety-and-regulation
www.ncbi.nlm.nih.gov/pmc/articles/PMC4737249/
29 Illich I. Medical Nemesis: Expropriation of Health. United States: Random House; 1975
Deutsch: Die Nemesis der Medizin, C.H.Beck, München
30 www.ncbi.nlm.nih.gov/pmc/articles/PMC6060929/
31 https://navdanyainternational.org/gene-drive-extinction-technology/
www.academia.edu/41613765/The_Hidden_Injustices_of_Advancing_Solar_Geoengineering_Research
www.navdanya.org/bija-refelections/2021/05/27/future-of-planetary-and-peoples-health/
32 https://en.wikipedia.org/wiki/Precautionary_principle
33 www.reuters.com/world/europe/eu-top-court-upholds-eu-ban-bayer-pesticides-linked-harming-bees-2021-05-06/
www.theguardian.com/environment/2021/may/07/eu-court-upholds-ban-on-insecticides-linked-to-harming-bees
34 Project Sunshine: How science can use the sun to fuel and feed the world, Steve McKevitt, Tony Ryan
35 Fossil Capital: The Rise of Steam Power and the Roots of Global Warming, London, Verso, 2016, S. 267
36 www.weforum.org/focus/the-great-reset
37 Amory Lovins, World Energy Strategies, London, 1975

38 Vandana Shiva, Die Gewalt der Grünen Revolution
Vandana Shiva et al, Ecology and the Politics of Survival
39 www.acs.org/content/acs/en/climatescience/greenhousegases/industrial-revolution.html
40 Rajendra Prasad, 2013, S. 29
41 Rajendra Prasad, 2013, S. 103
42 Vandana Shiva, Eine Erde für alle, Neue Erde
43 Navdanya, Principles of Organic Farming, 2006, pg. 99, cited in Soil not Oil, Women Unlimited, 2008, pg. 114
Deutsch: Leben ohne Erdöl, 2009
44 Vandana Shiva, Biodiversity, Agroecology and Regenerative Organic Agriculture, Westville publishers, 2018, pg. 172
45 Navdanya, Pulse of Life
46 https://e360.yale.edu/features/indigenous-maize-who-owns-the-rights-to-mexicos-wonder-plant
47 www.ncbi.nlm.nih.gov/pmc/articles/PMC5044953/
www.forbes.com/sites/bethhoffman/2013/07/02/gmo-crops-mean-more-herbicide-not-less/?sh=755319ad3cd5
https://enveurope.springeropen.com/articles/10.1186/2190-4715-24-24
48 Vandana Shiva, Saat des Selbstmords
https://navdanyainternational.org/the-farmers-crisis/
https://seedfreedom.info/gmos-are-a-failed-technology-the-future-is-gmo-free
https://countercurrents.org/2020/09/bt-cotton-in-india-is-a-gmo-template-for-a-monumental-irreversible-catastrophe/
49 Vandana Shiva, Origin, The Corporate War on Nature and Culture; Vandana Shiva, Biopiracy, The Plunder of Nature and Knowledge
Deutsch: Biopiraterie. Kolonialismus des 21. Jahrhunderts, 2002
50 www.navdanya.org/bija-refelections/2020/05/17/my-earth-journey/
51 https://corporateeurope.org/en/2021/03/uncovered-biotech-industrys-latest-lobby-tactics-deregulate-new-gm-crops-and-animals-europe
www.testbiotech.org/en/news/what-conventional-gmo
52 https://navdanyainternational.org/publications/the-future-of-our-daily-bread-regeneration-or-collapse/
https://navdanyainternational.org/publications/gates-to-a-global-empire/
53 Vandana Shiva und Kartikey Shiva, Oneness vs. the 1%, Women Unlimited, 2018 pg. 86) www.ncbi.nlm.nih.gov/pmc/articles/PMC5796662/
Deutsch: Eine Erde für alle! – Einssein versus das 1%: Aufstehen gegen die Monokultur von Wirtschaft und Weltsicht, 2021
54 www.drugtargetreview.com/news/23510/crispr-gene-editing-mutations/
55 wesa.fm/post/crispr-erfinder-besorgt-über-unbeabsichtigte-folgen-gen-editing

56 Vandana Shiva, Violence of the Green Revolution, Forschungsstiftung für Wissenschaft, Technologie und Ökologie, Seeds of Suicide

57 www.navdanya.org/bija- refelections/2019/09/07/seed-of-sustenance-freedom-vs- seeds-of-suicide-surveillance/.

58 http://agwired.com/2019/10/03/bayer-maintains- strong-rd-commitment-to-agriculture/

59 www.agrimarketing.com/s/126590

60 Pat Mooney, ETC Group, (2018). Blocking the chain: Industrial food chain concentration, Big Data plat-forms and food sovereignty solutions. Pg. 29. Zu finden unter: http://www.etcgroup.org/sites/www.etcgroup.org/files/files/blockingthechain_english_web.pdf

61 www.politico.eu/sponsored-content/ farmings-future-belongs-to-all-of-us/

62 www.independentsciencenews.org/commentaries/gates-ag-one-the recolonisation-of-agriculture/

63 https://nypost.com/2021/02/27/why-bill-gates-is-now-the-us-biggest-farmland-owner/

64 http://www.gaiatheory.org/overview/

65 http://www..net/2019/09/we-need-biodiversity-based-agriculture-to-solve-the-climate-crisis/
www.penguinrandomhouse.com/books/535624/soil-not-oil-by-vandana-shiva/

66 Bill Gates, How to avoid a Climate Disaster, Allen Lane, 2021
Deutsch: Wie wir die Klimakatastrophe verhindern: Welche Lösungen es gibt und welche Fortschritte nötig sind, 2021
https://navdanyainternational.org/bill-gates-his-fake-solutions-to-climate-change/

67 Bill Gates, How to avoid a Climate Disaster, Allen Lane, 2021, S. 123

68 Navdanya, Pulse of Life

69 https://medium.com/impossible-foods/how-our-commitment-to-consumers-and-our-planet-led-us-to-use-gm-soy-23f880c93408

70 Quelle: www.bbc.com/news/world-latinamerica-49971563
www.theguardian.com/world/2020/jul/06/coronavirus-world-treating-symptoms-not-cause-pandemics-un-report

71 www.reuters.com/article/bayer-lawsuit-idUSL1N2GC163
https://amp.rappler.com/business/236648-bayer-glyphosate-cases-usa_twitter_impression=true

72 www.wsj.com/articles/bayers-roundup-woes-send-investors-fleeing-11558266059?mod=hp_ lead_pos3

73 www.momsacrossamerica.com/gmo_impossible_burger_positive_for_krebserregend_glyphosat;
https://d3n8a8pro7vhmx.cloudfront.net/yesmaam/pages/8069/attach-

ments/original/1557958339/COA_S0004900_Impossible_Burger_and_Beyond_Meat_patty_ _glyphosat.pdf?1557958339
74 https://impossiblefoods.com/heme/
75 Vandana Shiva, Mad Cow or Sacred Cow in Stolen Harvest, Indian Research Press
Deutsch: Geraubte Ernte – Biodiversität und Ernährungspolitik, 2004
76 S. 117, How to avoid a Climate Disaster
77 Private Mitteilung, Andre Leu
78 https://fortune.com/2019/07/11/first-animal-free- ice-cream-perfect-day-dairyalternative
79 https://navdanyainternational.org/publications/gates-to-a-global-empire
www.cnbc.com/2020/06/16/biomilq-raises-3point5-million-from-bill-gates-investment-firm.html
80 www.vegantradejournal.com/vegan- meat-industry-worth-3-trillion-toovertake-prehistoric- animal-meat-sector
81 https://mimicnews.com/14-patents-in-every-fake-bite-of-impossible-burger
https://sethitzkan.medium.com/opinion-software-to-swallow-impossible-foods-should-be-called-impossible-patents-71805ecec9de
82 www.thepioneer.de/authors/christoph-keese
83 https://theecologist.org/2020/jan/24/rewilding-food-rewilding-farming
84 Vandana Shiva, Annam: Food for Health, Navdanya
Navdanya International Commission on the Future of Food, Manifesto on Food for Health
85 https://in.reuters.com/finance/stocks/overview/ BYND.O; https://in.reuters.com/finance/stocks/overview/ TSN.N; https://in.reuters.com/finance/stocks/overview/MFI.TO
86 https://navdanyainternational.org/publications/gates-to-a-global-empire/
87 https://navdanyainternational.org/bill-gates-his-fake-solutions-to-climate-change/
https://navdanyainternational.org/publications/gates-to-a-global-empire/
www.theguardian.com/commentisfree/2021/apr/22/climate-crisis-emergency-earth-day
88 www.academia.edu/41613765/The_Hidden_Injustices_of_Advancing_Solar_Geoengineering_Research
89 https://theraven.substack.com/p/saami-indigenous-back-down-gates
90 www.foei.org/resources/publications/chasing-carbon-unicorns-carbon-markets-net-zero-report
https://grain.org/en/article/6634-corporate-greenwashing-net-zero-and-nature-based-solutions-are-a-deadly-fraud
91 https://media.bayer.com/baynews/baynews.nsf/id/Bayer-takes-steps-to-make-carbon-sequestration-a-farmers-newest-crop-opportunity

92 www.sierraclub.org/sierra/we-can-t-talk-about-regenerative-ag-without-talking-about-pesticides
93 https://navdanyainternational.org/publications/the-future-of-our-daily-bread-regeneration-or-collapse/
94 www.lesrencontreseconomiques.fr/en/
95 https://guardian.ng/opinion/environmental-justice-and-the-right-to-life-and-dignity/
96 www.foei.org/resources/publications/chasing-carbon-unicorns-carbon-markets-net-zero-report
97 Vandana Shiva, »Carbon Trading; Privatising the Atmospheric Commons, creating a Supermarket of Pollution« in Soil Not Oil, Women Unlimited, India Northatlantic, USA
https://carbonmarketwatch.org/publications/the-clean-development-mechanism-local-impacts-of-a-global-system/
Deutsch: Leben ohne Erdöl, 2009
www.reuters.com/article/us-deutschebank-court/former-deutsche-banker-jailed-for-carbon-trading-fraud-idUSKCN0YZ1S6
98 https://nypost.com/2021/02/27/why-bill-gates-is-now-the-us-biggest-farmland-owner/
99 https://nypost.com/2021/02/27/why-bill-gates-is-now-the-us-biggest-farmland-owner/
100 Bill Gates, How to avoid a Climate Disaster, Allen Lane, 2021
https://navdanyainternational.org/bill-gates-his-fake-solutions-to-climate-change/
101 www.unep.org/zh-hans/node/477
102 www.washingtonpost.com/archive/politics/2004/04/11/poisons-from-afar-threaten-arctic-mothers-traditions/89af6e09-c411-4b6f-bc97-4839963e9208/

Kapitel 4

1 www.navdanya.org/bija-refelections/2020/03/18/ecological-reflections-on-the-corona-virus/
2 www.cbd.int/doc/press/2019/pr-2019-05-22-idb-en.pdf
3 https://navdanyainternational.org/publications/the-law-of-the-seed/
4 http://www.fao.org/3/a-i4036e.odf
https://climateandcapitalism.com/2018/01/07/ who-will-feed-world-industrial-ag-or-peasant-food-webs/
5 www.navdanya.org/site/living-food/colonialism-globalisation-are-at-the-roots-of-ecological-emergency,-farmers-distress
6 http://www.fao.org/state-of-food-security-nutrition/en/.
7 https://navdanyainternational.org/wp-content/uploads/2019/01/Mani-

festo-Food-for-Health-Cibo-per-la-Salute.pdf www.navdanya.org/bija-refelections/2020/03/18/ecological-reflections-on-the-corona-virus/

8 Vandana Shiva, Monocultures of the Mind: Perspectives on Biodiversity and Biotechnology, 1993 Palgrave Macmillan

9 Vandana Shiva, Making Peace with the Earth
Deutsch: Jenseits des Wachstums: Warum wir mit der Erde Frieden schließen müssen, 2014

10 Genevieve Vaughan, ed., Women and the Gift Economy: A Radically Different World View is Possible, Inanna Publications, Toronto,2007,pg. 1
http://gift-economy.com/wordpress/wp-content/uploads/2013/08/womenandthegifteconomy.pdf

11 Didi Pershouse, The Ecology of Care, Mycelium Books, Vermont, 2016, S. 155

12 Mae Wan Ho, The Rainbow and the Worm: The Physics of Organisms, 1993
Zitate aus 'Rainbow': "For me, the big motivating question is Erwin Schrödinger's, 'What is life?", "Schrödinger uses the term 'negative entropy' in order to describe a somewhat fuzzy mental picture of the living system…"
www.quantonics.com/Level_8_QTO_RaW_Quotes_with_Comments.html13
Autopoiesis and Cognition: the Realization of the Living (1. Aufl. 1973, 2. 1980).

14 S. 12, Plant Thinking

15 S. 155, Michael Marder, Plant Thinking – a Philosophy of vegetal life)

16 http://mysteriousuniverse.org/2014/04/bees-are-even-smarter-than-we-thought/

17 Robin Kimmerer, Braiding Sweetgrass: Indigenous Wisdom, Scientific Knowledge, and the Teachings of Plants (Minneapolis: Milkweed, 2013), 9-10.
Deutsch: Geflochtenes Süßgras: Die Weisheit der Pflanzen, 2021, 18 The Violence of the Green Revolution: Third World Agriculture, Ecology, and Politics, Culture of the Land, Kentucky University Press, 2015

19 Shiva, V. (1991), The Violence of the Green Revolution

20 Biodiversity, Agroecology and Regenerative Organic Agriculture, Westville, India, erscheint demnächst bei Synergetic Press

21 www.flipkart.com/wealth-per-acre/p/itmeyq7hvyedxrec

22 E. F. Schumacher, Small Is Beautiful: A Study of Economics As If People Mattered, Blond & Briggs, UK,1973
Deutsch: Small is Beautiful. Die Rückkehr zum menschlichen Maß, Neu-Auflage, 2019

23 Das englische Wort für Währung lautet currency, das bedeutet auch etwas Fließendes oder den Umlauf. A.d.Ü.

24 www.gov.uk/government/publications/final-report-the-economics-of-biodiversity-the-dasgupta-review

25 Harpers's Magazine, Fred Kaufman, the Food Bubble, Juli 2010
https://frederickkaufman.typepad.com/files/the-food-bubble-pdf.pdf

26 Marder, S. 51

27 Vandana Shiva, Vaibhav Singh, Health per Acre https://navdanyainternational.org/wp-content/uploads/2017/07/Health-Per-Acre.pdf
Vandana Shiva, Vaibhav Singh, Wealth per Acre https://navdanyainternational.org/publications/wealth-per-acre/

28 Shiva, V., & Singh, V. (2011). Health Per Acre: Organic Solutions to Hunger and Malnutrition. Navdanya Research Foundation for Science, Technology & Ecology
http://www.navdanya.org/attachments/ Health%20Per%20Acre.pdf

29 http://www.greenhealth.org.uk/PhilosWork.htm

30 Maria Mies, Veronika Bennholdt Thomson, The Subsistence Perspective
Deutsch: Eine Kuh für Hillary - Die Subsistenzperspektive

31 Genevieve Vaughan For-giving, A Feminist Criticism of Exchange, Plain View Press, Australien, 1997
Deutsch: For-Giving: Schenken und vergeben. Eine feministische Kritik des Tauschs, 2008

32 Riane Eisler, The Real Wealth of Nations, Berrett-Koehler Publishers, San Fransisco, 2007
Deutsch: Die verkannten Grundlagen der Ökonomie. Wege zu einer Caring Economy, 2020

33 Waring, If Women Counted, 1988

34 Shiva, V. 1991. Most Farmers in India are Women. FAO. Design and Print, New Delhi, 1991

35 Pietilä, Hilkka (1985), Tomorrow Begins Today. ICON ISIS Workshop, Nairobi. Oxford English Dictionary, Zweite Ausgabe)
www.navdanya.org/site/eco-feminism/women,-nature-and-agriculture)

36 Aubrey Streit Krug, Ecospheric Care Work, The Ecological Citizen 3 (2020): 143–48)

37 Robin Kimmerer, Braiding Sweetgrass: Indigenous Wisdom, Scientific Knowledge, and the Teachings of Plants, Minneapolis: Milkweed, 2013, S. 212

Anhang

1 Frank A. Fetter, »Reformulation of the Concepts of Capital and Income in Economics and Accounting«, 1937, in Capital, Interest, & Rent, 1977
http://www.etymonline.com/index.php?term=capital

2 www.gov.uk/government/publications/final-report-the-economics-of-biodiversity-the-dasgupta-review
Nature, Life & Relations – ›optimised‹: A Policy Brief on the Dasgupta Review, Frederic Hache and Clive L. Spash

3 www.zedbooks.net/shop/book/the-development-dictionary/

4 Karl Polanyi, The Great Transformation: The Political and Economic Origins of Our Times, Beacon Press, Boston, S. 75
https://inctpped.ie.ufrj.br/spiderweb/pdf_4/Great_Transformation.pdf
Deutsch: The Great Transformation. Politische und ökonomische Ursprünge von Gesellschaften und Wirtschaftssystemen, 3. Auflage 1995

5 Wolfgang Sachs, Development Dictionary, Zed Books, und Vandana Shiva, Biopiraterie
Deutsch: Wie im Westen so auf Erden. Ein polemisches Handbuch zur Entwicklungspolitik. Rowohlt, 1993

6 http://www.kontext-tv.de/en/broadcasts/vandana-shiva-how-growth-creates-poverty-and-climate-chaos

7 http://www.resurgence.org/magazine/article250-how-wealth-creates-poverty.html
www.youtube.com/watch?v=7M3WJQbnHKc

8 Marilyn Waring, If Women Counted und Lorenzo Fioramonti, GDP, The world's Most Powerful Number

9 https://sustainabledevelopment.un.org/content/documents/617Bhutan Report_WEB_F.pdf

10 http://www.ecologyandfarming.com/bhutan-thimphu-declaration/

11 http://www.gaiatheory.org/overview/

12 Peter Wohlleben, The Hidden Life of Trees, Penguin, 2016, S. 9
Deutsch: Das geheime Leben der Bäume: Was sie fühlen, wie sie kommunizieren – die Entdeckung einer verborgenen Welt, 2015

13 ders., S.14

14 Stephen Harrod Buhner, Plant Intelligence and the Imaginal Realm: Beyond the Doors of Perception into the Dreaming of Earth, S. 120

Einssein versus das 1%

In diesem klug auf Fakten aufgebauten Buch zeigt Vandana Shiva, wie eine kleine Gruppe superreicher Einzelpersonen, Stiftungen und Investmentfirmen die Kontrolle über unsere Lebensmittelversorgung, unser Informationssystem, unser Gesundheitswesen und unsere Demokratien immer weiter ausbaut. Die Autorin macht sehr deutlich, dass unser Überleben von der Vielfalt unseres Saatgutes und dass unsere Demokratien von einer aufgeklärten Öffentlichkeit abhängen. Es ist ein sehr leidenschaftlicher, weiblicher wissenschaftlicher Diskurs, der eine globale Leserschaft verdient.

Vandana Shiva, Kartikey Shiva
Eine Erde für alle! – Einssein versus das 1 %
Aufstehen gegen die Monokultur von
Wirtschaft und Weltsicht
Klappenbroschur, 192 Seiten
ISBN 978-3-89060-797-9

Agrarökologie versus Agrarindustrie

In dieser Abrechnung der Wissenschaftlerin und Aktivistin Vandana Shiva wird eindrucksvoll dargelegt, wie die Agrargroßindustrie mit Chemie und Gentechnik den Planeten plündert, die Lebenswelt zerstört und unsere Gesundheit untergräbt. Und sie zeigt faktenreich und sachkundig auf, wer wirklich unsere Nahrungsgrundlage sicherstellt und wie wir den Hunger besiegen und unsere Nahrungssicherheit wiederherstellen können.

Vandana Shiva
Wer ernährt die Welt wirklich?
Das Versagen der Agrarindustrie und die
notwendige Wende zur Agrarökologie
Mit einer aktuellen Ergänzung zu Ag One:
Die Rekolonialisierung der Landwirtschaft
Klappenbroschur, 256 Seiten
ISBN 978-3-89060-798-6

Erinnerungen einer der großen Aktivistinnen unserer Zeit

Seit mehr als 35 Jahren ist Vandana Shiva eine der wichtigen Stimmen in der Welt, wenn es darum geht, kleinbäuerliche Betriebe und damit die Ernährungssouveränität zu erhalten, das Saatgut vor der Vereinnahmung durch Konzerne zu bewahren und die Rechte der Frauen ebenso zu verteidigen wie die unveräußerlichen Rechte der Erdgemeinschaft aller Lebewesen. In dieser Autobiographie beschreibt sie ihren Weg von der Quantenphysik und ihren »Professorinnen«, die sie die Ökologie lehrten – die Frauen der Chipko-Bewegung zur Bewahrung ihrer Wälder – an die vorderste Front im Kampf gegen die Übermacht des großen Geldes.

Vandana Shiva
TERRA VIVA
Mein Leben für eine lebendige Erde
Hardcover, 240 Seiten
ISBN 978-3-89060-829-7

Die Lebensprozesse eines gesunden Planeten

Nur die eine Erde erklärt die planetarischen Lebenserhaltungssysteme in ihrer Ganzheit, bietet eine umfassende Gesamtdarstellung der globalen ökologischen Krise und zeigt die uns verbleibenden Optionen auf, um ein zuträgliches Klima und die noch vorhandene Artenvielfalt zu retten, die Verseuchung zu beenden und die Ökosphäre dieses Planeten zu heilen.

Fred Hageneder
Nur die eine Erde
Globaler Zusammenbruch oder globale Heilung – unsere Wahl
Klappenbroschur, 376 Seiten
ISBN 978-3-89060-796-2

NEUE ERDE im Buchhandel

Neue Erde ist ein kleiner unabhängiger Verlag, und der unabhängige Buchhandel ist unser natürlicher Partner. Wir unterstützen die Initiative »buy local«.

Sollte es Lieferschwierigkeiten bei den Büchern von NEUE ERDE geben, lassen Sie immer im VLB (Verzeichnis lieferbarer Bücher) nachsehen, im Internet unter **www.buchhandel.de**

Alle lieferbaren Titel des Verlags sind für den Buchhandel verfügbar.

Sie finden unsere Bücher auch auf unserer Homepage **www.neue-erde.de** oder in unserem Gesamtverzeichnis, welches Sie gerne hier anfordern können:

NEUE ERDE GmbH
Cecilienstr. 29 · 66111 Saarbrücken
info@neue-erde.de